초등 도덕과
교재 연구 및 지도법

이범웅 박찬석 김병연 이인태 김하민 남궁환 권누리

박영story

서문

초등학교 예비 교사로서 교육대학교 학생들은 장차 교단에 섰을 때 잘 가르치는 교사가 되기 위해 노력하는 사람들이다. '잘 가르친다는 것'은 그 무엇보다 '수업을 잘하는 것'이라고 말할 수 있을 것이다. 철저한 교재 연구, 적절한 교수·학습 자료의 개발, 잘 짜여진 교수·학습 과정안 설계, 학생들의 기본 학습 훈련, 교사의 능숙한 발문 능력 및 수업 운영 기술 등, 수업을 잘하기 위해서 예비교사가 갖추어야 할 요건은 여럿이 있다. 그중의 어느 하나도 소홀히 해서는 안 될 것이다.

초등학교 교사는 초등학교 현장에서 다양한 교과 교육을 담당한다. 따라서 교육대학교 학생들은 도덕과 교육은 물론, 다양한 교과 수업을 잘하기 위한 기술을 연마해야 한다. 그런데 현실적으로 교육대학교 재학 중, 예비 교사들의 수업 기술을 전문가 수준까지 끌어올린다는 것은 말처럼 쉬운 일이 아니다. 전문가로서의 교사, 즉 예비 교사 및 교과 교육학을 전공하는 학자들과 차별화된 특별한 능력을 지닌 교사가 되기 위해서는 초등학교 현장에서 실제로 수업을 실행하면서, 여러 번의 시행착오를 거쳐, 자신의 단점은 개선 및 보완하고 장점은 유지 및 발전시켜 가는 과정을 필요로 한다. '이론적으로 잘 아는 것'이 실제로 '잘 가르치는 것'을 담보하는 충분조건이 아니기 때문이다. 그렇다고 하여 교육대학교에서 진행되는 모든 강의를 '교육실습' 위주로 구성할 수는 없다. 이론적 토대를 갖추지 못한 초등학교 교사는 결국 자신의 개인적 경험이나, 본인 나름의 교육적 신념에 의존해 수업을 진행할 수밖에 없기 때문이다. 즉 교육대학교 학생들은 실제로 수업을 설계 및 실행해 보기 전에 알아야 하는 이론적 토대를 공고히 한 후, 다양한 연습과 교육실습을 통해 수업의 실제적 기술을 연마해야 한다.

일반적으로 3학년 1학기에 도덕과 교육의 이론적 토대를 공부한 교육대학교 학생들은 3학년 2학기에 도덕과 교육과정, 도덕 교과서의 구성 체제, 도덕 수업을 설계하는 절차와 단계, 여러 교수·학습 모형 및 평가 방법 등에 대해 공부하게 된다. 더 나아가 이를 토대로 실제로 도덕과 교수·학습 과정안을 작성 및 실행해 보는 연습을 하게 된다. 즉 교육대학교 학생들은 3학년 2학기에 초등학교 현장에서 도덕 수업을 실행하기 위해 필요한 실제적 기술을 배우고 익히게 된다.

우리는 도덕 교과를 왜 가르쳐야 하는가?(목표), 무엇을 가르쳐야 하는가?(내용), 어떻게 가르쳐야 하는가?(방법)에 대한 답을 찾기 위해 이 책을 집필하였다. 그리하여 우리는 이 책에서 도덕 교과의 성격 및 목표를 도덕과 교육과정에 근거하여 충실히 설명하고자 하였다. 그리고 도덕 교과의 가장 중요한 내용이라고 할 수 있는 핵심 가치(성실, 배려, 정의, 책임)를 소개하였다. 또한 도덕 교과의 목표를 달성하는 데 도움을 주는 여러 교수·학습 모형과 이 모형들이 실제로 도덕 수업에서 어떠한 방식으로 구현되는지를 보여 주고자 하였다. 끝으로 도덕 수업의 과정 및 결과, 즉 도덕과 성취기준 도달 정도를 확인할 수 있는 도덕 교과의 여러 평가 방법을 일러주고자 하였다. 이러한 집필 의도를 달성하기 위해, 우리는 이 책을 다음과 같은 5개의 장으로 구성하였다.

[1장] 2022 개정 도덕과 교육과정에 대한 이해

1장에서는 2022 개정 도덕과 교육과정에 따른 초등학교 도덕 교과의 성격 및 목표, 내용 영역 및 가치관계 확장법, 핵심 가치(성실, 배려, 정의, 책임), 내용 체계 및 성취기준, 교수·학습 및 평가의 방향 등에 대해 설명하였다. 2015 개정 도덕과 교육과정에 제시되었던 '도덕함'을 2022 개정 도덕과 교육과정에서는 '도덕적 지식과 실천의 연계 과정'으로 보다 구체적으로 제시하였다. 1장은 2022 개정 도덕과 교육과정의 내용을 인용하면서, 그것을 충실히 소개하고 해설하는 수준으로 작성되었다.

[2장] 초등학교 도덕 교과서의 구성 체제

2장에서는 2022 개정 도덕과 교육과정에 따른 초등학교 도덕 교과서의 편찬 방향 및 방안을 살펴보면서, 이것들이 초등학교 도덕 교과서에 어떻게 구현되었는지를 살펴보았다. '역량 기반 교육과정'인 '2022 개정 도덕과 교육과정'에 근거하여, 초등학교 도덕 교과서의 모든 단원은 학생들이 도덕적 탐구 역량, 도덕적 실천 역량, 내면적 성찰 역량을 기를 수 있도록 설계되었다. 특히 2장에서는 이번 초등학교 도덕 교과서의 특징인 '기본형 단원'과 '자율 융합형 단원'에 대해 살펴보고, 도덕 교과서의 내용 및 방법상의 특징을 설명하였다.

[3장] 도덕 수업 설계 및 교수·학습 과정안 작성

3장에서는 '좋은 도덕 수업'을 "학생들의 도덕성 발달을 촉진하기 위해 교육과정 및 학습자 분석, 학습 내용 및 방법 재구성, 평가 도구의 개발이 도덕과 성취기준에 근거하여 일관성 있게 설계된 수업"으로 규정하면서, 좋은 도덕 수업을 설계하기 위해 따라야 할 일반적인 절차와 단계에 대하여 설명하였다. 더 나아가 예비교사 및 현장 교사들이 도덕 수업을 설계하는 과정에서 손쉽게 활용할 수 있는 '교수·학습 과정안 양식'도 제시하였다.

[4장] 도덕과 교수·학습 모형

4장에서는 가치 분석 수업 모형, 가치명료화 수업 모형, 도덕 딜레마 토론 수업 모형, 도덕 이야기 수업 모형 등 초등학교 도덕 수업에 활용되고 있는 대표적인 11가지 교수·학습 모형의 이론적 배경, 교수·학습 모형의 단계, 활용상의 유의점 등에 대해 상세히 설명하였다. 더 나아가 각각의 교수·학습 모형을 적용한 교수·학습 과정안을 제시하여, 예비교사 및 현장 교사의 도덕 수업 설계 역량을 높이고자 하였다.

[5장] 도덕과 평가 방법

5장에서는 도덕과 교육에서의 평가에 대해 다루었다. 교육평가를 바라보는 관점과 패러다임의 변화를 소개하고 도덕과 교육에서 평가의 의미와 쟁점을 살펴보았다. 또한 최근 교육평가를 이해하는 주요 개념인 성취평가제, 과정중심평가, 교육과정-수업-평가-기록의 일체화, 수행평가, 루브릭 등의 의미를 소개하였고, 지필평가법, 면접법, 자기 보고법, 평정척도법, 관찰법, 학생상호평가법 등 도덕 수업에 활용할 수 있는 다양한 평가 방법을 소개하였다. 더 나아가 '2022 개정 교육과정에 따른 성취평가의 운영 절차'에 따라 '도덕과 수행평가 도구' 개발 과정을 실습해 볼 수 있도록 하였다.

공주교육대학교 윤리교육과 교수들은 지난 2025년 3월, 도덕과 교육의 이론적 토대를 공부할 수 있는 『초등도덕과 교육론』(박영스토리, 2025)을 출간한 바 있다. 이 책은 교육대학교 학생들의 도덕 수업 역량을 높이기 위해 공주교육대학교 교수들이 중지를 모은 결과물이다. 그리고 이러한 노력의 일환으로 2025년 2학기, 도덕과 교육을 연구하는 공주교육대학교 교수들(이범웅, 박찬석, 김병연, 이인태)과 도덕과 교육을 전공한 박사이자 현장에서 도덕 수업을 실천하고 있는 초등학교 교사들(김하민, 남궁환, 권누리)이 힘을 합쳐, 다시 『초등 도덕과 교재 연구 및 지도법』을 출간하게 되었다. 본 저자들은 이 책의 미진한 부분을 계속해서 보완하고 수정하는 노력을 게을리하지 않을 것임을 독자 여러분께 분명하게 다짐한다. 또한 앞으로 독자 여러분의 비판을 겸허히 수용할 것이다. 끝으로 출판계의 어려운 여건 속에서도 『초등도덕과 교육론』(박영스토리, 2025)에 이어 『초등 도덕과 교재 연구 및 지도법』의 출판을 수락해 주고 좋은 책으로 만들어 준 박영스토리의 노현 대표님과 편집진 여러분께도 감사의 마음을 전한다.

2025년 8월

집필자 일동

목차

제1장 2022 개정 도덕과 교육과정에 대한 이해

제2장 2022 개정 도덕과 교육과정에 따른 초등학교 도덕 교과서의 구성 체제

제3장 도덕 수업 설계 및 교수·학습 과정안 작성

제4장 도덕과 교수·학습 모형

제5장 도덕과 교육에서 평가의 실제

제1장

2022 개정 도덕과 교육과정에 대한 이해

1 | 성격 및 목표

2 | 내용 영역 및 가치관계 확장법

3 | 핵심 가치

4 | 내용 체계 및 성취기준

5 | 교수 · 학습 및 평가

1장 2022 개정 도덕과 교육과정에 대한 이해[1]

1 성격 및 목표

1) 도덕과 교육의 성격

도덕과 교육은 학생들의 도덕성을 함양함으로써 그들이 보다 나은 삶과 사회를 지향하도록 하는 데 도움을 주려는 교과이다. '도덕성'은 사회 규범으로서 도덕, 그리고 각 개인의 내면에서 작동하는 도덕성 사이의 긴장과 갈등, 조화의 과정과 결과로 구체화된다. 따라서 도덕성의 함양을 위해서는 ① 사회적 차원의 도덕 현상에 관한 탐구, ② 자기 내면의 도덕성에 관한 성찰, 그리고 ③ 일상의 실천이라는 '도덕적 지식과 실천의 연계 과정'이 교육과정의 주요 내용으로 포함되어야 한다. 이때 '도덕적 지식과 실천의 연계 과정'이란 인간이 지향해야 하는 가치로서의

1 1장은 "2022 개정 도덕과 교육과정"(교육부, 2022)의 내용을 충실히 소개하는 데 그 목적이 있다. 따라서 이번 장의 대부분의 내용이 "2022 개정 도덕과 교육과정"과 거의 동일하기에, 별도로 참고문헌을 표기하지는 않았다. 다만, 독자의 이해를 높이기 위해 몇몇 표현을 수정하여 제시하였고, 또 직접 인용한 경우 참고문헌을 표기하였다.

'도道'와 그 도에 이르고자 하는 실천 역량으로서의 '덕德'을 기반으로 삼아, 도덕적 탐구와 윤리적 성찰, 일상의 실천이 몸과 마음에 새겨져 도덕적 행동으로 연결될 가능성을 높이고자 하는 과정을 일컫는 개념이기도 하다.

우리나라 학교 상황 속에서 도덕 교과는 인성 교육과 시민교육에서 큰 역할을 요청받고 있다. 다시 말해 도덕 교과는 바람직한 '인성人性'을 함양하기 위한 '핵심 교과'임과 동시에, 시민의 도덕성과 역량을 길러 주기 위한 시민교육을 담당하는 '주요 교과'로서의 위상과 역할을 부여받고 있다. 즉 도덕 교과는 인성 교육과 시민교육을 책임 있게 수행해야 할 역할을 지니고 있다. 시민사회에서 개인의 바람직한 인성은 시민으로서 갖추어야 할 도덕성과 기본 역량의 토대이다. 또한 시민이 갖추어야 할 기본 역량은 도덕성을 기반으로 삼아 정치·경제적 역량 등으로 확장되어야 한다. 따라서 도덕 교과는 인성 교육의 핵심 교과임은 물론, 시민교육의 주요 교과로 자리매김하기 위해 타 교과와 긴밀하게 연계 및 협조하는 교과 통합적 기능을 수행한다.

이러한 시대적 요구에 부응하기 위해 도덕 교과는 '도덕적 인간'이라는 지향점과 함께, 우리가 살아가야 할 '정의로운 사회'를 교과 교육의 연속적인 지향점으로 삼고 있다. 도덕적인 인간이란 개인적인 삶의 영역에서 도덕성을 핵심 목표로 삼는 인간을 말한다. 그리고 도덕적 인간의 시민 사회적 '외연外延'은 자연스럽게 정의로운 시민으로 확장된다. 따라서 도덕 교과가 지향하는 인간상은 '도덕적인 인간'과 '정의로운 시민'이라고 말할 수 있다. 이러한 교육적 인간상을 통해 도덕 교과는 학교 시민교육의 주요 교과 중 하나로서의 성격을 더 적극적으로 천명할 수 있게 될 뿐만 아니라, 인성 교육과 시민교육 간의 연계를 적극적으로 모색하는 교과로서의 성격도 가지게 된다.

2) 도덕과 교육의 목표

도덕과 교육의 성격과 목표를 설명하기 위해 2015 개정 교육과정에서 주창했던 '도덕함'이라는 추상적인 용어 대신, 2022 개정 도덕과 교육과정에서는 '지식과 실천의 연계 과정'이라는 보다 구체적인 표현을 사용한다. 앞서 살펴보았듯이

‘도덕적 지식과 실천의 연계 과정’이란 “나 자신을 둘러싸고 있는 도덕 현상에 관한 탐구와 내면의 도덕성을 지향하는 성찰, 일상의 실천이라는 세 요소가 순환하는 과정”(교육부, 2022: 4) 을 말한다. 즉 우리가 함께 살아가고 있는 현실 속에서 직면하는 도덕 현상은 단순한 관찰의 대상이 아닌 탐구의 대상으로 다가와 있고, 그 현상에 관한 탐구는 자신의 내면에 존재하는 도덕성에 관한 성찰을 동시에 요구하며, 이러한 도덕적 탐구와 윤리적 성찰의 과정은 자연스럽게 일상의 도덕적 실천을 통해 확장되거나 다시 반성적 성찰의 대상이 된다는 것이다.

또한 도덕과 교육에서 지향하는 인간상은 ‘도덕적인 인간’ 및 ‘정의로운 시민’이다. 즉 도덕과 교육은 도덕성 함양을 통한 도덕적인 인간을 지향함과 동시에, 도덕적인 인간이 함께 살아가야 하는 사회를 보다 정의로운 사회로 만들고자 하는 정의로운 시민을 지향한다. 이에 도덕과 교육은 개인적 도덕성과 사회구조적 도덕성의 유기적 연계를 토대로, “성실, 배려, 정의, 책임의 핵심 가치를 체득하여 도덕적 지식과 실천의 과정을 연계시킬 수 있는 도덕적인 인간을 바탕으로 정의로운 사회를 만들고자 하는 의지와 역량을 갖춘 시민을 육성하는 것”(교육부, 2022: 6)을 교과의 목표로 설정하고 있다.

도덕과 교육은 또한 인간의 삶에 내재해 있는 도덕적 차원에 관한 인식을 출발점으로 삼아 타자와의 관계를 통해서만 가능한 삶의 속성에 관한 인식 및 수용, 그 타자를 대하는 도덕적 태도와 실천 역량을 길러 주는 것을 목표로 삼는다. 이러한 목표 추구를 통해, 도덕과 교육은 자신을 사고와 행위의 주체로서 인식하면서, 비판적이면서도 도덕적인 판단을 할 수 있게 하고, 건전한 도덕적 정서를 토대로 협력적이고 공감적인 의사소통을 가능하게 한다.

도덕과 교육은 교사와 학생이 도덕 수업이라는 시·공간을 통해 사회적 차원의 도덕 현상에 관한 탐구와 자기 내면의 도덕성에 관한 성찰, 일상의 실천이라는 세 요소로 구성되는 도덕적 지식과 실천의 연계 과정을 공유함으로써, 일상 속 실천과 성찰의 연결고리를 확보하는 것을 목표로 한다. 그리고 이는 도덕적 지식의 비판적 이해와 수용, 도덕적 사고와 정서 기능의 습득, 도덕적 가치·태도의 함양 등과 같은 구체적이고 연속적인 과정의 공유를 통해 가능하다.

도덕과 교육은 ‘자신과의 관계’, ‘타인과의 관계’, ‘사회 및 공동체와의 관계’,

'자연과의 관계'라는 네 개의 내용 영역으로 구성되는데, 각 내용 영역은 다음과 같은 하위 목표를 추구한다(교육부, 2022: 6).

① 자신과의 관계 영역: 자기 스스로에 대한 정당한 인식과 도덕적 초월 가능성에 관한 성찰을 바탕으로 자율적인 도덕 판단 능력과 균형 잡힌 도덕적 정서, 일상의 실천 역량을 함양한다.
② 타인과의 관계 영역: 사회 규범으로 존재하는 도덕을 탐구하고, 그 도덕과 내면의 도덕성 사이의 관계를 성찰하여 일상의 실천으로 연결하는 역량을 함양한다.
③ 사회 및 공동체와의 관계 영역: 민주 시민으로서 필요한 비판적 사고와 배려를 토대로, 민주적 가치·덕목과 규범을 내면화하여 실천할 수 있는 역량을 함양한다.
④ 자연과의 관계 영역: 기후 위기로 상징되는 현재의 관계 맺기 방식에 관한 비판적 성찰을 토대로 바람직한 자연관 모색 등을 통해 인간과 자연 간의 새로운 관계를 설정하여 생태학적으로 지속 가능한 삶을 실천할 수 있는 역량을 기른다.

2 내용 영역 및 가치관계 확장법

1) 가치관계 확장법의 등장과 변천

'내용 영역'이란 "교과(목)의 성격에 따라 기반 학문의 하위 영역이나 학습 내용을 구성하는 일차 조직자"(교육부, 2022, 일러두기)를 말한다. 따라서 도덕과 교육의 내용 영역이란 도덕 수업에서 다루는 수많은 내용들을 그 성격에 따라 구분하는 최상위 범주라고 말할 수 있다. 제7차 도덕과 교육과정기까지 도덕과 교육의 내용 영역은 '생활영역 확장법'이라는 원리에 의해 설정되었다. 생활영역 확장법은 세계에 대한 학생의 이해가 동심원을 그리며 점차 확장되어 가는 것과 같이 시·공간적으로 가까우며 구체적인 생활 장면으로부터 멀고 추상적인 생활 세계로 확대되어 간다는 관점에 입각하고 있다. 즉, 개인 생활, 가정·이웃·학교생활, 사회생활, 국가·민족 생활 등 도덕적 삶이 이루어지는 '공간[場]'을 중심으로 대영역을 설정하고, 각 영역에 해당하는 가치와 규범을 다루는 방식이 바로 생활영역 확장법이다. 하지만 생활영역 확장법은 다음과 같은 몇 가지 문제점을 안고 있다(교육과학기술부, 2013: 23).

- 첫째, 생활영역 확장법은 실제 아동의 성장과 발달에 기초한 것이 아니라 성인의 가공 논리에서 나온 것이다.
- 둘째, 만약 생활영역 확대에 따라 아동들이 학습한다면, 그들은 상위 및 하위 수준의 다른 공동체 간의 역동적인 상호 관계를 파악할 수 없게 된다.
- 셋째, 매 학년 생활영역별로 내용을 구성하게 되는 탓에 불가피하게 내용이 중복적으로 제시됨으로써 학생들이 학습에 대한 흥미를 잃게 된다.
- 넷째, 사회적 쟁점으로 등장하는 도덕적 문제를 교육 내용에 포함해 다루기에 적절하지 않다.

이에 대한 대안으로 2007 개정 도덕과 교육과정기부터 등장한 것이 바로 '가치관계 확장법'이다. 가치관계 확장법은 다음과 같은 특징을 지니고 있다(정창우, 2020: 166-168).

- 첫째, 인간은 삶의 당위에 관한 질문으로 가득 찬 도덕적 공간에서 자신과 이 세계의 삶의 방식에 대해 도덕적으로 탐구(그리고 성찰 및 실천)한다. 이러한 활동은 '나', '탐구함'(성찰함, 실천함), '탐구되는 것'이라는 세 요소로 구성된다. 여기서 '나'는 탐구(성찰, 실천)의 주체이고 대상 의식의 주관이다. '탐구함'(성찰함, 실천함)이란 주체의 대상 지향 활동이며, '탐구되는 것'(성찰되는 것, 실천되는 것)은 그 지향된 대상이다.
- 둘째, '관계'란 도덕적 주체와 지향 대상(객체) 간의 연결을 의미한다. 그리고 '가치관계'란 도덕적 주체와 지향 대상이 '핵심 가치'(성실, 배려, 정의, 책

임)에 의해 규정되고 이를 통해 상호 연결되어 있음을 뜻한다. 또한 '확장'이란 도덕적 주체가 지향 대상의 범위(나, 타인, 사회·공동체, 자연)를 점차 넓혀 가는 방식을 의미한다. 예컨대 "나는 '성실'이라는 가치를 중심으로 나 '자신'을 탐구 및 성찰하고, 성실을 실천하면서 도덕적으로 살아간다."

셋째, 도덕적 주체는 가치관계로 연결된 대상(나, 타인, 사회·공동체, 자연)에 대해 도덕적으로 탐구·성찰·실천함으로써 도덕적인 의미를 능동적으로 구성해 간다(도덕적 구성주의). 또한 나를 둘러싼 주변 대상들은 나의 도덕성을 형성하는 데 중요한 영향을 미친다(도덕 사회화).

가치관계 확장법이 도입된 이후, 도덕과 교육의 내용 영역은 아래의 [표 1-1]과 같이 명칭이 변경되어 왔다.

표 1-1 교육과정 개정 시기별 가치관계 확대 영역의 변천

	제 1영역	제 2영역	제 3영역	제 4영역
2009 개정 시기	도덕적 주체로서의 나	우리 · 타인과의 관계	사회 · 국가 · 지구 공동체와의 관계	자연 · 초월적 존재와의 관계
2015 개정 시기	자신과의 관계	타인과의 관계	사회 · 공동체와의 관계	자연 · 초월과의 관계
2022 개정 시기	자신과의 관계	타인과의 관계	사회 · 공동체와의 관계	자연과의 관계
핵심 가치	성실	배려	정의	책임

도덕과 교육의 내용 영역 설정의 원리로서 가치관계 확장법은 2022 개정 도덕과 교육과정에서도 여전히 유지되고 있다. 다만 2015 개정 도덕과 교육과정에서는 가치관계의 확장을 '자신과의 관계' → '타인과의 관계' → '사회·공동체와의 관계' → '자연·초월과의 관계'로 이어지는 단선적 과정으로 개념화한 반면에,

2022 개정 도덕과 교육과정에서는 '자신과의 관계'에서 출발하여 '타인과의 관계', '사회 · 공동체와의 관계', '자연과의 관계'로 확장되는 가치관계가 다시 '자신과의 관계'로 순환하는 과정으로 개념화했다. 또한 2022 개정 도덕과 교육과정에서는 '자연 · 초월과의 관계'를 '자연과의 관계'로 수정하고, '초월 영역'에 포함되어 있던 내용을 '자신과의 관계 영역'에 포함시켰다. 왜냐하면 궁극적으로 '초월'의 문제는 도덕적 주체인 나의 문제이고, 또 자신과의 관계 속에서 실존적으로 드러나는 것이기 때문이다. 요컨대 가치관계 확장법은 도덕적 주체가 '어떻게 살 것인가'라는 핵심 질문을 중심으로 탐구 · 성찰 · 실천의 영역을 확장하는 도덕과 교육의 내용 영역 설정의 원리이다.

2) 가치관계 확장법에 따른 내용 영역의 설정

가치관계 확장법에 따라 설정된 도덕과 교육의 내용 영역은 다음과 같다. 하지만 아래의 네 가지 영역은 개념적인 측면에서 구분된 것이다. 즉, 각 영역 간의 구분은 느슨하며, 다루는 내용이 중첩되기도 한다. 다시 말해서 네 가지 영역은 각각 독립된 틀로서 전체를 구성하고 있지만, 상호 간의 밀접한 연관성을 지닌다.

① 영역 Ⅰ (자신과의 관계): 도덕과 교육에서 가장 기본이 되는 것은 자율적 인격을 가진 도덕적 주체의 형성이다. 따라서 이 영역은 도덕의 개념, 삶의 목적, 자율적 도덕성 등 도덕적 성장의 출발점이자 기반이 되는 내용으로 구성된다. 이 영역을 통해 학생은 도덕적 이상이 담긴 미래의 꿈과 희망을 품고, 자율적으로 판단하고 결단한 내용을 적극적이면서도 성실하게 행동으로 옮기며, 그 결과에 대해 책임질 줄 알고 도덕적으로 성찰하는 태도를 지닌다.

② 영역 Ⅱ (타인과의 관계): 이 영역은 가깝거나 먼 타인을 포함한 제반 인간관계에서 생겨나는 도덕의 문제들과 거기서 실현되는 도덕적 가치를 다룬다. 이 영역을 통해 학생은 인간으로서 기본적인 도리를 가정 · 학교 · 이웃 관계에서 실천할 수 있고, 타인의 필요와 요구에 공감하면서 타인을 존중하고 배

려하기 위해 노력하려는 태도를 지닌다.

③ 영역Ⅲ(사회 · 공동체와의 관계): 이 영역은 사회 · 공동체에서 발생하는 도덕적인 문제를 중점적으로 다룬다. 따라서 이 영역은 개인과 공동체와의 관계 속에서 자신의 책임과 의무를 생각하고, 공동체가 추구해야 할 가치로서 정의가 실현될 수 있는 맥락을 도덕적 주체의 관점에서 인식할 수 있도록 내용을 구성하고 있다. 이 영역을 통해 학생은 다양한 공동체의 구성원으로서 갖추어야 할 바람직한 덕성과 역할을 이해하고, 사회를 구성하는 각 분야가 도덕을 기반으로 해야 한다는 점을 인식하며, 나라 사랑 및 타 국가 존중, 국제 평화와 인류 발전에 공헌하려는 태도를 지닌다.

④ 영역Ⅳ(자연과의 관계): 이 영역은 인간관계와 공동체 수준의 도덕을 넘어, 자연에 대한 의무와 책임, 바람직한 자연관을 다룬다. 이 영역을 통해 학생은 자연과 생명에 대한 외경심을 함양하고, 이를 바탕으로 인간과 자연과의 관계를 도덕적으로 성찰하려는 태도를 지닌다.

3 핵심 가치

2015 개정 도덕과 교육과정과 동일하게, 2022 개정 도덕과 교육과정 역시 성실, 배려, 정의, 책임을 각 영역에서 중점적으로 다루어야 할 '핵심 가치'로 설정하고 있다. 좀 더 구체적으로 설명하자면, '자신과의 관계'에서는 '성실', '타인과의 관계'에서는 '배려', '사회 · 공동체와의 관계'에서는 '정의', '자연과의 관계'에서는 '책임'을 도덕적 주체와 지향 대상 간의 관계를 도덕적으로 규정하는 핵심 가치로 설정하고 있다.

2015 개정 도덕과 교육과정에서는 성실, 배려, 정의, 책임의 의미를 간단하게나마 제시하여, 교육과정을 읽는 교사들의 이해를 도왔다(교육부, 2015: 3).

① 성실: 자신에 대한 존중을 바탕으로 진정성을 추구하는 것

② 배려: 타자에 대한 존중을 바탕으로 바람직한 관계 설정을 지향하는 것

③ 정의: 공정성을 토대로 바람직한 사회를 추구하는 것

④ 책임: 자신의 행위에 대한 인과적 책임과 삶의 의미 물음에 대한 존재적 책임

하지만 아쉽게도 2022 개정 도덕과 교육과정에서는 핵심 가치를 설정하고만 있을 뿐 각각의 의미를 설명하고 있지 않다. 즉 핵심 가치가 담고 있는 바를 현장 교사의 해석에 온전히 맡기고 있는 실정이다. 이하에서는 도덕과 교육에서 설정하고 있는 네 가지 핵심 가치, 즉 성실, 배려, 정의, 책임에 대한 이해를 돕기 위해, 각각의 개념과 윤리적 의미에 대해 폭넓게 살펴보도록 하겠다.

1) 성실

① 개념

성誠은 言과 成이 결합된 글자이다. 글자 그대로 풀이한다면, "말한 바[言]를 반드시 이루도록[成] 하는 일관된 마음"을 말한다. 또한 실實은 宀, 毌, 그리고 貝의 합자이다. 宀은 室의 약자이다. 따라서 실의 자원적 의미는 집[宀]안에 꿴[毌] 재물[貝]이 가득 찼다는 뜻이다. 그러므로 '성실'이라는 것은 "법, 진리, 도가 꽉 찬 것, 그러한 열매가 잘 여물어 있는 것, 혹은 말[言]한 바, 곧 진리(법, 도)를 이룸으로써 그것이 꽉 찬 것"으로 해석할 수 있다. 성은 천의 도이며, 인사人事의 측면에서 말하는 성은 그러한 도가 꽉 찬 상태에 도달하고자 애쓰는 것으로 사람의 도인 것이다. 맹자孟子가 성실이야말로 백행百行의 시발점이라면서 "성은 하늘의 법도요, 성실해지기를 생각하는 것은 사람의 도리"라고 한 것은 이를 두고 말한 것이다.

서양의 전통에 따르면, 성실이 훌륭한 것인가 혹은 그렇지 않은가는 '어떤 가치에 대해서' 성실하냐에 따라 결정된다. 극단적으로 악에 기여하는 성실은 결코 도덕적 선이라고 말할 수 없을 것이다. 그러므로 성실이 도덕적 덕이 되기 위해서는 그 그릇 속에 담긴 내용물이 무엇이냐가 중요하다. 그러나 동양의 전통에서는 성실의 개념을 정의하는 과정에서 성실은 도, 법, 진리의 개념이 함축되어 있는 바 그 지향점이 이미 설정된 것이다. 따라서 그 지향점[道]에서 벗어나게 되면 이미 성

실의 영역을 일탈한 것이다.

동양에서는 어떤 도덕적 덕이라도 정성스러운 진실한 뜻이 밑바탕이 되지 않는다면 의미가 없다고 생각한다. 효성孝誠이 지극한 사람이 성실하지 못한 경우는 없다. 친구를 대하는 마음에 정성을 다하는 자세가 없으면 진정한 우정이 싹틀 수 없다. 자신이 한 말이 진실함을 갖추지 못한다면 어떠한 사회적 생활도 불가능하다. 우리가 성실해지려고 노력하는 정도에 따라 비로소 여러 가지 다른 덕들이 고양될 수 있다. 우리가 성실을 덕 중의 덕이요, 모든 덕의 어머니라고 부르는 것은 이러한 덕의 성격을 반영한 것으로 볼 수 있다.

② 윤리적 의미

첫째, 성실은 언행일치의 덕이다. 성실하지 못한 사람은 말과 행동이 일치하지 않는다. 말은 많으나 그에 따른 실천이 부족하다. 그러나 성실한 사람은 실천이 말에 미치지 못함을 부끄러이 여기기 때문에 쉽사리 말하지 않는다. 그래서 공자는 말에 앞서 행동의 실천을 누차 강조하였다. 노자도 정성을 다하고 마음을 다하는 사람은 절대로 말싸움하지 않으며 말싸움을 좋아하는 사람은 결코 정성을 다하거나 마음을 다하지 않는다고 하였다. 성실은 '홀로 삼간'[愼獨]다는 말과 일맥상통한다. 자기의 마음을 스스로 삼간다는 것은 언행을 신중하게 한다는 것을 의미한다. 성실한 사람은 실행에 옮길 수 있는지 또 책임을 질 수 있는지를 따져 말을 삼가 살펴서 해야 한다는 의미이기도 하다.

둘째, 성실은 진실성의 덕이다. 하르트만Hartmann도 성실을 진실성과 같은 것으로 보았다. 하르트만은 진실성이 인간의 도덕적 생활에 있어 결정적이며 지배적인 지위를 차지한다고 보았다. 『중용』 23장에서도 오직 세상에서 지극 정성을 다하는 사람만이 나와 세상을 변하게 할 수 있다고 적고 있다. 로크Locke도 진실함과 약속을 지키는 것은 사회의 성원으로서가 아니라 인간으로서의 인간에게 속하는 의무라고 보았다(Locke, 1823, 강정인·문지영 역, 2009: 20). 먼저 진실의 대상으로 자기 자신에 대해 진실해야 한다. 자기 자신에 대한 진실성이 없이는 도덕적 주체라는 것을 생각할 수 없기 때문이다.

단순하고 복잡한 정도의 차이는 있겠지만, 인간은 타인과의 사회적 관계망을 결코 벗어날 수 없다. 사회적 관계의 중심적인 수단은 언어이다. 사람이 언어를 통해서 의사를 전달할 때 진실성이 있어야 한다. 그래야 신실信實한 인간관계가 가능하기 때문이다. 끝으로 진리에 대해 진실성이 있어야 한다. 진리에 대한 진실성은 아집에 찬 '맹목'이나 '집착'이 아니라 진리 앞에 개방적인 자세를 지니는 것이다. 일단 명확하고도 견고하게 확인된 진리는 다른 검증 과정에서 그렇지 않은 경우로 드러나기 전까지는 진리로 지키되, 검증을 통해 밝혀진 새로운 진리를 수용하는 자세가 바로 성실이다.

셋째, 성실은 항구성constancy의 덕이다. 항구성이란 마음의 항상성으로 애착의 불변성과 지속성을 의미한다. 성실이 여러 가지 다른 덕들의 모태가 되는 까닭도 이러한 특성이 들어 있기 때문이다. 모든 덕은 한순간에 이루어지는 것이 아니라 습관을 토대로 장기간의 실천을 통해 서서히 형성된다. 사람이 어떠한 덕을 갖출 수 있느냐 없느냐는 꾸준한 일관성, 곧 습성에 의해 결정된다고 해도 과언이 아니다. 그러므로 습관은 도덕적 덕의 완성을 위한 필요조건이며, 성실은 지속적인 작동을 보장하는 에너지이자 궁극적으로 덕을 완성해 주는 활력소라 할 수 있다. 특히 일관하는 마음은 시간적·공간적 인격의 통일성을 내포한다. 시간적 통일은 어제, 오늘, 내일의 내가 일관성 있게 하나여야 하며, 공간적 통일은 이곳과 저곳의 내가 늘 한결같아야 한다는 것이다.

끝으로 성실은 정성의 덕이다. 성실의 덕이 갖는 의미는 특히 한국인들의 정체성과 관련이 깊다. 한국인의 '정성스러움'은 그 밑바닥에 인격적인 실체와 하늘의 절대자를 연결한다는 의미가 깔려 있다. 일찍이 자사子思는 인간이라면 누구나가 다 걸어가야 할 길[道]인 오륜五倫과 이의 실천을 위해 요구되는 지·인·용知·仁·勇의 삼덕三德의 근본은 오직 한 가지, 즉 '성실'이라고 하면서 그것은 하늘의 도요, 성실해지려고 함은 사람의 도라고 하였다.

우리는 정성스러움을 "진실하여 전연 흠이 없는 완전한 상태[誠]에 도달하고자 사람이 선을 택하여[擇善] 굳게 잡고 놓지 않는[固執] 태도"라고 규정할 수 있다. 그러한 태도가 인간의 삶 속으로 스며들면서 자신의 일에 최선을 다하고자 하는 마음 자세가 형성된다. '지성至誠이면 감천感天이다' 혹은 '진인사대천명'盡人事待天命 등의 자구는 인간으로서 자신이 할 수 있는 모든 노력을 다하고자 하는 정성스러움, 더 나아가 경건함을 함축하고 있다. 따라서 '성실'은 도덕적 능력이 높은 사람의 특징이다. 성실하게 행동할 때 우리의 행동이 인간의 보편원칙과 일치를 이룬다. 성실함이 부족하다면 그것은 도덕적 능력이 낮다는 의미이다(Lennick, 2005, 정준희 역, 2010 : 25).

2) 배려

① 개념

배려配慮의 의미는 "타자를 도와주거나 보살펴 주려고 마음을 씀"이다. '배配'는 '아내 배'로 '나누다, 할당하다, 분배하다, 보충하다, 부족한 것을 갚다' 등의 뜻을 지니고 있다. '려慮'는 '생각'으로 '이리저리 헤아리다, 근심하다, 걱정하다, 꾀하다' 등의 뜻을 가지고 있다. 따라서 배려는 단순하게 '생각한다'는 의미가 아니라, "보살펴 주려고 이리저리 마음을 쓴다"라는 의미에 가깝다. 영어로 배려는 돌본다는 의미의 'care'이다. 결국 배려는 자신을 소중히 여기는 마음에서 시작하여 나의 욕구와 남의 욕구를 이해하고 공감하는 태도로 타인을 보살피는 마음이다.

동양의 배려는 자신과 타인의 관계에서 마땅히 갖추어야 할 덕목이다. 동양의 예절은 바로 배려와 밀접한 관계가 있다. 이는 공자의 제자인 자공과 공자의 문답에서 잘 알 수 있다.

> 자공: 한 말씀으로서 죽을 때까지 행할 만한 것이 있습니까?
> 공자: 서恕일 것이다. 자기가 하고자 하지 않는 것을 남에게 베풀지 말라는 것이다.
>
> 『논어』 위령공편

여기서 서는 타인에 대한 배려를 뜻한다. 그리고 이러한 배려는 나의 마음을 미루어 상대방의 마음을 헤아리는 '추기급인推己及人'의 원리이기도 하다.

길리건Gilligan은 콜버그의 도덕 발달 이론이 남성 편향적인 도덕 원리에 기초하고 있다고 비판한다. 길리건의 배려 윤리는 도덕 원리의 보편성보다 행위의 구체성과 맥락을 강조한다. 그리고 도덕적 행위의 동기적 요소로서 정서를 중시한다. 배려 윤리는 관계에서 맺어지는 타자를 존중한다. 여기서 타자는 따뜻한 눈길과 마음을 갖고 있는 살아 있는 인격체이다. 길리건의 이론에 기초하여, 배려 윤리에 대한 도덕 철학적 정당화와 도덕교육론을 발전시킨 사람은 나딩스Noddings이다. 나딩스에게 있어 배려는 관계적인 것으로서 배려하는 사람과 배려받는 사람 사이의 연결 또는 만남으로 정의된다. 이때 관계란 '서로를 정서적으로 인식하는 개인들의 연결' 또는 '관계를 맺고 있는 사람들이 서로에 대해 무엇을 느끼는 일련의 만남'이라고 정의된다. 나딩스에게 있어 배려 관계는 윤리적 기초가 된다.

배려는 사람에게만 국한된 가치가 아니다. 나와 관계를 맺으며 내가 관심을 가지고 돌보아야 하는 모든 대상에까지 확대된다. 따라서 배려의 가치는 식물과 동물을 비롯한 하늘, 바다, 공기와 같은 무생물에까지 적용될 수 있다. [표 1-2]는 배려의 대상, 그리고 그 대상을 배려하기 위한 구체적인 방법을 예시한 것이다.

표 1-2 배려의 대상과 방법

배려의 대상	구체적인 방법
나를 배려하기	내 건강을 위해 채소를 많이 먹기, 바른 생각을 위해 거짓말을 줄이기
친구를 배려하기	친구에게 고운말 쓰기, 친구 놀리지 않기
부모님을 배려하기	부모님께 안마해 드리기, 밖에 나갈 때 걱정하시지 않게 행선지 미리 말씀드리기
동물과 식물을 배려하기	꽃을 함부로 꺾지 않기, 동물을 정성껏 보살피기

② 윤리적 의미

첫째, 배려는 남을 보살피거나, 관심을 가지고 돕거나, 타인을 존중하는 것을 뜻한다. 배려는 서로가 서로에게 관심을 두고 따뜻하게 보살피며 책임 있게 반응하는 자세를 강조한다. 참된 배려 관계가 이루어지기 위해서는 배려의 대상이 되는 사람에게 몰두하는 자세가 필요하다. 배려의 덕은 타인의 존재 가치를 인정하고 존중하며, 한 존재로서 정당하게 대우하려는 자세로부터 출발한다. 타인의 입장이 되어 보면 시야가 넓어지고 보다 인도적으로 세상에 접근하게 되기 때문이다. 나보다 더 어려운 사람의 처지를 이해하고 구원의 손길을 내밀 때, 나의 삶도 의미를 갖게 된다. 다른 사람을 위해 행동할 때, 내 고민은 가벼워지고 남을 위해 무언가를 할 때, 나는 한결 행복해진다(Siegel, 2005, 노혜숙 역, 2006: 210-211).

둘째, 배려는 공감empathy을 동반한다. 배려는 타인의 입장과 처지, 마음을 이해하고 공감하는 것에서부터 시작된다. 따라서 상대에 대한 공감 능력은 배려의 필요조건이다. 배려는 나만 생각하는 것이 아니라 상대방을 먼저 생각해 주는 마음이며, 상대와 눈높이를 함께해 주는 것이다. 배려는 타인의 정서적 상태를 무심결에 그리고 때로는 강력하게 경험하는 것으로써, 타인의 감정을 같이 나누거나 있는 그대로 느끼는 대리적인 정서 반응이다. 이러한 배려의 자세는 타인에 대한 연민이나 동정, 그리고 용서의 자세로 이어진다.

셋째, 배려는 인간 사이의 상호 의존성과 연결, 관계성을 중시한다. 따라서 배려의 마음은 친화성, 친절, 좋은 유머, 정서적 민감성, 좋은 매너와 같은 덕목과의 결합을 통해 배가된다. 배려는 상호 의존적인 관계의 바탕 위에서 타인의 필요와 행복에 책임을 느껴 그를 보살피고 돕는 도덕적 태도인 것이다.

넷째, 옳음을 중요하게 여기는 정의에 비해, 배려는 따뜻함을 중요하게 여긴다. 배려는 정의와 상호 보완적인 관계에 있다. 배려가 없는 정의는 매정하고, 정의가 없는 배려는 맹목적일 가능성이 높다. 그러므로 배려가 있는 정의, 정의가 있는 배려가 실천될 때 개인이나 사회가 도덕적인 공동체가 될 수 있다. 배려는 일회적인 행동이 아니라 지속적으로 행하는 것임을 명심해야 한다.

다섯째, 배려는 사랑의 실천이다. 사랑의 시작이 바로 배려인 것이다. 배려는 내가 손해 보면서 남을 위하는 일이 아니다. 다른 사람을 아끼고 사랑하는 것은 궁극적으로 나 자신을 아끼고 사랑하는 일이다. 마음을 자극하는 단 하나의 사랑 명약은 진심에서 오는 배려다. 나딩스도 사랑을 가지고, 진실한 마음으로 헌신하는 것을 배려로 규정하고 있다. 이처럼 남에 대한 배려, 공공질서 의식은 한 나라의 국격國格이자, 보이지 않는 경쟁력이다. 따라서 배려하는 마음을 키우기 위한 노력이 도덕과 교육에서 핵심적으로 이루어져야 한다.

3) 정의

① 개념

"정의란 무엇인가?" 이 질문은 수많은 철학자들이 형이상학적 관점이나 종교적 관점, 혹은 이성적 관점 등 다양한 관점에서 나름의 답을 찾으려 했으나 성공하지 못한 매우 어려운 문제이다. 다만 여기서 분명하게 밝힐 수 있는 점은 많은 사람들이 자연법론natural law에 근거한 정의론인 '각자에게 각자의 몫을 주는 것'이라는 명제를 자주 인용하고 있다는 정도뿐이다. 그래서 정의를 뜻하는 영어 단어 'justice'는 정의와 평등을 의미하는 라틴어 'justitia'에서 유래했다. 이는 '각자에게 합당한 몫을 주는 행위, 또는 평등'을 뜻한다. 지금까지 여러 철학자가 제시한 '정의'의 개념들을 검토해 보면, 정의는 대체로 '선善의 절대적인 개념'이라는 틀 속에서 정의定義되고 있다.

일반적으로 '정의'正義는 '공정'과 '옳음'이라는 두 가지 서로 관련된 의미를 지닌 개념으로 파악되고 있다. 우선 '공정'이란 의미의 '正'은 '一'과 '止'의 합자이다. 오직 하나[一]인 양심에 그쳐[止]서 행동하면 '바른' 것이다. 이런 의미에서의 정의는 언제나 양쪽의 균형을 맞추고자 하는 평형을 말한다. 사사로움은 철저히 배제하고 불편부당不偏不黨해야 한다. 공정은 공동체를 유지하는 데 대들보와 같은 중차대한 가치다. '짜지 않은 소금'을 소금이라고 할 수 없듯이 공정이 전제되지 않은 공동체는 더 이상 국가 공동체가 아니다. 『신국론』을 쓴 아우구스티누스도 "정의가 없다면 국가도 강도 집단과 다를 바 없다."라고 갈파하였다.

'옳음'을 가리키는 '義'는 '羊'과 '我'의 합자로서, 인간의 사회공도社會公道에 잘 순응하는 것이 전체의 복리를 위해 옳다는 것이다. 그래서 정의가 함축하고 있는 의미는 "도덕적으로 옳다"는 것이다. 동양 사회에서 도덕적 옳음으로서의 '정의'는 선비 정신으로 잘 나타났다. 선비는 의리의 명분을 생명보다 중시하였다. "선비는 위급한 상황에 처하면 목숨도 바치고, 득을 보면 의를 먼저 생각한다."라는 말은 선비 정신을 여실히 보여 준다.

선의 절대적 개념으로서 공정과 도덕적 옳음을 함의하고 있는 정의는 두 가지 방향에서 구체적인 형태로 드러나게 된다. 하나는 보편적 덕으로서의 정의요, 또 다른 하나는 권리 규범으로서의 정의이다. 우리는 흔히 전자를 인격적 정의, 주관적 정의 혹은 개인적 정의라 부르고, 후자를 정치적 정의, 객관적 정의, 혹은 법(제도)적 정의라 부른다. 고대 도덕 철학이 주로 보편적 덕으로서의 정의에 관심을 기울였던 것에 비해, 현대 도덕 철학은 정의에 관한 일차적 관심을 국가의 기본 제도에 두고 있다.

일상에서 정의justice, 공정fairness, 공평equity은 혼용되는 경우가 적지 않은데, 기본적으로 정의 〉 공정 〉 공평의 순서대로 위계 관계가 성립된다. 공정은 '같은 것은 같게, 다른 것은 다르게'를 원칙으로 삼는다. 공평은 사회적 재화의 분배를 향한 경쟁의 출발과 과정이 투명하고, 균등해야 함을 뜻하며 산술적 비례에 가깝다. 공정은 동등함과 차이를 함께 담아냄으로써 공평보다 상위에 있는 개념이다. 공정은 경쟁의 결과에 대해서는 책임지도록 하되 탈락자와 패자에게 재기의 기회를 제공하는 것이다. 공평은 개인의 자유와 창의성이 존중되는 가운데 모든 사람이 최대한 능력을 발휘할 수 있도록 경쟁의 출발과 과정에서 동등한 기회를 주는 것이다(윤평중, 2018: 75-76). 정의는 공평과 공정을 포괄하는 최상위의 개념이다. 일반적으로 초등학교 도덕 교과에서는 정의를 공정성으로 소개하며, 중학교와 고등학교 도덕 교과에서는 정의의 개념을 직접적으로 다룬다.

② 윤리적 의미

소크라테스는 정의로운 사람은 현명하고 지혜로우나, 그렇지 못한 사람은 무지하고 열등한 사람이며, 정의는 덕이자 지혜라고 주창하였다. 정의는 우애와 협심을 북돋우지만, 불의不義는 분열과 증오를 부추긴다고 하였다. 인간이 자신의 소임을 다하는 것을 정의라고 하며, 소임을 다하지 못한 것을 불의라고 한다(Plato, tra. by Rowe, 2012, 이환 편역, 2023: 50, 52, 131). 그러므로 바르게, 아름답게, 정의롭게 사는 것은 결국 모두 똑같은 것이다. 정의의 윤리적 의미를 보다 구체적으로 살펴보면 다음과 같다.

첫째, 정의는 옳음을 추구하려는 삶의 태도이다. 이러한 삶의 태도는 칸트가 말하는 소위 '선의지'와 비슷하다. 비합리적인 수단이 선의지의 통제를 받지 않는다면, 사회는 엄청난 위험에 처할 수 있다. 정의는 더 높은 선의지에 의해 인도되어야 한다(Niebuhr, 1960, 이한우 역, 2017: 345-346). 정의로운 행위는 단지 그 자체로 그것이 옳기 때문에 하는 것이다. 다시 말하면 정의는 사람이라면 마땅히 걸어가야 할 올바른 길이다.

둘째, '의주리종'義主利從이라는 도덕적 의미를 지닌다. 즉 이익의 추구는 반드시 정의의 원칙에 따라야 하고, 이익은 정의가 허용하는 한도 내에서만 추구되어야 한다는 것이다. 일찍이 공자는 이익의 추구가 반드시 정의에 맞아야 한다고 했다.

> "거친 밥을 먹고 물을 마시고 팔을 구부려 베고 살지라도 즐거움이 또한 그 가운데 있는 법이니, 의롭지 않으면서 부하고 귀함은 나에게는 뜬구름과 같으니라."
>
> 『논어』 술이편

> "부와 귀는 사람들이 모두 원하는 것이지만 도의에 맞게 얻은 것이 아니라면 탐하지 아니하며, 빈천은 사람들이 모두 싫어하는 것이지만 도의에서 벗어나는 것이 아니라면 기피하지 않으리라."
>
> 『논어』 이인편

맹자가 자신에게 물었다. "'생명'과 '의리'를 선택하라고 할 때, 과연 나는 무엇을 선택할까?" 둘 중에 하나를 선택해야 한다면 맹자는 '의리'를 택하겠다고 말했다. 그리고 그 이유로 생명은 '나 중심'이고, 의리는 '타인 중심'이기 때문이라고 말했다. 가정과 공동체 그리고 사회는 바로 '타인 중심'의 사람이 이끈다.

셋째, 이타적인 삶의 태도이다. 정의는 우리로 하여금 이기주의에 빠지는 것을 경계하게 함으로써 도덕의 세계에 머무르도록 해주는 덕이다. 이 경우 정의는 편협한 이기주의 또는 자아중심성의 반대말이다. 그래서 정의에는 자신의 이익에 집착하지 않는 자기 삶에 대한 초월성의 뜻이 내재한다. 정의는 다른 사람이 전부인 지나친 이타주의와 자기가 전부인 편협한 이기주의 사이의 적도適度에 있다. 개인을 중심에 놓고 보면, 최고의 도덕적 이상은 이타성이다. 내면적인 입장에서 볼 때, 가장 도덕적인 행위는 이타적 동기에서 나온 것이다. 개인의 도덕적 상상력이 동료 인간의 요구와 이익을 이해하지 못한다면 진정한 정의는 달성될 수 없다. 플라톤이 모든 덕 가운데 정의를 이타주의에 가장 가까이 있는 '타인의 선'이라고 한 것도 정의의 이러한 속성 때문이다.

넷째, 법을 준수하면서도 때로는 법을 초월하는 삶의 태도이다. 정의로운 자는 우선 법을 준수하며, 법적 정의의 실현에 적극적이다. 법은 불의를 방지하기 위한 최소한의 제도적 장치이기 때문이다. 법의 강제적 성격은 그것이 정의의 최후 보루임을 웅변한다. 실정법은 응보의 원리에 기초해 있기에, 법질서가 응보의 원리를 실현한다면 그것은 정당한 것이라고 할 수 있다. 정의는 사사로움에서 비롯된 욕구나 충동에서 벗어나 법을 준수하고자 하는 의지와 관련된다.

그러나 정의는 '법이 옳은가? 혹은 옳지 않은가?'를 문제 삼는다. 법은 항상 정의의 원칙에 부합하는 것을 목표로 삼지만, 그 특성상 누락이나 빈틈이 있을 수 있다. 그 경우 정의는 법적 조치를 수정하고 균형을 잡아 준다. 더 나아가 정의는 법이 부당할 때, 법에 대항해야 한다는 점을 함축하고 있다. 즉 법이 정의의 원칙에서 벗어나면, 정의는 법의 시정을 정당화한다. 물론 가장 바람직한 것은 법과 정의가 같은 방향을 향하고 있을 때이다. 동양 사상에서 법은 그 원천과 해석에 대해 '예'의 지도를 받으며, '예'는 다시 정의[義]의 지도를 받는다. 그러므로 정의의 덕을 지닌 자는 정의의 원칙에 근거하여 법을 해석하고 조정하며 초월하는 자라 할 수 있다. 정의는 법을 존중할 뿐만 아니라 만인에게 평등한 인권을 존중하는 의미로 확장되었다.

4) 책임

① 개념

책임은 어떤 것을 처리할 의무가 있거나 누군가를 통제할 의무가 있다는 상태 또는 사실을 뜻하는 한자어이다. 책임을 중요하게 여기는 마음을 책임감(責任感, sense of responsibility)이라고 한다. 우리는 보통 책임을 말할 때 "'법적으로' 책임이 있다"라고 하거나 혹은 "'도덕적으로' 책임이 있다"라고 말한다. 법적으로 책임이 있다는 것은 자신의 행위와 그것의 결과가 법과 합치하지 않아 법에서 정한 처벌을 받아야 한다는 것을 뜻한다. 법적 책임의 내용이나 그 한계는 실정법에 담겨 있다. 반면에 어떤 사람이 자신의 행위 때문에 칭찬이나 비난, 혹은 존경이나 경멸을 받는 것이 정당화되는 경우, 우리는 자신의 행위에 대해서 '도덕적으로' 책임이 있다고 말한다.

우리가 도덕적 책임에 대해서 말할 때, 일반적으로 두 가지 차원에서 접근이 가능하다. 하나는 '이성적으로(혹은 합리적으로) 선택할 수 있는 능력', 즉 도덕적 주체로서의 능력을 갖춘 개인적 차원에서의 책임이다. 우리는 이를 개인 윤리적 차원의 책임이라고 말할 수 있다. 개인 윤리적 차원의 책임은 역할 수용role acceptance의 도덕, 그리고 역할 이행role enactment의 도덕과 관련된다. 역할 수용의 도덕과 역할 이행의 도덕은 사회체계 내에서 개인이 받아들이고 이행하는 역할이 도덕적일 것을 요구하는 것이다.

다른 하나는 제도·체제적 차원에서의 책임이다. 이것은 사회윤리학의 주된 관심사이기도 하다. 예컨대 생명 의료 윤리, 정보 통신 윤리, 환경 윤리 등이 사회적 책임의 문제를 일컫는다. 현대 사회는 많은 모순을 내포하고 있고, 인간이 복잡하고 거대한 조직이나 기구 속에서 움직이며, 기술의 비약적 발달로 인해 자주적인 행동의 범위가 좁아지면서 행위의 결과를 파악할 수 없거나, 또는 결과가 직접 체험되지 않는 경우가 많아서 도덕적 책임을 묻기가 곤란한 문제가 일어나고 있다(철학사 편찬위원회, 2023).

개인주의와 자유주의에서는 자신뿐만 아니라 타인들도 똑같은 권리를 보장받는다. 그래서 자유라는 권리를 보장하는 대신, 자신의 행동이 타인에게 위해를 끼칠 경우, 책임 소재를 분명히 하여 이를 보상, 배상할 것을 의무 사항으로 규정한다. 즉 권리와 책임은 서로 깊이 관여하는 두터운 상호 관계망에 의존하며, 자유와 책임은 서로 밀접하게 쌍을 이룬다. 그렇다고 해서 체제 순응적 사회가 도덕적으로 책임 있는 개인들의 사회가 아니라는 점도 명심해야 한다(Trigg, 2004, 박정희 역, 2006: 98-99, 155).

② 윤리적 의미

첫째, 책임은 자신과의 대화를 통해 자아의 도덕적 성장을 촉진한다. 겔렌Gehlen이 말한 바와 같이, 인간은 생물학적으로 결핍된 존재이다. 그러한 결핍의 보상으로 인간에게는 자기반성을 할 수 있는 정신이 주어졌다. 즉 인간은 자기반성적이고 자기 의식적인 존재이다. 그리하여 인간은 자발적으로 행위 할 수 있으며, 또 자신의 행위에 응답할 수 있다. 도덕적 책임은 해석된 행위에 관한 응답의 한가운데에 있다. 책임 있게 행동함으로써 도덕적으로 성장하고 인격인으로 대접받는 것이다.

둘째, 책임은 자신의 삶에 대한 진솔한 열망을 품고 있다. 이런 점에서 보면 책임의 반대말은 '비겁' 혹은 '회피'와 가깝다. 누군가가 무엇에 대한 책임이 있다는 것은 그것에 대해 화답해야 한다는 것을 의미한다. 그는 그것에 대해 설명하도록 요구받을 수 있다. 즉 그것을 불러일으킨 것에 대해, 혹은 그것을 방지하는 데 실패한 것에 대해 비난받아 마땅함을 설명하도록, 정당화하도록, 인정하도록 요구받을 수 있다. 책임은 그러한 요구를 회피하거나 숨기거나 혹은 남에게 떠넘기려는 태도를 결코 용인하지 않는다. 오히려 그러한 태도를 배척하고 자신의 행위에 대해 진실하고 솔직하게 대답하려 한다. 책임의 덕이 '용기'라는 덕과 밀접한 관련을 맺고 있는 것도 이런 연유에서다.

셋째, 책임은 윤리적인 자아의 실체를 창조한다. 인간의 자기 존재에 관한 의미는 타인과의 관계 설정에서 더욱 두드러진다. 인간은 다른 동물과 달리 인간의 무리 속에서 성장함으로써 비로소 완전한 인간이 된다. 그래서 나이가 어린 아동에 대해서는 책임을 묻지 않는다. 우리가 누군가에게 책임을 묻는다는 것은 그를 성숙한 한 인간으로 존중한다는 뜻이 포함되어 있다. 그것은 또한 자신의 행위가 다른 사람들에게 어떤 영향을 미치는가를 고려할 줄 안다는 것을 전제로 한다. 이처럼 책임이라는 덕은 한 인간을 인간답게 완성하는 필요조건이다.

『서경』에 "하늘이 내린 재난은 피할 수 있지만 자기가 초래한 재난은 절대 피할 수 없는 것이다."라고 한 것이나, 맹자가 "이 세상 모든 사물의 이치가 다 나에게 갖추어져 있는 법이니, 자신을 반성하여 성실히 처신하면 이보다 큰 즐거움은 없다."라고 한 것은 모두 인간의 기본적인 삶의 자세를 역설한 것이다. 그러한 자세로 삶을 영위한다면 남의 원망으로부터 멀어지게 되며, 한 인간으로 존중받게 된다.

끝으로 책임은 개인이 맡은 일을 다 함으로써 전체 사회에 이바지한다. 책임은 공동생활을 위한 사회의 분업을 전제로 한다. 따라서 책임은 개인의 행동을 전체의 목표에 연결하는 도덕적인 덕목이다. 오늘날처럼 다원화된 사회에서는 더더욱 요청되고 있는 덕목이다. 보상과 처벌에 대한 고려 때문에 책임을 떠맡는 것이 아니라, 이웃과 세계와 자기 자신에 대해 스스로가 책임이 있음을 인식하여 인격인으로서 온갖 노력을 다할 때만 그 행위는 도덕적이다. 공동체의 구성원들에게 책임이 없다면 그 공동체의 조직은 제대로 역할과 기능을 발휘할 수 없다. 무임승차자가 많으면 많을수록 그 파괴의 속도는 빨라지게 된다. 반면, 공동체의 구성원들이 자신이 맡은 역할에 대해 깊이 자각하고 있다면, 그 공동체는 건강해진다. 즉 책임은 한 개별적 인간으로서뿐만 아니라 공동체의 일원으로서 삶을 영위해 나가는 데 있어서 필요한 덕이다.

4 내용 체계 및 성취기준

1) 내용 체계

'내용 체계'는 내용 영역별로 학습 내용의 범위와 수준을 일목요연하게 나타낸 것이다. 내용 체계는 '핵심 아이디어', '범주'(지식·이해, 과정·기능, 가치·태도), '학년군'(3~4학년군, 5~6학년군)으로 구성되어 있다. 핵심 아이디어는 "영역을 아우르면서 해당 영역의 학습을 통해 일반화할 수 있는 내용을 핵심적으로 진술한 것"으로, 이는 "해당 영역 학습의 초점을 부여하고 깊이 있는 학습을 가능하게 하는 토대"가 된다(교육부, 2022: 일러두기). 특히 도덕과 교육과정에서는 핵심 아이디어를 "자신과의 관계에서 성실, 타인과의 관계에서 배려, 사회·공동체와의 관계에서 정의, 자연과의 관계에서 책임이라는 핵심 가치를 중심으로, 초·중등학교에서 '도덕 수업을 받은 사람'이 갖출 수 있기를 기대하는 품성과 역량"을 문장형으로 기술하였다(교육부, 2022: 4).

교과에서 배워야 할 필수 학습 내용(내용 요소)을 성격에 따라 구분하는 범주는

'지식·이해', '과정·기능', '가치·태도'로 구성되어 있다. 도덕과 교육과정 '일러두기'에 따르면, 지식·이해는 "교과(목) 및 학년(군)별로 해당 영역에서 알고 이해해야 할 내용"을, 과정·기능은 "교과 고유의 사고 및 탐구 과정 또는 기능"을, 그리고 가치·태도는 "교과 활동을 통해 기를 수 있는 고유한 가치와 태도"를 의미한다. 도덕과 교육과정에서는 지식·이해 범주를 "보다 바람직한 삶을 향한 각자의 답을 찾아가는 과정에 초점을 두어야 한다는 점을 감안하여 질문형으로 제시"하였다. 그리고 과정·기능 범주는 "(도덕적) 탐구와 성찰"의 과정을 구체화하여 제시하였고, 가치·태도 범주는 일상 속 실천의 태도 및 "그 실천 자체를 탐구와 성찰의 대상으로 삼는 가치 탐구와 수양修養의 과정을 중심으로 구성"하였다(교육부, 2022: 4).

2022 개정 도덕과 교육과정에서 제시하고 있는 내용 영역별 '내용 체계'를 살펴보면 다음과 같다.

표 1-3 '자신과의 관계' 내용 체계

핵심 아이디어	• 성실은 도덕적 가치와 덕목을 일관되게 추구하도록 하여 도덕적 삶으로 이끈다. • 자아에 대한 탐구와 성찰은 자신을 존중하는 마음을 기르는 도덕 공부의 기초이다.	
범주	학년군	
	3-4학년군	5-6학년군
지식·이해	• 나는 왜 소중한 사람인가? • 어떤 사람을 정직한 사람이라고 하는가? • 자신에게 정성을 다하는 삶을 살아야 하는 이유는 무엇인가? • 도덕적으로 행동하는 일은 왜 필요할까?	• 자주적으로 살아야 하는 이유는 무엇일까? • 자신의 생활을 반성하는 일은 왜 중요할까? • 자신이 하고 싶은 일을 선택할 때 어떤 것을 고려해야 할까?
과정·기능	• 자신을 탐구하여 자기감정의 소중함 설명하기 • 정직한 행동 찾아보기 • 성실한 생활의 모범 정하기 • 다른 사람의 관점에서 문제 바라보기	• 자주의 의미를 살펴보고 자신의 생활에 반영하기 • 자신의 생활 점검하여 성찰하기 • 자신의 적성을 도덕적으로 탐색하기

가치·태도	• 자기를 소중히 하는 태도 • 정직하게 행동하려는 자세 • 성실한 태도 • 도덕적으로 행동하려는 자세	• 주체적인 삶의 태도 • 반성하는 태도 • 도덕적 성장을 지향하는 자세

표 1-4 '타인과의 관계' 내용 체계

<table>
<tr><td>핵심 아이디어</td><td colspan="2">• 배려는 타인에 대한 관심과 공감을 기반으로 타인의 삶을 개선한다.
• 차이의 존중은 갈등을 평화적으로 해결하고 타인과 더불어 사는 삶으로 이끈다.</td></tr>
<tr><td rowspan="2">범주</td><td colspan="2">학년군</td></tr>
<tr><td>3-4학년군</td><td>5-6학년군</td></tr>
<tr><td>지식·이해</td><td>• 가족의 행복을 위해 무엇을 해야 할까?
• 친구끼리 배려해야 하는 이유는 무엇일까?
• 타인에 대한 공감은 왜 필요할까?</td><td>• 타인을 왜 도와야 하며, 어떻게 도울 수 있을까?
• 서로의 다름을 존중해야 하는 이유는 무엇일까?
• 인공지능 로봇과 친구가 될 수 있을까?</td></tr>
<tr><td>과정·기능</td><td>• 효·우애의 의미 설명하기
• 친구를 서로 배려하는 방법 탐색하기
• 타인의 감정 함께 나누기</td><td>• 타인의 상황을 주의 깊게 관찰하고 다양한 도움 방안 탐색하기
• 편견 사례를 찾고 수정 방안 제안하기
• 인공지능 로봇과 관계 맺을 때 필요한 윤리적 원칙 점검하기</td></tr>
<tr><td>가치·태도</td><td>• 가족을 사랑하는 태도
• 친구를 배려하는 자세
• 타인에 공감하는 태도</td><td>• 타인을 위하는 자세
• 다양성을 존중하는 태도
• 인공지능 로봇과의 바른 관계 형성 의지 함양</td></tr>
</table>

표 1-5 '사회·공동체와의 관계' 내용 체계

핵심 아이디어	• 사회 정의는 시민의 인간다운 삶을 보장하는 도덕공동체의 토대가 된다. • 세계시민은 인류의 문제를 이해하고 공감하여 인류 번영과 세계 평화에 기여한다.

범주	학년군	
	3-4학년군	5-6학년군
지식·이해	• 공정한 사회를 위해서 내가 할 일은 무엇일까?	• 인권을 존중해야 하는 이유는 무엇일까? • 정의로운 공동체를 위해 어떻게 행동해야 하는가?
	• 디지털 사회에서 발생하는 문제를 어떻게 해결할까? • 통일은 왜 필요할까?	• 통일 과정과 통일 이후 사회는 어떤 모습이어야 할까? • 다른 나라의 사람들까지 사랑해야 하는 이유는 무엇일까?
과정·기능	• 불공정한 사례 분석을 통해 공정 사회를 위해 내가 할 일 탐색하기 • 디지털 사회에서 발생하는 문제를 알아보고 해결 방안 탐색하기 • 통일의 필요성 설명하기	• 인권 관련 문제 사례 조사하기 • 정의로운 공동체를 위한 규칙 고안하기 • 통일 과정과 통일 이후 바람직한 사회 모습 탐색하기 • 다른 나라의 사람들이 겪는 문제를 살펴보고 해결 방안 생각하기
가치·태도	• 공정을 실천하려는 태도 • 정보통신 윤리의식 함양 • 통일 감수성 함양	• 인권 감수성 함양 • 정의로운 공동체 형성 의지 함양 • 통일을 추구하는 태도와 의지 함양 • 인류를 사랑하는 태도

표 1-6 '자연과의 관계' 내용 체계

핵심 아이디어	• 자연에 대한 윤리적 책임은 자연의 본래 가치에 관한 이해를 높여 생태 전환을 이끈다. • 자연을 아끼고 생명을 소중히 여기는 마음은 환경 위기의 극복을 돕는다.	
범주	학년군	
	3-4학년군	5-6학년군
지식·이해	• 생명은 왜 소중할까? • 인간과 자연이 함께 살아야 하는 이유는 무엇일까?	• 환경 위기를 극복하기 위해 어떻게 해야 하는가? • 지속 가능한 삶이란 무엇일까?

과정·기능	• 생명 경시 사례 조사하기 • 자연과 공생하기 위해 자신이 할 수 있는 일 탐색하기	• 환경 위기를 극복하기 위한 방안 살펴보기 • 미래 세대의 권리를 지키기 위한 계획 세우기
가치·태도	• 생명에 대한 존중 • 생태 감수성 함양	• 환경 위기를 극복하는 자세 • 미래 세대에 대한 책임의식 함양

2) 성취기준

성취기준은 "영역별 내용 요소(지식·이해, 과정·기능, 가치·태도)를 학습한 결과 학생이 궁극적으로 할 수 있거나 할 수 있기를 기대하는 도달점"을 의미한다(교육부, 2022: 일러두기). 즉 성취기준은 내용 요소의 세 범주, 즉 지식·이해, 과정·기능, 가치·태도가 결합하여 만들어진 것으로서, 교수·학습 및 평가 활동의 실질적인 기준이 된다.

도덕과 교육과정에서 제시하는 성취기준 역시 지식·이해, 과정·기능, 가치·태도가 결합되어 만들어진다. 예컨대 "[4도01-01] 정직의 의미를 알고 모범적인 사례를 탐색하여 바르게 행동하려는 태도를 기른다."라는 성취기준은 "어떤 사람을 정직한 사람이라고 하는가?"라는 지식·이해 범주와, "정직한 행동 찾아보기"라는 과정·기능 범주, 그리고 "정직하게 행동하려는 자세"라는 가치·태도가 결합하여 만들어진 것이다. 또한 성취기준은 제시된 순서에 따라 '[4도01-02]'와 같은 번호가 붙는다. 여기서 '4도'는 '3~4학년군 도덕'을 의미하고, '01'은 제 1영역, 즉 '자신과의 관계' 영역을 의미하며, '02'는 각 영역에서 두 번째로 제시된 성취기준이라는 뜻이다.

2022 개정 도덕과 교육과정의 성취기준의 수는 총 24개로 2015 개정 도덕과 교육과정의 성취기준과 같다. 하지만 내용 영역별 성취기준의 개수는 조금씩 변경되었는데, '자신과의 관계' 영역의 경우 1개가 늘어 7개가 되었고, '타인과의 관계' 영역은 1개가 줄어 6개가 되었다. '사회·공동체와의 관계' 영역과 '자연과의 관계' 영역은 각각 7개, 4개로 2015 개정 도덕과 교육과정과 동일하다. 2022 개정 도덕과 교육과정에 제시된 내용 영역별 성취기준을 살펴보면 다음과 같다.

표 1-7 '자신과의 관계' 성취기준

[4도01-01]	자신의 감정을 소중히 여기며 존중하는 태도를 바탕으로 내가 누구인가를 탐구한다.
[4도01-02]	정직의 의미를 알고 모범적인 사례를 탐색하여 바르게 행동하려는 태도를 기른다.
[4도01-03]	성실한 생활의 모범 사례를 탐색하고 시간 관리를 위한 생활을 계획하여 지속적인 자기 성장을 모색한다.
[4도01-04]	다른 사람의 관점을 수용할 수 있는지를 도덕적으로 검토하고 도덕규범을 내면화하여 도덕적으로 행동할 수 있는 자세를 기른다.
[6도01-01]	자주적인 삶에 대한 이해를 바탕으로 자신의 생활 계획을 세우고 실천하여 주체적인 삶의 태도를 기른다.
[6도01-02]	생활 습관에 대한 성찰을 통해 자기 생활을 점검하고 올바른 계획을 세워 이를 실천한다.
[6도01-03]	자기가 하고 싶은 일을 선택할 때 도덕적 고려의 필요성을 알고 자신의 특기와 적성을 탐색하여 진로계획을 수립한다.

표 1-8 '타인과의 관계' 성취기준

[4도02-01]	효, 우애의 의미와 필요성을 명료하게 이해하고 가족의 행복을 위해 할 수 있는 일을 탐색하여 실천 계획을 세운다.
[4도02-02]	친구 사이의 배려에 대한 올바른 이해를 바탕으로 일상생활에서 배려에 기반한 도덕적 관계를 맺을 수 있는 방안을 탐색한다.
[4도02-03]	공감의 태도가 필요한 이유를 이해하고 도덕적 상상력을 바탕으로 대상과 상황에 따라 감정을 나누는 방법을 탐구하여 실천한다.
[6도02-01]	봉사의 의미와 중요성을 이해하고, 타인이 처한 상황과 환경에 대한 주의 깊은 관심을 바탕으로 봉사를 실천한다.
[6도02-02]	편견이 발생하는 이유를 탐색하여 해결 방안을 살펴보고, 다양성 존중을 바탕으로 다른 사람과 올바른 관계를 맺기 위한 실천 방안을 탐구한다.
[6도02-03]	인간과 인공지능 로봇 간의 다양한 관계를 파악하고 도덕에 기반을 둔 관계 형성의 필요성을 탐구한다.

표 1-9 '사회·공동체와의 관계' 성취기준

성취기준	내용
[4도03-01]	불공정의 사례를 탐구하고, 일상생활에서 공정의 가치를 추구하는 활동을 통해 실천 의지를 함양한다.
[4도03-02]	디지털 사회에서 발생하는 다양한 문제를 살펴보고, 해결 방안을 탐구하여 정보통신 윤리에 대한 민감성을 기른다.
[4도03-03]	통일의 필요성을 이해하고, 통일 감수성을 길러 바람직한 통일의 방향을 모색한다.
[6도03-01]	인권과 관련된 다양한 사례를 살펴보고 인권에 관한 감수성을 길러 이를 실천하려는 의지를 함양한다.
[6도03-02]	정의에 관한 관심을 토대로 공동체 규칙의 중요성을 살펴보고 직접 공정한 규칙을 고안하며 기초적인 시민의식을 기른다.
[6도03-03]	통일과정과 통일 이후 사회의 여러 가지 상황을 예상하고 바람직한 통일과정과 통일 국가의 사회상을 제시한다.
[6도03-04]	다른 나라 사람들이 처한 여러 가지 상황을 종합적으로 이해하고 해결 방안을 탐구하며 인류애를 기른다.

표 1-10 '자연과의 관계' 성취기준

성취기준	내용
[4도04-01]	생명 경시 사례를 조사하고 문제 해결 방법을 탐구함으로써 생명의 소중함을 이해한다.
[4도04-02]	인간과 자연이 함께 살아야 하는 이유를 이해하고 공생을 위한 구체적인 실천 계획을 세우며 생태 감수성을 기른다.
[6도04-01]	지구의 환경 위기 상황을 이해하고, 이를 극복하기 위한 다양한 방안을 찾아 자신의 일상에서 실천하고자 노력한다.
[6도04-02]	지속가능한 삶의 의미를 탐구하고 미래 세대에 대한 책임을 강화하여 자연의 다양성을 존중하고 생산성을 유지할 수 있는 미래를 위한 실천 방안을 찾는다.

5 교수·학습 및 평가

1) 도덕과 교수·학습의 방향과 방법

2022 개정 도덕과 교육과정에서는 도덕과 교수·학습의 방향을 다음과 같이 제시하고 있다.

① 교수·학습은 내용 체계에 제시되어 있는 지식·이해, 과정·기능, 가치·태도를 고려하고, 학생의 발달 수준과 학습 환경에 적합하게 교육과정을 재구성하여 성취 기준의 도달을 지향한다.

② 핵심 아이디어에 대한 이해를 바탕으로 일상에서 직면하는 도덕 현상을 탐구하고, 도덕적 가치와 덕목 등에 비추어 자신의 삶을 윤리적으로 성찰하며, 이러한 도덕적 탐구와 윤리적 성찰을 일상의 도덕적 실천과 유기적으로 통합하는 과정을 구현하는 교수·학습의 과정을 구성한다.

③ 전인적인 도덕적 인격의 형성을 위해 도덕성의 인지적, 정의적, 행동적 요소를 골고루 갖춘 통합적 접근을 지향하고, 도덕적 인격 함양에 필요한 가치·덕목의 기본적 이해와 습득, 발달 단계에 적합한 도덕적 사고 및 탐구 능력 함양에 초점을 둔다.

④ 학습자 주도성을 살려 능동적인 학습 참여를 장려하고, 일상에서 경험하는 도덕 문제를 학습 소재로 활용하여 삶과 도덕 수업의 연계성을 높임으로써 학생의 자율적 역량을 기르는 교수·학습의 과정을 구성한다.

⑤ 최신의 디지털 학습 환경 기술을 학생 수준에 맞게 활용하여 교사-학생, 학생-학생 간 쌍방향 교수·학습의 기회를 확대하고, 온오프라인 교육 환경을 구축하여 개별화된 학습 경험을 제공한다.

⑥ 자기 장학, 동료 장학과 더불어 수업에 대한 학생의 반응과 평가를 폭넓게 수집하고 분석하여 교수·학습의 내용과 방법을 개선한다.

또한 도덕과 교수·학습의 방법을 다음과 같이 제시하고 있다.

① 지식·이해 범주를 위해서는 도덕적 지식을 터득하고 설명하며 적용하도록 하고, 과정·기능 범주를 위해서는 도덕적 탐구 과정을 활성화하고 자신의 내면을 성찰해 볼 수 있는 방법을 활용하며, 가치·태도 범주를 위해서는 도덕적 가치와 덕목을 내면화하고 실천할 수 있는 교수·학습 방법을 활용할 수 있다.
② 학습 내용, 학생의 발달 수준, 삶의 맥락 등을 종합적으로 고려하여 개념학습, 주제학습, 탐구학습, 토의·토론학습, 논술학습, 협동학습, 역할놀이학습, 프로젝트학습, 봉사학습, 사회정서학습, 내러티브학습 등 다양한 교수·학습 모형 및 방법을 활용할 수 있다.
③ 역할교환, 관점 채택 등을 통해 서로의 생각과 감정을 이해하고 공감하며, 민주적으로 소통하는 허용적인 학습 분위기를 조성하여 학생들이 교수·학습 과정에 자기 주도적으로 참여할 수 있도록 한다.
④ 실생활과 관련된 도덕 이야기, 문학 및 예술 작품, 영화, 교육연극, 도덕적 딜레마 등을 활용하여 다양한 도덕 문제를 탐색하고 도덕적 해결책을 찾아가는 개인 및 모둠 활동을 통해 도덕적 사고 능력 및 문제 해결 능력을 기른다.
⑤ 학생들이 도덕적 문제 상황에 직면하여 적절한 도덕적 감정을 경험하고, 타인의 감정에 공감하며 배려를 실천할 수 있도록 교수·학습 과정을 구성하여 도덕적 민감성과 도덕적 정서 능력의 신장을 도모한다.
⑥ 자신의 도덕적 이야기를 구성하고 공유하는 과정을 통해 삶 속에서 자신이 소중히 여기는 도덕적 가치와 덕목을 명료화하고, 도덕적 가치와 덕목이 일상의 도덕적 실천으로 이어져 도덕적 습관으로 정착할 수 있도록 실천 지향적인 교수·학습 과정을 구성한다.
⑦ 초등학교 도덕과 교수·학습은 학생의 발달 수준에 맞게 도덕적 행위의 실천을 위한 가치나 태도를 강화하는 방향으로 나아가야 하며, 이를 위해 3~4학년 군은 적절한 강화기제 활용을 통한 도덕적 가치·규범의 모방 및 수용에, 5~6학년 군은 도덕적 가치·규범의 자율적이고 합리적인 이해에 역점을 두었다. 아울러, 과정·기능에 기반한 도덕과 교수·학습 방법에서

3~4학년 군은 단일한 과정·기능에, 5~6학년 군은 복합적인 과정·기능에 역점을 두어 지도한다.

2) 도덕과 평가의 방향과 방법

2022 개정 도덕과 교육과정에서는 도덕과 평가의 방향을 다음과 같이 제시하고 있다.

① 성취기준을 평가의 준거로 설정하고, 교수·학습의 결과로 나타나는 학생의 도덕성 변화를 평가한다. 도덕과의 목표, 핵심 아이디어, 지식·이해, 과정·기능, 가치·태도에서 지향하는 바를 종합적이고 체계적으로 평가한다.

② 단편적인 지식 중심의 평가를 지양하고 도덕적 지식과 실천의 요소를 통합적으로 평가한다. 이 과정에서 도덕적 지식과 이해, 도덕적 사고 및 정서 기능, 도덕적 가치와 태도의 내면화 정도를 다양한 평가 방법을 활용하여 평가한다.

③ 일상에서 직면하는 도덕 문제를 해결할 수 있는 도덕적 문제 해결 능력을 평가한다. 이를 위해 도덕 판단의 기준과 이유를 찾는 비판적 사고, 다양한 도덕적 대안을 찾는 창의적 사고, 타인의 감정과 필요에 주의를 기울이는 배려적 사고, 공동체를 존중하며 타인과 협력할 수 있는 공동체적 사고, 도덕적 가치와 덕목을 준거로 삶을 윤리적으로 반성하는 성찰적 사고 등을 평가한다.

④ 학습의 결과뿐만 아니라 학습의 과정을 평가할 수 있는 수행평가 방법을 활용한다. 수행평가의 기준은 성취기준 도달 여부를 측정할 수 있는 것이어야 하고, 교사와 교사, 교사와 학생 사이의 소통을 통해 평가 기준의 상호주관성을 확보하기 위해 노력한다.

⑤ 교육공동체는 교사의 평가 전문성을 신뢰하고 존중하는 학교 문화를 구축하고, 이를 위한 제도적 차원의 노력을 기울여야 한다. 이를 토대로 교사는 평가 전문성을 바탕으로 학생의 발달 수준과 학교 현장의 다양성, 특수성을 고려하여 질적 평가를 수행함으로써 학생들의 도덕적 성장을 촉진한다.

⑥ 평가의 과정 및 결과를 분석하여 교수·학습 과정, 평가 방법을 개선하고, 학생의 도덕적 성장을 위한 맞춤형 피드백을 제공한다.
⑦ 초등학교 도덕과 평가는 담임교사가 중심이 되어 범교과 활동이나 바른생활과 등 인접 교과와 연계하여 통합적으로 평가함으로써, 학생의 도덕성 형성 수준을 보다 균형 있고 종합적인 관점에서 확인하고, 도덕적 성장을 자극하고 돕는 방향으로 이루어지도록 한다.

또한 도덕과 평가의 방법을 다음과 같이 제시하고 있다.

① 선택형, 서술형, 논술형을 포함하는 지필평가와 프로젝트 평가, 포트폴리오 평가, 관찰 평가, 구술 평가 등 다양한 수행평가 방법을 활용하여 학생에게 일어난 변화와 성장을 평가한다.
② 논술 평가를 통해 문제 상황을 도덕 문제로 인식하고 분석하는 능력, 자신의 도덕적 판단을 정당화하고 합리적인 해결 방안을 도출할 수 있는 도덕적 사고 능력, 자신의 도덕적 주장을 합리적으로 표현할 수 있는 도덕적 글쓰기 능력 등을 평가한다.
③ 도덕적 딜레마와 윤리적 쟁점에 관한 토론 과정의 관찰을 통해 자신의 도덕적 주장을 합리적으로 정당화하고 상대방의 도덕적 주장에 대해 반론을 제기하며 소통할 수 있는 도덕적 의사소통 능력과 토론을 준비하는 자세, 상대방에 대한 존중, 토론 규칙 준수, 토론에 대한 반성 등의 도덕적 태도를 종합하여 평가한다.
④ 프로젝트 평가를 통해 도덕적 문제를 인식하고 분석하는 능력, 문제 해결을 위한 동료와의 협업 능력, 활동 결과에 대한 발표 능력 등을 교사 평가, 동료 평가, 자기 평가 등의 방법을 활용하여 종합적으로 평가한다.
⑤ 포트폴리오 평가를 통해 일정 기간 수행한 학습 과정과 도덕적 수행의 결과를 누적하여 학생의 도덕적 성장을 평가한다. 학생들이 다양한 수행과제를 스스로 작성하고, 관리하고, 점검하는 과정을 관찰함으로써 도덕적 지식과 실천의 연계 과정을 종합적으로 평가한다.
⑥ 온오프라인 연계 수업으로의 전환을 고려하여 온라인 프로젝트 평가, 사회

관계망 서비스(SNS) 프로그램을 활용한 화상 구술 평가, 수업 중 실시간 피드백이 가능한 형성평가 프로그램을 활용한 평가 등 온라인 공간에서 이용할 수 있는 다양한 평가 방법과 도구를 개발하여 활용한다.

⑦ 초등학교 지식 · 이해 범주의 평가는 도덕적 개념에 대한 이해와 적용의 정도를 확인하는 서술형 · 논술형 평가와 도덕적 판단의 정당화를 살피는 토론법을 활용할 수 있다. 또한 전이가 높은 지식의 습득 여부를 확인하기 위해 서술형이나 인터뷰 방법을 활용할 수 있다.

⑧ 초등학교 과정 · 기능 범주의 평가는 도덕성이 형성되어 가는 과정을 확인하는 면접법과 일정 기간 도덕과 학습의 수행 정도를 측정하는 관찰법, 연구 보고서 방법이나 포트폴리오 방법을 활용할 수 있다.

⑨ 초등학교 가치 · 태도 범주의 평가는 도덕과 교수 · 학습을 통해 길러진 도덕성이 실천되는 성향을 확인할 수 있는 관찰법이나 자기 보고 방법, 동료 평가법을 활용할 수 있다.

제2장

2022 개정 도덕과 교육과정에 따른 초등학교 도덕 교과서의 구성 체제

1 | 초등학교 도덕 교과서 편찬 방향 및 방안

2 | 초등학교 도덕 교과서 단원 기본 설계

3 | 초등학교 도덕 교과서 차시 구성 및 체계

4 | 초등학교 도덕 교과서의 내용 및 방법상의 특징

2장

2022 개정 도덕과 교육과정에 따른 초등학교 도덕 교과서의 구성 체제

1 초등학교 도덕 교과서 편찬 방향 및 방안

2015 개정 교육과정기부터, 교육부(2015)는 역량 기반 교육과정을 도입한다. 역량이 학교 교육을 통해 발달시켜야 할 목표로 설정되었음에 불구하고, 이 '역량'이라는 개념에 대한 정의는 아직 학술적으로 합의되지 않고 있다(Westera, 2001: 75). 따라서 역량을 연구하는 학자들은 역량이 무엇인지를 규정하려고 시도하면서, 역량과 유사한 개념(기능, 수행, 능력, 기준·자격, 전문지식)과 역량을 비교하여 이 개념을 분명히 하고자 한다(Stoof et al., 2002 등을 참고). 그들이 공통적으로 지적하는 역량의 특징은 다음과 같다.

① 결과를 도출하는 데 필요한 인간 내면의 심리적 작용과 행동이다.
② 인간의 심리적 작용과 행동 이외에도 여러 가지를 포함한다.
③ 능력이 상황에 맞게 발현된 상태이다.
④ 교육 관계자들의 합의에 따라 도출된 학습 목표이면서 목표에 도달하는 데 필요한 구성 요소를 포함한다.
⑤ 전문지식 이외에도 여러 가지를 포함한다.

결국 역량은 '무엇을 아는가?'라는 질문에 대한 답이 아니라, '주어진 상황 속에서 무엇을 할 수 있는가?'라는 질문에 대한 답이라 말할 수 있다(김광민, 2009: 179). 그리고 후자의 질문에서 '무엇을'은 '주어진 상황'이 어떠하냐에 따라 그 구체적인 내용이 달라진다. 그럼에도 불구하고 우리는 모든 상황에 공통으로 적용할 수 있는 역량의 기본적인 구성 요소를 도출해 볼 수 있다. OECD(2018)는 역량의 구성 요소를 지식, 기능, 가치·태도로 보고 있다. 2022 개정 교육과정에서는 이를 지식·이해, 과정·기능, 가치·태도로 명명하여 사용하고 있다(교육부, 2022a). 여기서 지식·이해는 "교과(목) 및 학년(군)별로 해당 영역에서 알고 이해해야 할 내용"을 말하고, 과정·기능은 "교과 고유의 사고 및 탐구 과정 또는 기능"을 의미하며, 가치·태도는 "교과 활동을 통해 기를 수 있는 고유한 가치와 태도"를 뜻한다(교육부, 2022a, '일러두기' 참고).

2022 개정 교육과정에서는 자기관리 역량, 지식정보처리 역량, 창의적 사고 역량, 심리적 감성 역량, 협력적 소통 역량, 공동체 역량을 우리나라 학생들이 발달시켜야 할 핵심역량으로 제시하고 있다. 그리고 이를 토대로 2022 개정 도덕과 교육과정에서는 도덕과의 목표를 다음과 같이 제시하고 있다(교육부, 2022b: 6).

> 도덕과는 교사와 학생이 도덕 수업이라는 시·공간을 통해 사회적 차원의 도덕 현상에 관한 탐구와 자기 내면의 도덕성에 관한 성찰, 일상의 실천이라는 세 요소로 구성되는 도덕적 지식과 실천의 연계 과정을 공유함으로써 일상 속 실천과 성찰의 연결고리를 확보하는 것을 목표로 한다. 이는 도덕적 지식의 비판적 이해와 수용, 도덕적 사고와 정서 기능의 습득, 도덕적 가치·태도의 함양 등과 같은 구체적이고 연속적인 과정의 공유를 통해 가능하다.

그러므로 2022 개정 도덕과 교육과정을 구체적으로 실현해야 하는 도덕 교과서는 교육과정 총론에서 제시하고 있는 핵심역량을 도덕 교과의 목표와 연계하고, 교과의 목표를 달성하기 위해 다루어야 하는 내용 요소를 지식·이해, 과정·기능, 가치·태도로 분류하는 체계적인 과정을 통해 설계되어야 한다. 2022 개정 도덕과 교육과정에 따른 초등학교 도덕 교과서의 교사용 지도서(2025a)에서는 도덕 교과서의 단원과 차시의 구성이 핵심역량, 도덕과의 목표, 그리고 내용 체계의 세 범주와 어떻게 연계되는지를 [그림 2-1]과 같이 제시한다.

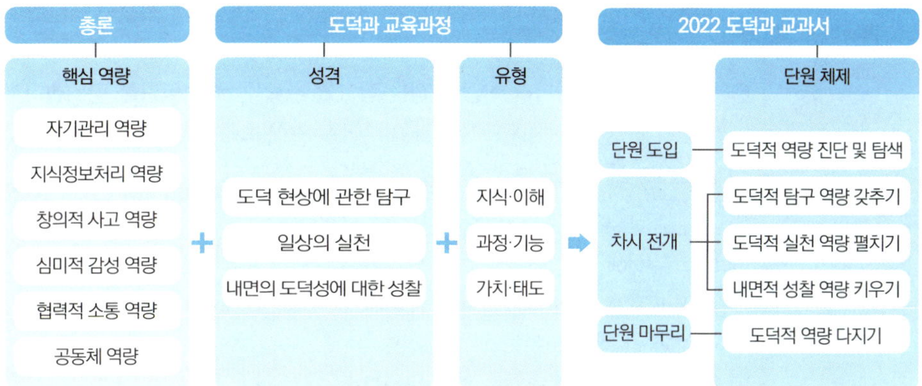

그림 2-1 핵심역량, 도덕과의 목표, 내용 체계의 범주, 교과서와의 관계

더 나아가 2022 개정 도덕과 교육과정에 따른 초등학교 도덕 교과서의 편찬 방향 및 방안을 [표 2-1]과 같이 제시한다(교육부, 2025a: 89-91).

표 2-1 2022 개정 도덕과 교육과정에 따른 초등학교 도덕 교과서의 편찬 방향 및 방안

방향	방안
① 미래 사회가 요구하는 역량 함양	ⓐ 실제 자신이 처한 상황에서 복잡한 요구를 성공적으로 해결해 내는 능력을 강조한다. ⓑ 각 영역별로 함양해야 할 역량 – 제1영역: 자율적인 도덕적 판단 능력, 도덕적 정서, 일상에서의 실천 역량 – 제2영역: 사회 규범의 탐구와 이를 일상에서의 실천으로 연결시키는 역량 – 제3영역: 민주적 가치·덕목의 내면화 및 실천 역량 – 제4영역: 생태적으로 지속 가능한 삶을 실천하는 역량 ⓒ 역량 강화를 위한 방안 – 발문 유형의 체계화 및 적용 – 단원별 해당 역량 파악 및 차시별 특성에 맞는 탐구, 실천, 성찰 역량 함양

② 도덕과 교육과정의 취지 및 방향 구현	ⓐ 교육과정 내용 체계의 범주가 지식·이해, 과정·기능, 가치·태도로 변하고, 지식·이해, 과정·기능, 가치·태도에 제시된 내용 요소가 서로 대응을 이루고 있다. 따라서 대응을 이루는 내용을 같은 단원에서 적절히 다룬다. ⓑ 디지털 학습을 강조한다. ⓒ 학습 결과뿐만 아니라 학습 과정을 평가할 수 있는 수행평가를 강조한다. 따라서 단원 학습 중에도 평가가 이루어질 수 있도록 구성한다. ⓓ 인공지능 윤리와 관련된 내용을 포함한다.
③ 실제 삶 반영	ⓐ 소재를 학생들의 삶과 밀접한 것으로 선정한다. ⓑ 내용 구성에 있어 다양한 내용 요소가 융합되어 있는 단원을 구성한다. - 여러 내용 요소의 융합 - 교과 간 내용의 융합 ⓒ 학급 생활 지도와 연계할 수 있는 방안을 제시한다.
④ 학습자의 특성 고려	ⓐ 다양한 사례 제시를 통해 도덕적 가치나 덕목의 추상적인 속성에 대한 이해를 도모한다. - 피아제의 인지발달이론에 의거하면, 초등학교 시기는 구체적 조작기에서 초기 형식적 조작기에 해당 - 콜버그의 도덕성 발달 이론에 의거하면, 초등학교 시기는 인습 이전의 수준에서 인습 수준으로 발달하는 시기 ⓑ 본인의 수행 능력에 따라 학습 문제나 관련 사례를 선택할 수 있도록 다양한 수준의 자료를 제시한다. 그리고 온라인 자료를 풍부하게 제공한다.

2 초등학교 도덕 교과서 단원 기본 설계

앞서 설명한 바와 같이, 2022 개정 교육과정은 포용성과 창의성을 갖춘 주도적인 사람이 갖추어야 할 것으로서 6가지 핵심역량을 제시하고 있다(교육부, 2022a: 6). 교과서는 우리나라 교육의 목표인 핵심역량의 함양을 돕는 수단이다. 따라서 도덕 교과서를 구성하는 단원 역시 핵심역량을 잘 길러 줄 수 있도록 설계되어야 한다. 2022 개정 도덕과 교육과정에 따른 초등학교 도덕 교과서는 도덕과 교육의 목표, 즉 "사회적 차원의 도덕 현상에 관한 탐구, 자기 내면의 도덕성에 관한 성찰,

일상의 실천"과 "지식·이해, 과정·기능, 가치·태도"라는 내용 체계의 세 범주에 기반하여 단원이 구성되어 있다(교육부, 2025a: 91-92). 이에 대해 좀 더 구체적으로 설명하면 다음과 같다.

첫째, 초등학교 도덕 교과서는 도덕 현상에 관한 탐구를 지식·이해와 연계하고, 일상의 실천을 과정·기능과 연계하며, 내면의 도덕성에 대한 성찰을 가치·태도와 연계하여 단원을 구성하고 있다. 둘째, 지식·이해 범주에 해당하는 내용을 중심으로 도덕 현상에 대한 탐구가 이루어지는 것을 '도덕적 탐구 역량 갖추기'라고 명명하고, 과정·기능 범주에 해당하는 내용을 중심으로 일상에서 실천하는 것을 '도덕적 실천 역량 펼치기'라고 명명하며, 가치·태도 범주에 해당하는 내용을 중심으로 내면의 도덕성을 성찰하는 것을 '내면적 성찰 역량 키우기'라고 명명한다. 셋째, 단원의 도입부에 '도덕적 역량 진단 및 탐색'이라는 활동을 배치하여 학생들이 단원에서 배워야 할 역량을 능동적으로 탐색하고 자신의 역량 수준을 진단해 보도록 하였다. 넷째, 단원의 마무리 부분에 '도덕적 역량 다지기'라는 활동을 배치하여 학생들이 단원에서 학습한 내용을 되돌아보고 지속적으로 실천하도록 하였다. [그림 2-2]는 2022 개정 도덕과 교육과정에 따른 초등학교 도덕 교과서의 단원이 어떻게 설계되었는지를 도식화한 것이다.

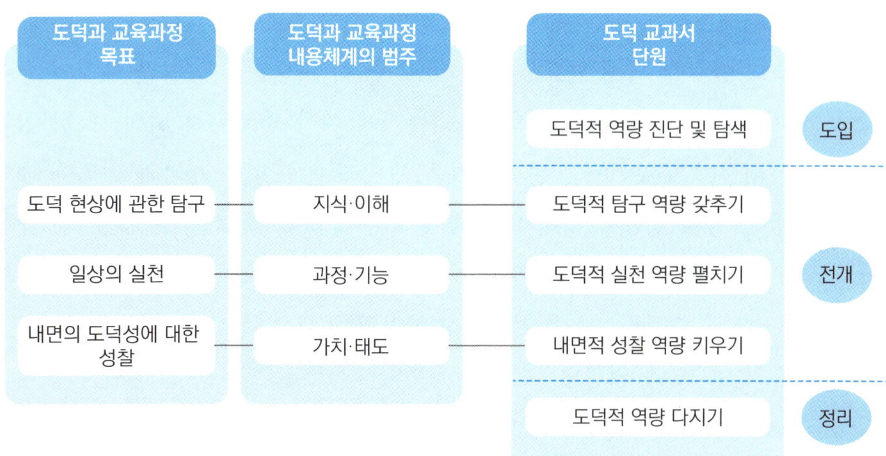

그림 2-2 단원의 기본 설계

도덕 교과서의 단원 설계와 관련하여 생각해 볼 필요가 있는 부분은 도덕 현상에 대한 탐구가 과연 지식·이해에 해당하는지, 그리고 도덕성에 대한 성찰이 정말로 가치·태도와 관련이 있는지에 대한 것이다. OECD(2018)는 기능의 하위 요소로 인지 기능, 메타인지 기능, 사회·정서 기능, 그리고 육체적·실제적 기능을 언급한다. 여기서 '인지'에 대한 인지 기능을 말하는 메타인지 기능은 목표와 '나'를 비교하여 '나'의 수준을 파악하고, '나'의 수준을 목표 수준으로 끌어올리기 위해 필요한 사고·판단 관련 심리적 작용 및 행동, 즉 자신의 인지 기능에 대한 반성적 성찰과 이에 따른 자기규제적 행동을 의미한다(Weinert, 1999). 그리고 실제적 기능은 실제 삶에서 직면한 문제를 해결하기 위해 필요한 심리적 작용 및 행동을 의미한다(Loarer et al., 1995; Bandura, 1990). 따라서 도덕 현상에 대한 탐구와 내면의 도덕성에 대한 성찰은 오히려 과정·기능에 조금 더 가까울 수 있다.

그렇다면 우리는 도덕적 탐구 역량 갖추기와 내면적 성찰 역량 갖추기를 어떻게 이해해야 할까? 행위자들은 같은 상황일지라도 서로 다른 방식으로 행동을 한다. 그리고 우리는 어떤 행동은 도덕적이라고 평가하고 그 외에 나머지 행동들은 부도덕하다고 말한다. 이는 우리가 무언가를 올바르다 혹은 올바르지 않다고 판단하는 데 활용할 수 있는 '도덕에 관한 지식'을 가지고 있다는 것을 의미한다(MacIntyre, 2020: 250). 따라서 행위자가 주어진 상황에서 올바른 행동이 무엇인지를 탐구하기 위해서는 도덕적 지식이 필요하다. 결론적으로 '도덕적 탐구 역량 갖추기'는 도덕적 탐구를 위해 필요한 도덕적 지식, 즉 도덕적 지식이란 무엇이고 어떤 특성을 지니고 있으며 어떻게 정당화되는지에 대한 인식론적 지식, 특정 상황에서 올바른 행동이 무엇인지를 판단하기 위해 필요한 도덕적 개념과 원리에 대한 개념적 지식, 올바른 행동을 행하기 위해 필요한 생각과 감정은 무엇인지에 대한 지식, 그리고 생각과 감정을 어떻게 종합하여 올바른 행동으로 나아갈 수 있는지에 대한 절차적 지식을 습득하는 과정이라고 이해할 필요가 있다.

와이너트(1999: 9)에 의하면, 직면한 상황을 잘 해결하기 위해 행위자가 지녀야 할 가치·태도에는 '자아개념', '성취동기', 그리고 '개인 통제 신념'이 있다. 그가 말하는 자아개념은 자신, 자신의 능력, 자신의 발전 가능성 등에 대한 설명이자 일종의 자신감으로서 특정 분야에서의 성취 및 자신의 장점 등에 대한 인식을 의미한다(Epstein, 1973; Stäudel, 1987 등을 참고). 성취동기는 성과를 내야 하는 핵심적인 이유, 성과를 내기 위해 역량을 길러야 할 필요성, 행위자가 생각하는 지향점을 의미한다. 개인 통제 신념은 성공 혹은 실패에 대한 개인의 설명 방식, 즉 나의 성공과 실패가 나의 선천적 능력에 따른 것인지, 후천적 노력에 따른 것인지, 개인 내적 요인에 따른 것인지, 외부 환경에 따른 것인지 등에 대한 개인적 해석 방식을 말한다(Stäudel, 1987을 참고). 그러므로 '내면적 성찰 역량 갖추기'는 반성적 성찰을 토대로 자신이 도덕적으로 어떤 장점과 발전 가능성을 지니고 있고, 자신이 추구하고자 하는 도덕적 이상향은 무엇이며, 도덕적인 행동을 함에 있어 잘한 점과 잘못한 점이 무엇인지, 나의 도덕적 성공과 실패의 원인은 무엇인지를 파악하는 과정으로 이해할 수 있다.

2022 개정 교육과정 총론에 따르면, 사회/도덕 교과군이 배당받은 시간은 3~4학년군과 5~6학년군 동일하게 각각 272시간이다(교육부, 2022a: 17). 이를 한 학기 기준으로 계산하면 68시간이고 한 학기가 17주임을 고려할 때 사회/도덕 교과군이 배당받은 주당 수업 시간은 4시간이다. 그리고 이 4시간 중 3시간이 사회 교과에, 1시간이 도덕 교과에 배당되어 있다. 그러므로 도덕 교과는 주당 1시간, 학기당 17시간의 도덕 수업으로 구성된다. 2022 개정 도덕과 교육과정에 따른 도덕 교과서는 학기당 기본형 단원 3개와 자율융합형 단원 1개씩을 편성하고 있다. 그러므로 1시간의 시간적 여유를 고려한다면, 한 단원에 배정된 차시는 4차시라고 볼 수 있다.

2022 개정 도덕과 교육과정의 내용 체계는 지식·이해, 과정·기능, 가치·태도라는 총 3개의 범주로 구성되어 있다. 앞서 설명한 바와 같이 도덕 교과서의 한 단원에 배정된 차시는 4차시이다. 따라서 내용 체계의 각 범주를 1차시씩 다룬다고 하더라도, 단원당 1차시의 여유가 발생한다. 2022 개정 도덕과 교육과정에 따른 초등학교 도덕 교과서는 지식·이해 중심의 단원을 '지식 중심 학습', 과정·기능 중심의 단원을 '실천 중심 학습', 가치·태도 중심의 단원을 '성찰 중심 학습'이라고 명명하고 있다. 지식 중심 학습의 경우 지식 · 이해를 다루는 수업을 2차시, 과정 · 기능과 가치 · 태도를 다루는 수업을 각각 1차시씩을 배정하고, 실천 중심 학습의 경우 과정 · 기능을 다루는 수업을 2차시, 지식 · 이해와 가치 · 태도를 다루는

수업을 각각 1차시씩을 배정하며, 성찰 중심 학습의 경우 가치 · 태도를 다루는 수업을 2차시, 지식 · 이해와 과정·기능을 다루는 수업을 각각 1차시씩을 배정한다. [그림 2-3]은 2022 개정 도덕과 교육과정에 따른 초등학교 도덕 교과서의 단원 차시 편성을 나타낸 것이다.

그림 2-3 단원 차시 편성

'지식 중심 학습', '실천 중심 학습', '성찰 중심 학습'으로 구성된 단원들을 예시하면 각각 [표 2-2], [표 2-3], [표 2-4]와 같다.

표 2-2 지식 중심 학습 단원의 예

영역	학년	단원명	내용 체계	차시명 및 주요 내용(•)
사회 · 공동체와의 관계	4	5. 바람직한 디지털 사회	지식 · 이해	1. 디지털 사회의 특징과 예절 • 디지털 사회의 특징, 디지털 사회의 예절과 이를 지켜야 하는 이유
				2. 디지털 사회의 도덕 문제 • 디지털 사회의 도덕 문제, 디지털 사회에서 발생하는 도덕 문제의 해결 방법

			과정 · 기능	3. 바람직한 디지털 사회를 향하여 • 바람직한 디지털 사회 만들기, 바람직한 디지털 사회를 만들기 위한 캠페인 활동
			가치 · 태도	4. 디지털 사회의 바른 모습 • 디지털 사회 속 우리의 바른 모습, 올바른 디지털 생활 습관, 올바른 디지털 사회의 모습

표 2-3 실천 중심 학습 단원의 예

영역	학년	단원명	내용 체계	차시명 및 주요 내용(•)
자연과의 관계	4	7. 자연은 소중해요	지식 · 이해	1. 자연과 인간 • 인간이 자연을 바라보는 관점, 자연과 인간이 함께 살아야 하는 까닭
			과정 · 기능	2. 나는 지구 지킴이 • 환경 위기 실태, 환경 위기 극복 방법 및 실천 계획, 환경 보호 활동 놀이
				3. 지구를 보호하는 작은 실천 • 환경 보호 인식, 환경 보호 실천 연습, 환경 보호 실천
			가치 · 태도	4. 소중한 자연 • 생태 감수성, 자연과 생명에 대한 존중

표 2-4 성찰 중심 학습 단원의 예

영역	학년	단원명	내용 체계	차시명 및 주요 내용(•)
자신과의 관계	4	2. 도덕적인 나	지식 · 이해	1. 도덕이란 무엇일까? • 도덕의 의미, 도덕적 행동이 필요한 까닭
			과정 · 기능	2. 관점 바꿔 생각하기 • 다른 관점에서의 문제 이해, 다른 사람의 관점 채택

			가치 · 태도	3. 모두에게 소중한 것 • 도덕적 행동의 종류와 방법, 소중한 도덕적 행동
				4. 나는 도덕적인 사람일까? • 도덕적 행동의 성찰, 도덕적 행동 실천의 다짐

3 초등학교 도덕 교과서 차시 구성 및 체계

1) 기본형 단원

'기본형 단원'은 기본적으로 도입 → 전개 → 정리 순으로 되어 있으며, 각 차시별로 지식·이해 중심 차시, 과정·기능 중심 차시, 가치·태도 중심 차시의 특성을 반영하고 있다. (교육부, 2025b: 24-27).

지식·이해 중심 차시는 '생각 똑똑 → 생각 쑥쑥 → 생각 탄탄'이라는 활동 순으로 진행된다(교육부, 2025a: 93). 생각 똑똑은 수업의 도입 부분이고, 생각 쑥쑥은 수업의 전개 부분이며, 생각 탄탄은 수업의 정리 부분이다. OECD(2018)는 지식을 간학문적 지식과 학문 지식으로 분류하고 있다. 각 교과에서 다루는 지식은 학문 지식에 속한다. 학문 지식은 다시 선언적 지식과 절차적 지식으로 나누어진다(Weinert, 1999: 23). 선언적 지식은 목표와 관련된 개념 및 과거에 수행한 작업 정보로서 언어적으로 표현이 가능한 명시적인 지식이다(Anderson, 1993: 19-20). 초등학교 도덕 교과에서 다루는 '도덕' 그 자체의 의미와 특성, 정당화 방식에 대한 이해, 도덕 개념과 원리의 의미, 도덕적인 행동의 사례 등이 이에 해당한다. 절차적 지식은 실제 상황에서 작업을 수행하는 과정에 대한 지식으로서, 그 과정을 명료하게 설명하기 어려운 암묵적인 특성을 지니고 있다(Anderson, 1993: 19-20). 초등학교 도덕 교과에서는 선언적 지식을 활용하면서 도덕적인 행동으로 나아가는 심리적 과정과 기술 등에 대한 지식을 다루고 있는데, 이것이 바로 절차적 지식이다.

과정·기능 중심 차시는 '실천 똑똑 → 실천 쑥쑥 → 실천 탄탄'이라는 활동 순으로 진행된다(교육부, 2025a: 93). 실천 똑똑은 수업의 도입 부분에 해당하고, 실천 쑥쑥은 수업의 전개 부분에 해당하며, 실천 탄탄은 수업의 정리 부분에 해당한다. 2015 개정 도덕과 교육과정에 따른 초등학교 도덕 교과서에서는 '도덕적 사고'를 도덕적 지식과 함께 '인지적 측면'에서 다루었다(교육부, 2020: 29). 이에 비해 2022 개정 도덕과 교육과정에 따른 초등학교 도덕 교과서에서는 '도덕적 사고'를 '지식·이해'가 아닌 '과정·기능'이라는 범주에서 다룬다. 도덕적 사고는 행위자가 직면한 도덕적 문제 상황을 해결하기 위해 사용하는 기능이므로, OECD(2018)가 말하는 과정·기능의 한 요소로 볼 수도 있다. 따라서 2022 개정 도덕과 교육과정에 따른 초등학교 도덕 교과서에서는 도덕적 사고를 과정·기능 중심 차시에서 다루고 있다.

앞서 살펴본 바와 같이, OECD(2018)는 기능의 하위 요소로 인지 기능, 메타인지 기능, 사회·정서 기능, 육체적·실제적 기능을 언급한다. 인지 기능은 행위자가 세상을 이해하기 위한 해석의 틀을 만들고 이를 조정하면서 점차 정교화해 가는 기능을 의미한다(Piaget, 1947; Parrat-Dayan & Tryphon, 1998; Cellérier & Inhelder, 1992). 도덕 교과에서는 특정 상황이 도덕적으로 문제가 있음을 이해하고 무엇이 문제인지 해석하는 능력이 이에 해당한다. 메타인지 기능은 자신의 인지 기능(해석, 추리, 판단, 의사결정 등)에 대한 반성적 성찰과 이에 따른 자기규제적 행동을 의미한다(Weinert, 1999: 13). 도덕 교과에서는 도덕적 반성 혹은 성찰이 이에 해당한다. 사회·정서 기능은 사회 기능과 정서 기능으로 나누어지는데, 사회 기능은 행위자가 사회적 상황을 해석하고 이에 적절한 행동을 선택하는 데 활용하는 기능이고(Cantor & Kihlstorm, 1987), 정서 기능은 자신과 타인의 정서를 인식·표현·조절하면서 효과적으로 대인관계를 형성하는 능력이다(Goleman, 1995; Mayer & Salovey, 1997). 도덕 교과에서는 특정 사회적 상황에서 용인된 방식으로 행동하는 능력과 자신과 타인의 감정을 인식하고 조절하며 적절하게 표현하는 능력이 이에 해당한다. 마지막으로 육체적·실제적 기능은 신체를 사용하기 위해 필요한 심리적 작용 및 행동, 그리고 직면한 상황에서 문제를 해결하기 위해 필요한 심리적 작용 및 행동이다(Weinert, 1999: 9). 이에 초등학교 도덕 교과에서는 '효·우애의 의미 설명하기’(인지 기능), 다른 사람의 관점에서 자신의 행동을 평가하고 수정하기(메타인지 기능), ‘친구를 서로 배려하는 방법 탐색하기’, ‘타인의 감정 함께 나누기’(사회 · 정서 기능) 등을 다루고 있다.

가치 · 태도 중심 차시는 ‘마음 똑똑 → 마음 쑥쑥 → 마음 탄탄’이라는 활동 순으로 진행된다(교육부, 2025a: 93). 마음 똑똑은 수업의 도입 부분에 해당하고, 마음 쑥쑥은 수업의 전개 부분에 해당하며, 마음 탄탄은 수업의 정리 부분에 해당한다. 앞서 설명한 바와 같이, 역량을 연구하는 여러 학자들은 자아개념, 성취동기, 개인 통제 신념 등을 가치 · 태도의 구성 요소로 보고 있다(Weinert, 1999: 9). 자아개념은 자신self에 대한 설명과 특정 분야에서 발휘되는 자신의 장점, 자신감 등을 의미한다. 따라서 도덕 교과의 경우, 자신을 도덕적인 사람이라고 생각하는 도덕적 정체성moral identity, 꾸준한 공부와 노력을 통해 도덕적인 사람이 될 수 있다고 믿는 도덕적 마인드셋moral mindset, 도덕적 문제 상황을 잘 해결할 수 있는 능력이 자신에게 있다고 생각하는 도덕적 자기 효능감moral self-efficacy 등이 이에 속한다고 말할 수 있다. 성취동기는 성과를 내기 위해 역량을 길러야 할 필요성에 대한 행위자의 인식, 행위자가 선택한 지향점 등을 의미하므로, 도덕 교과에서는 도덕적인 삶 혹은 행복한 삶을 영위하기 위해 도덕적인 인간이 되어야 한다는 점에 대한 인식, 자신이 추구하고자 하는 도덕적으로 이상적인 자아moral ideal self의 설정이 이에 해당한다고 볼 수 있다. 마지막으로 개인 통제 신념은 성공 혹은 실패에 대한 행위자 개인의 설명 방식이므로, 도덕 교과에서는 도덕적 성공과 실패에 대한 원인을 파악하여 도덕적인 행동은 촉진하고 부도덕한 행동은 자제하고자 하는 개인의 노력 및 의지라고 볼 수 있다.

2) 자율융합형 단원

2022 개정 도덕과 교육과정에 따른 초등학교 도덕 교과서의 ‘자율융합형 단원’은 반구조적인semi-structured 형태를 취하고 있다. 즉 학생이 탐구하고 성찰할 수 있는 주제, 이야기나 상황을 교사가 제시하되, 이에 대한 탐구와 성찰은 학생들이 자율적이면서도 주도적으로 학습할 수 있도록 하고 있다. 자율융합형 단원을 편성한 이유는 이전 단원에서 배운 가치 · 덕목에 대한 심화는 물론, 도덕적 탐구 · 성

찰·실천 역량을 학생들이 주도적으로 함양할 수 있도록 하기 위함이다. 이를 위해 자율융합형 단원에서는 다음과 같은 두 가지 심화 방식을 택하고 있다(교육부, 2025a: 93).

① 내용적 융합의 심화 방식: 기존에 배웠던 가치·덕목을 새로운 내용에 적용해 봄으로써 심화시키는 방식
② 방법적 융합의 심화 방식: 기존에 배웠던 가치·덕목을 새로운 도덕 탐구 방안을 활용하여 심화시키는 방식

'내용적 융합의 심화 방식'에 있어 가장 중요한 것은 학습의 소재 선정이다. 2022 개정 도덕과 교육과정에 따른 초등학교 도덕 교과서에서는 학생들이 현대사회를 살아가면서 생각해 봐야 하는 문제로 AI 윤리를 선정하고, 이를 내용적 융합의 소재로 활용한다. 내용적 융합의 소재로 AI 윤리를 선정한 이유를 좀 더 구체적으로 설명하면 다음과 같다(교육부, 2025a: 94).

① AI 윤리가 2022 개정 교육과정 내용 체계의 내용 요소로 새롭게 신설되었다.
② 인공지능의 발달로 인하여 우리의 삶이 크게 달라지고 있으므로 이에 대한 대비가 필요하다.
③ 인공지능이라는 것은 기존에는 없었던 새로운 존재로, 이러한 존재와 나는 어떠한 관계를 설정해야 하는지, 관련된 규칙을 어떻게 설정해야 하는지 등의 문제가 제기된다.

예컨대 내용적 융합의 심화 방식이 적용된 초등학교 3학년 도덕 교과서 4단원은 이전 1~3단원에서 배운 자아 존중, 성실, 효·우애라는 학습 내용을 AI 윤리라는 새로운 내용에 적용하여 심화하는 단원이다. 이를 위해 이 단원에서는 초등학생이 인공지능 로봇 연구소를 방문하여 자아 존중, 성실, 효·우애를 실천할 수 있는 로봇을 설계하는 활동을 진행한다. 특히 로봇을 설계하는 과정에서 다음과 같은 질문을 통해 학생들이 AI 윤리에 대해 생각해 볼 수 있도록 이끌고 있다.

① 나와 생김새가 같고, 행동이나 생각도 같은 인공지능 로봇이 만들어지면 어

떨까요?

② 나와 똑같이 생긴 인공지능 로봇에 위의 정보(나를 소개하는 정보)를 모두 입력한다면 이 로봇은 나와 같다고 할 수 있을까요?

③ 인공지능 로봇이 나의 일을 모두 대신해 주거나 도와줘도 나는 성실한 사람이 될 수 있을까요?

2022 개정 도덕과 교육과정에 따른 초등학교 도덕 교과서에서는 '방법적 융합의 심화 방식'으로 '철학적 탐구 공동체'를 활용한다(교육부, 2025a: 94). '철학적 탐구 공동체'는 립맨Lipman이 제안한 방법이다. 그는 1970년 이전 미국 공교육이 다음과 같은 문제점을 지니고 있다고 지적한다(Lipman, 1976: 19-21).

① 교육내용을 단순히 암기가 가능한 지식으로 환원한다(예: 각종 사회과학적 혹은 자연과학적 지식은 조사 혹은 실험에 의해 도출된 것인데, 현재 교육은 학생들에게 그 과정을 보여 주지 않고 결과만 제시한다).

② 학생들에게 매우 추상적이고 일반화된 논리적 사고 구조를 제시하고 이를 다른 내용에 적용하라고 요구한다(예: 수학의 교집합 개념을 활용해서 도시와 촌락의 공통점을 찾으라고 요구한다).

③ 학생들에게 절차적 과정에 대한 안내 없이 특정 주제에 대해 논리적으로 사고하라고 요구한다(예: 가설을 설정하는 방법을 가르치지 않고 과학실험을 수행하기 위한 가설을 설정하라고 요구한다).

④ 학생들에게 교육과정에서 제시하는 관점과 해석 방식대로 내용을 이해하라고 요구한다(예: 문학 작품은 독자의 관점에 따라 다양한 해석이 나올 수 있는 것임에도 불구하고 특정 관점과 이에 따른 해석을 교육과정에서 제시한다).

따라서 립맨은 '철학적 탐구 공동체'를 통해 세상과 삶에 대해 궁금한 점을 스스로 질문하고 생각하는 힘을 키워주고자 한다('철학적 탐구 공동체 수업 모형'에 대한 자세한 설명은 이 책의 4장을 참고). 여기서 '철학'은 이 세상과 삶에 대한 근본적인 물음과 대전제를 검토하고, 그 의미와 가치를 성찰하면서 앎에 이르게 되는 사고의 과정을 의미이다. 그리고 '탐구 공동체'는 개인이 지닌 인지적, 심리적 한계를 집단 지성을 통해 극복한다는 의미이다. 철학적 탐구 공동체를 통해 학생들은 ① 세상과 삶에 대한 의미와 가치를 올바르게 판단할 수 있는 능력을 기를 수 있고, ② 주체성, 자율성, 도전 정신을 바탕으로 하는 창조성을 키울 수 있으며, ③ 윤리적 지성을 개발할 수 있고, ④ 본인의 경험이 지닌 의미를 스스로 발견할 수 있으며, ⑤ 대인 감수성과 소통 능력을 기를 수 있다(교육부, 2025a: 94).

예컨대 방법적 융합의 심화 방식이 적용된 초등학교 4학년 도덕 교과서 4단원은 정직, 도덕적인 행동, 친구 사이의 배려라는 학습 내용을 철학적 탐구 공동체라는 방법을 통해 심화하기 위한 단원이다. 철학적 탐구 공동체의 수업 절차와 유의점은 [표 2-5]와 같다(교육부, 2025a: 96; 교육부, 2025d: 206, 4장의 철학적 탐구 공동체 수업 모형 참고).

표 2-5 철학적 탐구 공동체의 수업 절차 및 유의점

절차	유의점
교재 읽기	• 사고를 자극할 수 있는 텍스트나 자료를 사용한다.
↓	
궁금한 질문을 토대로 대화나 토론·토의 주제 만들기	• 질문은 학생들이 평소에 쉽게 생각해 보지 못했던 문제나 의미, 전제들에 대한 것으로 학생들의 삶이나 관심사와 맞닿아 있고 진정성이 있는 것이어야 한다.
↓	
대화나 토론·토의를 하면서 생각 나누기	• 전체 질문에 관한 토론·토의는 아이들의 흥미와 호기심에 따라 논의의 방향이 정해지지만, 전체적인 과정은 교사가 안내 및 조율한다. 즉 교사는 도덕적 탐구가 점차 진전되어 가는 방향으로 아이들의 논의를 이끌어가야 한다.
↓	
심화 질문이나 연습 문제 해결하기	• 심화 질문이나 연습 문제는 주제를 탐구하는 과정에서 미처 다루지 못한 내용이나 보다 깊은 논의가 필요한 경우 교사가 별도로 준비하여 활용할 수 있다.
↓	
활동 후 생각 표현하기	• 자신의 생각을 글로 표현하되, 그림이나 역할극 등 다양한 방법을 활용할 수도 있다.

4 초등학교 도덕 교과서의 내용 및 방법상의 특징

2022 개정 도덕과 교육과정에 따른 초등학교 도덕 교과서는 다음과 같은 특징을 가지고 있다. 첫째, 학생들의 발달 수준에 맞게 스토리텔링 형식으로 교과서 본문을 구성하고 있다. 또한 각 이야기와 관련하여 다양한 도덕적 문제를 탐색할 수 있도록 하고, 탐색한 문제를 해결할 수 있는 활동도 제시하고 있다(예: 교육부, 2025b: 72~75).

둘째, 본문 읽기 자료 이외에도 다양한 탐구 활동거리, 자기 주도적 학습이 가능한 도움 자료, 학습자의 특성을 고려한 추가 자료 등 풍부한 자료를 제공하고 있다. 더 나아가 학습자 주도성student agency의 발휘 및 함양을 위해 학습자가 스스로 자료를 탐색할 수 있는 방법을 안내하고, 자신의 흥미와 수준에 알맞은 자료를 찾아 자발적으로 수업을 구성할 수 있도록 하였다(예: 교육부, 2025b: 21, 99, 112-113).

셋째, 학습한 내용이 단순히 도덕 수업에 그치지 않고, 타 교과로 연계 및 전이되며 학습자의 삶에 영향을 줄 수 있도록 구성하였다(예: 교육부, 2025c: 14-15, 110-111).

넷째, COVID-19 감염병 상황과 같이 미래 사회의 불확실성으로 인해 도덕 수업이 언제든지 온라인 수업으로 전환될 가능성이 있다는 점, 그리고 최근 인공지능과 관련된 교육이 강조되고 있다는 점에서 디지털·AI 소양 및 인공지능 윤리와 관련된 내용을 강화하였다(예: 교육부, 2025c: 72-73, 122-123).

다섯째, 발문의 유형화 및 체계화를 통해 학생의 수준과 차시별 특성에 적절한 발문을 제시하였다. 특히 초등학교 3~4학년 학생에게 개방적인 질문을 사용할 경우, 복잡한 논거를 생성하는 평가적 사고의 발문보다는 자유롭게 자신의 의견을 개진할 수 있는 확산적 사고의 발문을 더 많이 사용하고자 하였다(예: 교육부, 2025c: 12-13).

여섯째, 교수·학습 과정에서 학습의 결과뿐만 아니라 과정에 대한 평가가 가능하도록, 즉 과정중심의 평가가 가능하도록 평가 활동을 구성하였다(예: 교육부, 2025b: 17, 20).

제3장

도덕 수업 설계 및 교수·학습 과정안 작성

1 | 좋은 도덕 수업이란?

2 | 도덕 수업 설계의 일반적인 절차

3 | 도덕 수업 설계의 구체적인 단계들

4 | 좋은 도덕 수업을 만드는 여러 가지 원리들

3장 도덕 수업 설계 및 교수・학습 과정안 작성

1 좋은 도덕 수업이란?

좋은 수업이란 무엇일까? 이 질문에 대한 대답은 수업이라는 현상을 연구하는 학자에 따라, 그리고 단위 학교에서 실제로 수업을 실천하는 현장 교사에 따라 다양한 방식으로 제시될 수 있을 것이다. 하지만 모두가 동의할 수 있는 가장 느슨한 대답은 아마 "각 교과의 성격 및 목표에 부합하게 설정된 '수업 목표'를 잘 달성할 수 있도록 설계[2]된 수업" 정도일 것이다. 그렇다면 좋은 도덕 수업이란 무엇일까? 위 대답의 연장선상에서 볼 때, 좋은 도덕 수업이란 "도덕과의 성격 및 목표에 부합하게 설정된 '수업 목표'를 잘 달성할 수 있도록 설계된 수업"이라고 말할 수 있을 것이다. 그렇다면 도덕과 교육이란 무엇이며, 도덕과 교육의 목표는 무엇인가? 우리는 앞서 1장에서 도덕과 교육의 성격과 목표에 대해 살펴보았다. 아래의 내용을 읽기 전에 1장에서 살펴본 '도덕과 교육의 목표'를 떠올려 보자.

2 잠시 후 살펴보겠지만, 여기에서의 '설계'는 '분석-설계-개발-실행-평가'를 모두 포함하는 광의의 '설계'를 의미한다.

> 도덕 교과의 목표는 도덕성 함양을 통한 도덕적인 인간의 지향이다. 이 목표는 동시에 도덕적인 인간이 함께 살아가야 하는 사회를 보다 정의로운 사회로 만들고자 하는 지향을 포함한다. …… 따라서 도덕 교과의 목표는 …… 성실, 배려, 정의, 책임의 핵심 가치를 체득하여 도덕적 지식과 실천의 과정을 연계시킬 수 있는 도덕적인 인간을 바탕으로 정의로운 사회를 만들고자 하는 의지와 역량을 갖춘 시민을 육성하는 것이다.
>
> (교육부, 2022: 5-6)

위에서 살펴볼 수 있는 것처럼, 도덕과 교육은 우리나라 학생들을 도덕적인 인간 및 정의로운 시민으로 육성하기 위해 그들의 '도덕성'을 발달시키는 것을 주요 목표로 삼고 있다. 따라서 좋은 도덕 수업이란 "학생들의 도덕성 발달을 촉진하기 위해 잘 설계된 수업"이라고 정의할 수 있을 것이다. 그런데 우리는 도덕성 발달을 목표로 하는 모든 교육적 노력을 '도덕교육'이라고 부를 수 있겠지만, '도덕과 교육'이라고 부르지는 않는다. 즉 우리는 '도덕과 교육과정'에 근거하여 설계된 수업만을 학교 현장에서 체계적으로 이루어지는 '교과 교육'으로서의 도덕 수업이라고 부른다. 우리는 이번 장에서 도덕과 교육으로서의 도덕 수업에 초점을 맞출 것이다.

2022 개정 도덕과 교육과정에서는 도덕과 교육의 교수·학습 방향을 다음과 같이 제시하고 있다.

> (가) 교수·학습은 내용 체계에 제시되어 있는 지식·이해, 과정·기능, 가치·태도를 고려하고, 학생의 발달 수준과 학습 환경에 적합하게 교육과정을 재구성하여 성취기준의 도달을 지향한다.
>
> (교육부, 2022: 19)

위에서 볼 수 있는 것처럼, 학교 현장에서 이루어지는 모든 도덕 수업은 도덕과 교육과정에서 제시하고 있는 '성취기준'에 근거하여 설계되어야 한다. 따라서 좋은 도덕 수업이란 "학생들의 도덕성 발달을 촉진하기 위해 도덕과 교육과정에 근거하여, 특히 도덕과 교육과정에서 제시하고 있는 성취기준에 근거하여 잘 설계된 수업"이라고 말할 수 있을 것이다.

'도덕성 발달의 촉진'은 좋은 도덕 수업이 갖추어야 할 가장 기본적인 조건이다. 그리고 '도덕과 성취기준에 대한 고려'는 학생의 도덕성 발달을 촉진하고자 하는 교사의 노력이 도덕과 교육으로서의 도덕 수업이라고 말할 수 있는지를 결정하는 또 다른 조건이다. 그러나 위에서 살펴본 대답은 "좋은 도덕 수업이란 무엇일까?"라는 질문에 내포되어 있는 두 핵심 개념, 즉 '도덕'과 '수업' 중 주로 전자에 강조점을 둔 답변이다. 그런데 만약 우리가 "좋은 도덕 수업이란 무엇일까?"라는 질문에 온전히 대답하고자 한다면, '도덕'이라는 개념은 물론, '수업'이라는 개념에도 관심을 가져야 한다. 그리고 이러한 관심의 전환은 ① 수업이라는 현상은 어떻게 설명되어야 하며, ② 수업은 어떤 절차와 단계를 통해 설계되어야 하는가라는 질문을 불러일으킨다.

(특정 교과의 특수한 성격을 담고 있는 수업이 아닌) 수업 및 수업 설계 그 자체에 관한 연구는 주로 '교육공학'이라 불리는 연구 영역에서 수행되어 왔다. 교육공학 연구 영역의 대표적인 학자인 롸이거루스Reigeluth와 메릴Merrill은 수업을 구성하는 변인들을 교수조건condition, 교수방법method, 교수결과outcomes로 구분하여 설명한 바 있다.

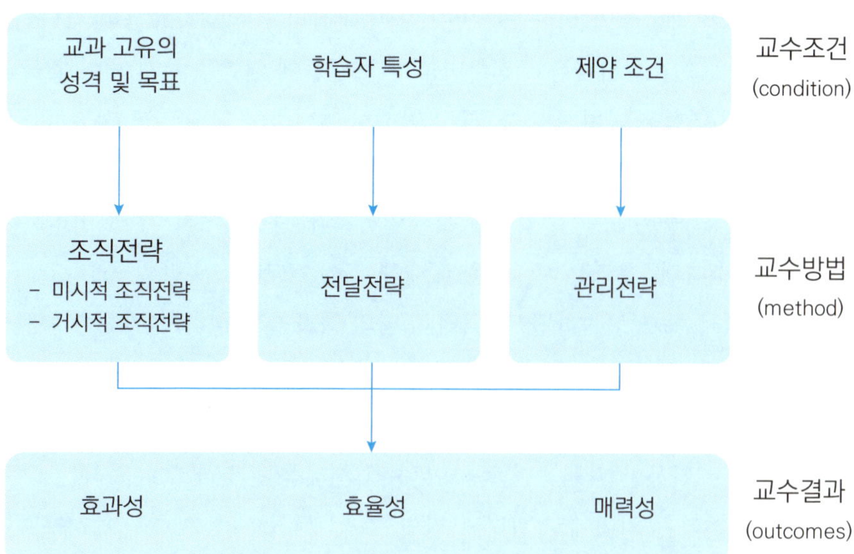

그림 3-1 수업을 구성하는 변인들

각각에 대하여 간단히 설명하자면, 먼저 교수조건이란 '수업 전체의 상황적 조건들'로서 수업 설계에 앞서 교사에게 주어진 조건들, 따라서 교사에 의해 통제되기 어려운 특성들을 말한다. 예컨대 교과의 성격이나 목표, 내용 요소나 성취기준, 그리고 학생의 특성이나 학습 환경과 같은 제약 조건 등이 이에 해당한다. 교수방법은 수업의 목표를 달성하기 위한 '다양한 경로'를 의미한다. 교수방법은 다시 하나의 내용 요소를 조직하는 '미시적 조직전략'(예컨대 단위 수업 재구성 혹은 성취기준 도달을 위한 차시별 수업 재구성 등), 여러 가지 내용 요소들을 선택·계열화·종합하는 '거시적 조직전략'(예컨대 학년 혹은 학기 단위 교육과정 재구성 등), 내용 요소를 어떠한 형태로 전달하고, 어떻게 학습자와 상호작용할 것인가를 고민하는 '전달전략'(예컨대 수업 목표의 달성을 위한 최적의 교수·학습모형 선택 및 재구성 등), 그리고 조직전략과 전달전략을 조정·감독하는 '관리전략'(예컨대 수업 성찰 및 환류 등)으로 구성된다. 끝으로 교수결과는 성취기준에 어느 정도 도달했는가 혹은 수업의 목표를 얼마나 잘 달성했는가와 관련된 '효과성', 성취기준 혹은 수업의 목표 달성을 위해 얼마나 많은 노력과 비용이 들었는가와 관련된 '효율성', 학생이 교사가 설계한 수업에 얼마나 지속적으로 참여하고 싶어 하는가와 관련된 '매력성'으로 설명된다(나일주, 2010: 121-123). 이처럼 수업은 다양한 변인들이 복잡하게 상호작용하여 나타나는 현상이기에, 여러 변인 중 하나를 수정하면 다른 변인들에 영향을 주게 되어 결국 수업의 목표 달성에 영향을 미치게 된다. 다시 말해서 어떤 하나의 변인을 적절하게 설명하거나 조절하지 못하면 전체 수업 과정을 망칠 수도 있다(김동식 외 역, 2009: 3).

따라서 우리가 "좋은 도덕 수업이란 무엇일까?"라는 질문에서 '수업'이라는 측면에 초점을 맞춘다면, 우리는 이 질문에 대해 "교수조건, 교수방법, 교수결과를 전체적인 안목에서 두루 고려하면서, 도덕 수업의 목표를 달성하기 위해 이것들이 일관성 있게 연결되도록 설계된 수업"이라고 대답할 수 있을 것이다. 이와 같은 정의 방식에서 '좋은'이라는 개념은 '가장 우수한' 혹은 '최고의 효과를 산출하는'이라는 의미보다는, '가용한 자원을 활용하여 수업 체제를 운영하고 유지하는 데 무리 없이 설계된'이라는 의미에 가깝다고 말할 수 있겠다(고대혁 외, 2019: 242-245). 그리고 이 정의에서 교수조건, 교수방법, 교수결과 각각은 교육과정 및 학습자 분석, 학습 내용 및 방법 재구성, 평가 도구의 개발이라는 교사의 의도적인 수업 설계 활동을 포함하고 있다.

지금까지 논의한 내용을 종합적으로 고려해 볼 때, 즉 '도덕'과 '수업' 양자를 종합적으로 고려해 볼 때, 우리는 "좋은 도덕 수업이란 무엇일까?"라는 질문에 대해 최종적으로 다음과 같이 대답할 수 있을 것이다. "좋은 도덕 수업이란 학생들의 도덕성 발달을 촉진하기 위해 교육과정 및 학습자 분석(교수조건), 학습 내용 및 방법 재구성(교수방법), 평가 도구의 개발(교수결과)이 도덕과 성취기준에 근거하여 일관성 있게 설계된 수업을 말한다." 이와 같은 정의 방식은 좋은 도덕 수업이 갖추어야 할 최소한의 조건을 보여 준다. 물론 다양한 조건들이 추가적으로 고려될 수 있겠지만, 아래의 세가지 조건은 도덕과 교육으로서 좋은 도덕 수업이 갖추어야 할 필요조건이라고 말할 수 있다.

① 도덕성 발달의 촉진: 학생들의 도덕성 발달을 촉진할 수 있어야 한다.
② 도덕과 성취기준에 대한 고려: 도덕과 교육과정에 근거해야 한다.
③ 교수조건·교수방법·교수결과의 일관성: 교육과정-수업의 목표-교수·학습 활동-평가가 일관되어야 한다.

2 도덕 수업 설계의 일반적인 절차

1) 수업 설계의 일반적인 절차

그렇다면 도덕 수업은 어떤 절차 혹은 단계에 따라 설계되어야 할까? 다시 말해서 어떠한 절차 혹은 단계를 따를 때, 우리는 좋은 도덕 수업을 설계할 수 있을까? 교육공학 연구 영역에서는 교수·학습의 목표, 학습자나 학습 환경의 특성 등을 고려하여 다양한 교수설계 모형을 제시하고 있다. 하지만 이러한 모형들의 대부분은 분석Analysis-설계Design-개발Development-실행Implementation-평가Evaluation라는 '공통적인 요소' 혹은 '일반적인 절차'를 포함하고 있다. 이러한 요소 혹은 절차를 각 단계의 앞 글자를 따서 ADDIE라고 부르기도 한다. 여기서 한 가지 주의해야 할 점은 우리가 "도덕 수업을 설계한다"라고 말할 때의 '설계'는 [그림 3-2]의 절차 모두를 의미한다. 즉 설계design라는 개념은 아래의 모든 절차를 포함하는 광의의 개념, 그리고 아래의 절차 중의 한 단계를 가리키는 협의의 개념을 함께 지니고 있다(박성익, 2012: 95-96).

분석 (Analysis) → 설계 (Design) → 개발 (Development) → 실행 (Implementation) → 평가 (Evaluation)

그림 3-2 수업 설계의 일반적인 절차

각각의 단계를 초등학교에서 이루어지는 단위 수업과 관련하여 간단하게 설명하자면, 먼저 '분석'은 교사가 교수·학습 활동이 필요한 상황을 분석하는 단계이다. 이 단계에서 교사는 현재 교수·학습과 관련된 문제들, 즉 단위 수업(혹은 단원)에서 다루어야 할 학습 내용(혹은 성취기준)은 무엇이고, 학습자들의 수준과 특징은 어떠한지, 학습자들의 요구 사항은 무엇이고, 그들이 처한 학습 환경은 어떠한지 등에 대한 분석을 실시한다. '설계'는 분석을 통해 파악된 점을 해결하기 위한 구체적인 전략을 수립하는 단계이다. 이 단계에서 교사는 성취기준 도달을 위한 학습 목표를 설정하고, 학습 내용의 유형을 분류하며, 학습 활동을 구체화하고, 단위 수업에 필요한 교수·학습 자료가 무엇인지를 파악하는 활동을 진행한다. 이 단계를 통해 구체화된 단위 수업 계획을 일반적으로 '교수·학습 과정안'이라고 부른다. '개발'은 설계를 통해 구체화된 계획(예: 교수·학습 과정안)에 따라 교수·학습 자료를 개발하는 단계이다. 교사가 이 단계에서 개발하는 교수·학습 자료에는 공학적 자원(인쇄 자료, 각종 시·청각 매체, 조작 자료, 저작 도구 등), 인적 자원(학습 내용 관련 전문가, 외부 강사, 지역사회 인사 등), 시설 자원(학교 시설, 예절실, 컴퓨터실, 지역사회 시설 등)이 포함된다. '실행'은 설계 및 개발한 교수·학습 과정안과 교수·학습 자료를 활용하여 실제로 교수·학습 활동을 진행하는 단계이다. 마지막으로 '평가'는 설계 및 개발된 교수·학습 과정안과 교수·학습 자료의 가치와 유용성을 평가하는 단계이다. 이 단계는 일반적으로 최초에 설계 및 개발된 교수·학습 과정안과 교수·학습 자료의 질을 개선하기 위해 필요한 자료를 수집하는 '형성평가', 그리고 충분한 수정이 이루어진 후 최종 완성된 산출물을 평가하는 '총괄평가'로 구분된다. 앞서 언급하였듯이 이 단계에서는 교사 자신이 실행한 도덕 수업을 효과성(학생들이 성취기준에 얼마나 잘 도달했는가?), 효율성(수업을 설계, 개발, 실행하는 데 얼마나 많은 노력과 비용이 들어갔는가?), 매력성(학생들이 교사가 설계한 수업에 얼마나 지속적으로 참여하고 싶어 하는가?)의 측면에서 평가하게 된다(박성익, 2012: 96-98).

2) 도덕 수업의 설계 절차

지금까지 논의한 좋은 도덕 수업이 갖추어야 할 필요조건, 그리고 수업을 설계할 때 따라야 할 일반적인 절차를 충분히 고려하면서, 이번 장에서는 좋은 도덕 수업을 설계하기 위해 교사가 따라야 할 절차, 즉 "도덕 수업 설계 절차"를 아래의 [그림 3-3]과 같이 제시하려고 한다(이인태·이인재·이철주, 2018: 33).

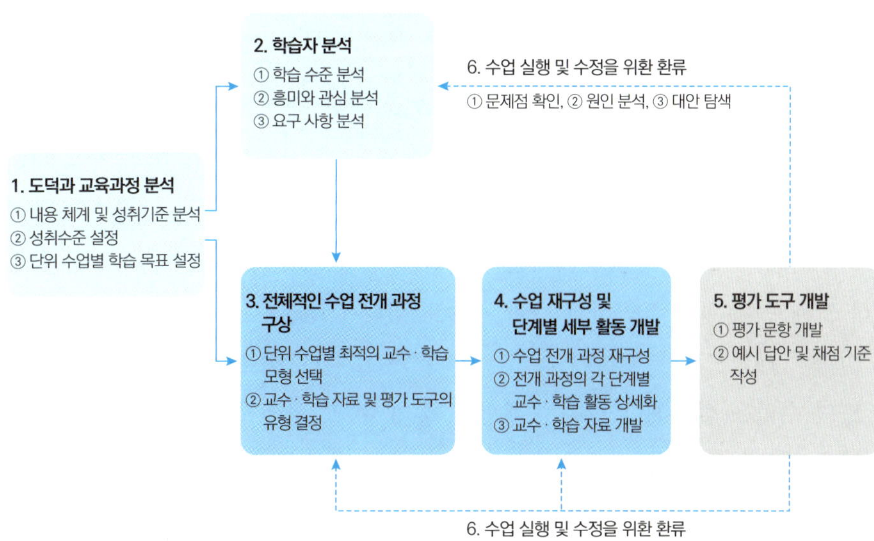

그림 3-3 도덕 수업 설계 절차

도덕 수업 설계 절차는 크게 3개의 주요 국면 및 6개의 하위 단계, 즉 '분석 국면'(: 1. 도덕과 교육과정 분석, 2. 학습자 분석), '설계 국면'(: 3. 전체적인 수업 전개 과정 구상, 4. 수업 재구성 및 단계별 세부 활동 개발), '평가와 수정 국면'(: 5. 평가 도구 개발, 6. 수업 실행 및 수정을 위한 환류)으로 구성되어 있다.

위의 그림에서 확인할 수 있는 것처럼, 도덕 수업 설계 절차는 (대부분의 교수 설계 모형이 그러하듯이) 기본적으로 선형구조linear structure, 즉 ADDIE의 구조를 띠고 있다. 그 이유는 선형구조로 제시하는 것이 수업을 설계하는 각 국면에서 교사가 수행해야 할 과업(단계)을 명시적으로 보여 주고, 순서화하며, 일관성 있게 연결시키는 데 유리하기 때문이다. 하지만 실제로 교사가 수업을 설계할 때, 특히 수업 설계 전문가인 초등학교 교사가 설계할 때는 각 단계가 동시적으로 고려되거나 교차하면서 진행된다.

도덕 수업 설계 절차의 전체적인 모습은 순환 구조circulant structure로 구성되어 있다. 특히 위의 절차에서 '2. 학습자 분석' 단계에서부터 '6. 수업 실행 및 수정을 위한 환류'의 단계를 순환 구조로 제시한 이유는 각 단계가 체계적으로 연결되어 있어 상호 간에 영향을 주고받는 관계라는 점, 그리고 도덕 수업을 설계한다는 것이 문제점은 보완하고 더 좋은 아이디어는 유지 및 발전시키는 지속적인 과정이라는 점을 강조하기 위해서이다.

또한 '1. 도덕과 교육과정 분석' 작업 후 진행되는 '2. 학습자 분석' 단계와 '3. 전체적인 수업 전개 과정 구상' 단계를 계열적으로 나타내지 않고 분기로 나타낸 이유는 첫 번째 단계에서 두 번째 단계를 거쳐 세 번째 단계로 순차적으로 나아갈 수도 있지만, 최초 설계 과정에서는 신속한 작업을 위해 두 번째 단계를 과감히 생략하고 세 번째 단계로 곧바로 나아갈 수도 있다는 점을 보여 주기 위해서이다. 이는 일종의 래피드 프로토타이핑rapid prototyping으로서 교사로 하여금 처음부터 완벽한 도덕 수업을 설계해야 한다는 부담을 줄여 주고, 성취기준과 수업의 목표에 보다 집중하도록 유도한다. 하지만 자신이 설계한 활동을 수업에 적용한 후에는 '6. 수업 실행 및 수정을 위한 환류' 단계를 반드시 거치도록 하여, 최초에 프로토타입prototype으로 설계된 도덕 수업이 학습자의 수준과 특징을 반영한 보다 완벽한 수업이 되도록 유도하였다(이인태·이인재·이철주, 2018: 33-34).

3 도덕 수업 설계의 구체적인 단계들

1) 도덕과 교육과정 분석

앞에서 우리는 "도덕 수업 설계 절차"의 전체적인 모습에 대해 살펴보았다. 이번 절에서는 이 설계 절차의 각 단계에 대해 구체적으로 설명하고자 한다. 이를 위해 2022 개정 도덕과 교육과정 3~4학년군 성취기준인 "[4도01-02] 정직의 의미를 알고 모범적인 사례를 탐색하여 바르게 행동하려는 태도를 기른다"(교육부, 2022: 11)를 중심으로, 각 단계에서 이루어지는 교사의 수업 설계 활동을 구체적인 예를 보여 주면서 설명하려고 한다.

도덕 수업 설계 절차의 첫 번째 단계는 '도덕과 교육과정 분석'이다. 이 단계에서 교사는 먼저 ① 내용 체계 및 성취기준을 분석하고, ② 성취기준 도달 정도를 보여 주는 성취수준을 설정한 후, ③ 성취기준 도달을 위한 단위 수업별 학습 목표를 설정하는 작업을 진행하게 된다.

① 내용 체계 및 성취기준 분석

주지하다시피 2022 개정 도덕과 교육과정에서 성취기준은 '내용 체계'의 세 가지 범주인 '지식·이해', '과정·기능', '가치·태도'의 내용 요소가 결합이 되어 만들어진 수업의 실질적인 기준이다. 따라서 교사는 특정 성취기준 도달을 위한 단위 수업을 설계할 때, 그 성취기준이 담고 있는 내용 중 무엇이 '지식·이해'와 관련된 내용이고, '과정·기능'과 관련된 내용이며, '가치·태도'와 관련된 내용인지를 우선적으로 확인해야 한다. 이때 영역별 내용 체계와 성취기준을 비교하여 살펴보면, 각각의 내용을 보다 쉽게 확인할 수 있다.

예컨대 [그림 3-4]와 같이 3~4학년군 '자신과의 관계' 영역 내용 체계와 성취기준 [4도01-02]를 비교해 보면, 이 성취기준은 '지식·이해' 관련 내용으로 "정직(정직한 사람)의 의미 이해하기", '과정·기능' 관련 내용으로 "(정직한 행동을 실천하는) 모범적인 사례 탐색하기", "가치·태도" 관련 내용으로 "바르게(정직하게) 행동하려는 태도 기르기"를 포함하고 있음을 확인할 수 있다.

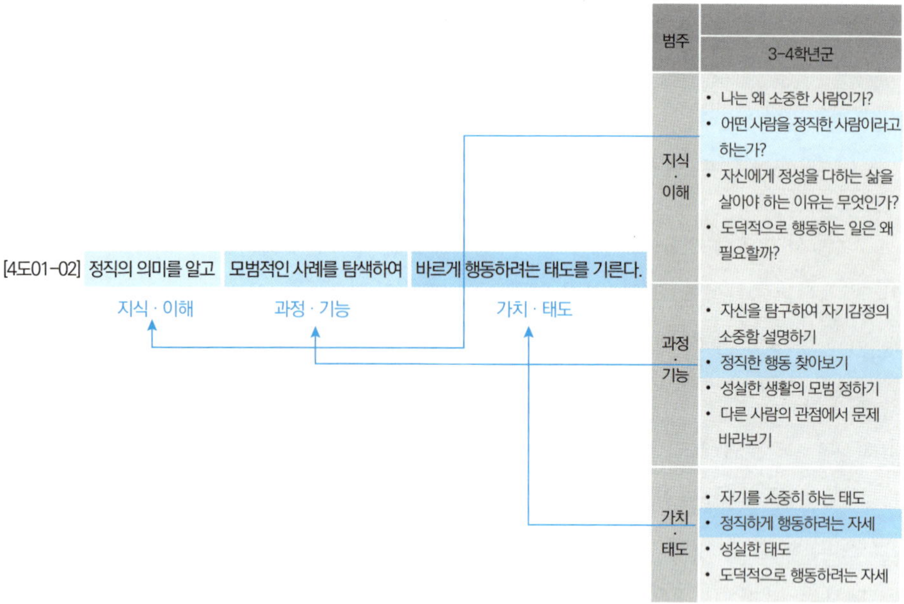

그림 3-4 도덕과 성취기준 분석의 예

② 성취수준 설정

내용 체계와 성취기준 분석을 통해 '지식·이해', '과정·기능', '가치·태도'와 관련된 내용을 확인하였다면, 이제 분석한 내용을 토대로 '성취수준'을 설정해야 한다. 성취수준은 "학생들이 각 교과(목)의 성취기준(들)에 도달한 정도를 나타낸 것"이다. 그리고 "이러한 도달 정도는 몇 개의 수준(일반적으로 초등학교의 경우 3수준)으로 구분되며, 각 수준에 속한 학생들이 무엇을 알고 할 수 있는지"를 보여 준다(교육부, 2023: 3). 즉 성취수준은 특정 성취기준과 관련하여 설계된 도덕 수업이 종료된 후, 학생이 알고 있는 것과 할 수 있는 것의 수준, 다시 말해서 '학습 결과'의 수준을 명시적으로 보여 준다. 따라서 성취수준은 학생들이 특정 성취기준과 관련하여 어느 정도의 수준에 도달했는지를 판단하기 위한 실질적인 기준이자, "수행평가(또는 서·논술형 문항) 도구 제작 및 채점 기준 설정의 근거"(교육부, 2023: 14)로 기능한다.

이처럼 도덕 수업 설계 초기 국면에서 성취수준을 우선적으로 설정하는 이유는 도덕 수업을 받은 학생들에게 최종적으로 기대되는 '학습 결과'를 토대로 '학습 목표'를 설정하고 이와 일관되게 '교수·학습 방법'을 계획하여 교수·학습 과정과 평가 간의 괴리를 줄이기 위해서이다(이인태·이인재·이철주, 2018: 40). 더 나아가 성취수준을 구체화하는 작업은 이후의 설계 과정, 즉 학습 목표 설정, 최적의 교수·학습 모형 선택 및 재구성, 평가 도구의 개발이라는 일련의 과정을 구체화하는 데 도움을 준다.

성취수준은 ① 교육부에서 개발하여 배포한 성취수준[3]을 사용할 수도 있고, ② 교사가 직접 개발할 수도 있다. 먼저 교육부(2023)에서 개발·배포한 성취수준(3수준: A, B, C)의 설정 기준을 살펴보면, 아래의 [표 3-1]과 같다(교육부, 2023: 4).

표 3-1 성취수준 설정 기준

성취수준	일반적 특성	성취율
A	**교과목의 교수·학습을 통해 기대하는 지식·이해, 과정·기능, 가치·태도에 도달한 능력 정도가 우수한 수준** • 개념에 대한 이해가 깊고, 지식 전이 수준이 높음 • 배운 지식을 다양한 맥락에 적용하고, 연계된 기능의 수행 정도가 능숙함 • 기대하는 가치와 태도를 조직화하고 실천과 적용 범위가 넓음	80% 이상
B	**교과목의 교수·학습을 통해 기대하는 지식·이해, 과정·기능, 가치·태도에 도달한 능력 정도가 보통 수준** • 개념에 대한 이해와 지식 전이 수준이 보통이거나 지식 습득이 다소 제한적임 • 배운 지식을 일부 맥락에 적용하고, 연계된 기능의 수행 정도가 중간 수준이거나 연계된 기능이 기본적인 부분을 수행할 수 있음 • 기대하는 가치와 태도를 일부 조직화하고 실천과 적용 범위가 보통이거나 다소 제한적임	60% 이상 80% 미만
C	**교과목의 교수·학습을 통해 기대하는 지식·이해, 과정·기능, 가치·태도에 도달한 능력 정도가 제한된 수준** • 위계가 낮은 수준의 개념을 일부 이해하고, 지식 습득이 제한적임 • 연계된 기능의 일부를 수행할 수 있음 • 기대하는 가치와 태도의 일부 의미를 알고, 실천과 적용 범위가 좁음	40% 이상 60% 미만

3 교육부(2023), 『2022 개정 교육과정에 따른 초등학교 3~4학년(혹은 5~6학년) 성취수준』 참고

그리고 이 기준을 활용하여 실제로 개발된 성취기준 [4도01-02]의 성취수준을 살펴보면, 아래의 [표 3-2]와 같다.

표 3-2 성취기준 [4도04-02] 성취수준의 예 (1)

[4도01-02] 정직의 의미를 알고 보범적인 사례를 탐색하여 바르게 행동하려는 태도를 기른다.	A	정직의 의미를 포괄적으로 이해하고 다양한 모범 사례를 탐색하여 생활 전반에서 바르게 행동하려는 태도를 기른다.
	B	정직의 의미를 이해하고 모범 사례를 탐색하여 바르게 행동하려는 태도를 기른다.
	C	정직의 의미를 단편적으로 이해하고 모범 사례 탐색에 관심을 가지며 바르게 행동하려는 태도를 기르고자 노력한다.

[표 3-2]를 살펴보면, 성취기준 [4도04-02]의 내용 범주인 '지식·이해', '과정·기능', '가치·태도'가 3수준(A, B, C)으로 구분되어 진술된 것을 확인할 수 있을 것이다. 즉 "정직(정직한 사람)의 의미 이해하기"라는 '지식·이해' 관련 내용의 경우 "정직의 의미를 포괄적으로 이해하고(A), 정직의 의미를 이해하고(B), 정직의 의미를 단편적으로 이해하고(C)"로 구분되었고, "(정직한 행동을 실천하는) 모범적인 사례 탐색하기"라는 '과정·기능' 관련 내용의 경우 "다양한 모범 사례를 탐색하여(A), 모범 사례를 탐색하여(B), 모범 사례 탐색에 관심을 가지며(C)"로 구분되었으며, "바르게(정직하게) 행동하려는 태도 기르기"라는 '가치·태도' 관련 내용의 경우 "생활 전반에서 바르게 행동하려는 태도를 기른다(A), 바르게 행동하려는 태도를 기른다(B), 바르게 행동하려는 태도를 기르고자 노력한다(C)"로 구분되어 진술된 것을 확인할 수 있다.

아마 여러분은 위에서 제시된 성취수준 진술 방식이 상당히 모호하다고 생각할 것이다. 이 점에 대해 교육부(2023)는 "(성취)수준에 대한 교사 간 해석을 최대한 좁혀 교육과정 범위 내에서 수업과 평가가 실행"되도록 하되, "수준 구분에 대한 유연성"을 열어 두기 위함이라고 밝히고 있다. 즉 교육부 차원에서 성취수준을 너무 자세하게 제시할 경우, 성취기준 해석에 대한 교사의 전문성과 자율성을 과도하게 제한할 수 있다는 것이다. 따라서 도덕과 성취기준을 토대로 도덕 수업을 설계하는 교사는 교육부에서 개발·보급한 성취수준을 참고하되, "포괄적", "다양한", "생활 전반에서" 등과 같이 모호하게 진술된 각 수준이 의미하는 바를 보다 구체화할 필요가 있다.

[표 3-3]에서 볼 수 있는 것처럼, 교사는 '지식·이해' 범주와 관련하여 "정직의 의미를 포괄적으로 이해하고(A)", "정직의 의미를 이해하고(B)", "정직의 의미를 단편적으로 이해하고(C)"라는 성취수준 진술을 "정직의 의미와 정직한 사람의 특성, 정직하게 행동해야 하는 이유에 대해 이해하고(A)", "정직의 의미와 정직한 사람의 특성에 대해 이해하고(B)", "정직의 사전적 의미를 이해하고(C)"와 같이 구체화할 수 있다. 이처럼 성취수준을 진술할 때는 도달 정도(A/B/C)를 명확히 구분할 수 있도록 구체적으로 진술하되, '학생들이 할 수 있는 것'을 중심으로 기술해야 한다. 즉 성취수준은 '못한다'가 아니라 '~까지 할 수 있다'로 구분되어야 한다는 것이다. 왜냐하면 '성취'라는 의미 그 자체가 '~까지 도달하였다'를 의미하기 때문이다.

표 3-3 성취기준 [4도04-02] 성취수준의 예 (2)

학년/학년군	3~4 학년군	내용 영역	자신과의 관계
성취기준	**성취기준별 성취수준 진술**		
[4도01-02] 정직의 의미를 알고 모범적인 사례를 탐색하여 바르게 행동하려는 태도를 기른다.	A	정직의 의미와 정직한 사람의 특징, 정직하게 행동해야 하는 이유에 대해 이해하고, 다양한 맥락에서 정직에 관한 모범적인 사례를 찾으며, 자신의 삶과 관련지어 정직하게 행동하려는 의지를 보인다.	
	B	정직의 의미와 정직한 사람의 특징을 이해하고, 정직에 관한 모범적인 사례를 찾으며, 정직하게 행동하려는 의지를 보인다.	
	C	정직의 사전적 의미를 이해하고, 특정 상황에 요구되는 정직한 행동을 찾으며, 그 상황에서 정직하게 행동하려는 모습을 보인다.	

③ 단위 수업별 학습 목표 설정

성취수준을 설정한 후, 교사는 이를 토대로 단위 수업별 학습 목표를 설정해야 한다. 일반적으로 초등학교 도덕과 교육은 1개의 성취기준을 1개의 단원을 통해 다루며, 1개의 단원은 총 4차시의 수업으로 구성된다. 따라서 교사는 일반적으로 1개의 성취기준당 4차시의 '학습 목표'를 설정하게 된다.

학습 목표는 해당 수업이 종료된 후 학생들이 알고 있고 할 수 있을 것이라 기대되는 결과가 구체적으로 나타나도록 진술되어야 한다. 또한 모든 사람이 동일한 의미로 이해할 수 있도록 명료하게 진술되어야 한다. 이를 위해 교사는 'Tyler식 진술 방식', 'Gagne식 진술 방식', 그리고 'Mager식 진술 방식' 등을 활용하여 학습 목표를 진술할 수 있다(정창우 외, 2020: 357-358). 각각의 방식을 활용하여 진술한 학습 목표의 예를 살펴보면 아래와 같다.

▲ Tyler식 진술 방식

① 학습자, ② 학습 내용, ③ 수행 행동으로 진술

(예) ① 4학년 학생은 ② 정직의 의미와 정직한 사람의 특성에 대해 ③ 설명할 수 있다.

▲ Gagne식 진술 방식

① 학습자, ② 행동이 일어나는 조건, ③ 수행 행동으로 진술

(예) ① 4학년 학생은 ② 정직과 관련된 도덕적 문제 상황에서 ③ 어떻게 행동해야 하는지 판단할 수 있다.

▲ Mager식 진술 방식

① 행동이 일어나는 조건, ② 도달 기준, ③ 수행 행동으로 진술

(예) ① 정직과 관련된 도덕적 문제 상황이 주어지면, ② 2가지 이상의 가치 원리 검사를 활용하여 ③ 어떻게 행동해야 하는지 올바르게 판단할 수 있다.

위에서 설명한 세 가지 학습 목표 진술 방식을 활용하여, 교사는 성취기준 [4도04-02]의 학습 목표를 다음과 같이 4개로 진술할 수 있다.

표 3-4 성취기준 [4도04-02]의 학습 목표의 예

차시	학습 목표
1차시	정직의 의미와 정직한 사람의 특성에 대해 설명할 수 있다. → Tyler식, 지식·이해
2차시	정직과 관련된 문제 상황에서 어떻게 행동해야 하는지 판단할 수 있다. → Gagne식, 지식·이해
3차시	일상생활의 다양한 장면에서 정직한 행동의 모범적인 사례를 제시할 수 있다. → Gagne식, 과정·기능
4차시	삶의 여러 상황 속에서 자신의 과거 행동에 대한 평가를 토대로 정직하게 행동하려는 의지를 밝힐 수 있다. → Mager식, 가치·태도

[표 3-4]에서 볼 수 있는 것처럼, 교사는 앞서 설정한 성취수준에 근거하여 '지식·이해' 관련 학습 목표 2개, '과정·기능' 관련 학습 목표 1개, '가치·태도' 관련 학습 목표 1개를 설정하였다. '지식·이해', '과정·기능', '가치·태도' 중 어느 것을 2차시로 구성할 것인가는 교사의 성취기준 분석에 달려 있다. 만약 교사가 특정 성취기준을 분석한 후, '지식·이해' 관련 내용이 가장 중요하다고 판단할 경우 '지식·이해'를 2차시로 편성할 수 있으며, '과정·기능' 관련 내용을 강조할 필요가 있다고 판단할 경우 '과정·기능'을 2차시로 편성할 수 있다.

실제로 2022 개정 도덕과 교육과정에 따른 초등학교 도덕 교과서 구성 체제 역시, '지식·이해'를 2차시로 편성한 단원, '과정·기능'을 2차시로 편성한 단원, '가치·태도'를 2차시로 편성한 단원 등 다양한 단원별 구성 체제를 갖추고 있다 (도덕 교과서의 구성 체제에 대해서는 2장을 참고). 물론 이러한 단원 편성 방식은 도덕성의 통합적 발달('인지적'·'정의적'·'행동적 측면'의 통합, 혹은 '지식·이해', '과정·기능', '가치·태도'의 통합 등)을 온전히 설명할 수 없다는 비판을 받을 수 있지만, 내용 체계의 각 범주를 빠짐없이 다룰 수 있다는 장점도 있다.

2) 학습자 분석

도덕 수업 설계 절차의 두 번째 단계는 '학습자 분석'이다. 이 단계에서 교사는 특정 도덕과 성취기준과 관련하여 ① 학생들의 학습 수준(혹은 도덕성 발달 수준)을 분석하고, ② 학생들이 얼마나 도덕 수업에 참여하고 싶은가와 관련된 흥미와 동기, 그리고 ③ 어떤 방식으로 도덕 수업에 참여하고 싶은가와 관련된 요구 사항을 확인한다.

학생의 도덕성 발달 수준으로서 특정 성취기준과 관련된 학생의 학습 수준을 확인하는 작업은 도덕과에서 지향하는 '과정중심 평가'(도덕성 발달 수준에 대한 진단, 수업이 진행되는 동안 도덕성이 변화되어 가는 과정, 수업 후 변화된 도덕성을 일관성 있게 확인하는 것)를 가능하게 한다. 또한 학생 개인의 개별적 특성으로서 흥미와 동기, 요구 사항에 대한 분석은 도덕 수업을 보다 유의미하고 매력적으로 만든다. 하지만 20명 이상의 다인수 학급에서 학생 개개인의 특성을 상세하게 분석하는 것은 쉽지 않은 작업이다. 뿐만 아니라 수업 설계 초기부터 학습자 분석에 너무 많은 시간과 노력을 기울일 경우, 수업 설계의 '효율성'을 떨어뜨릴 수 있다.

앞서 설명한 것처럼, 이 단계는 도덕 수업을 설계하는 과정에서 고려하면 유익하지만 반드시 거쳐야 할 단계는 아니다. 오히려 수업의 목표에 적합한 프로토타입을 신속하게 개발하고, 이를 중심으로 설계(실행-평가-개발)의 과정을 반복하여 산출물에 대한 완성도를 높이는 것이 효율성의 측면에서 보다 유리하다(이인태·이인재·이철주, 2018: 40-41). 따라서 학습자 분석은 [표 3-5]와 같이, 교사가 담당하고 있는 학급 학생들의 일반적인 수준과 특징 정도를 확인하는 것이 바람직하다.

표 3-5 학습자 분석의 예

학년	4학년	학급 인원수	25명
구분	분석 결과		
학습 수준	4학년 1반 학생들의 경우, 정직한 삶의 중요성에 대해 대략적으로 이해하고 있고, 막연하게 자신을 정직한 사람이라고 평가하고 있었다. 하지만 학급에서 생활하는 장면을 관찰한 결과, 대부분의 학생은 특정 상황에 직면했을 때, 정직한 행동에 실패하고 있는 것으로 보여진다. 뿐만 아니라 …… 이러한 학습 수준을 고려할 때, 자신의 과거 행동에 대한 성찰을 토대로 정직한 삶을 위한 변화 의지를 가질 수 있도록 수업을 설계하는 것이 중요할 것으로 판단된다.		

흥미와 관심	4학년 1반 학생들은 일반적으로 도덕 수업에 참여하는 것을 즐거워한다. 하지만 도덕 수업에 대한 동기는 수업의 내용에 따라 달라지는 것으로 보인다. 특히 갈등에 대해 함께 논의하고 해결 방안을 마련하는 수업에 대한 동기는 매우 높은 편이나, 당위적인 도덕적 개념에 대한 이해를 요구하는 수업은 지루해하는 경향이 있다. …… 이러한 학습 동기를 고려하여, 정직한 사람의 특징을 탐색하는 수업을 진행할 때, 실생활에서 만날 수 있는 다양한 유형의 도덕적 귀감들을 흥미롭게 제시하는 것이 필요할 것으로 사료된다.
요구 사항	4학년 1반 학생들은 평소에 교사가 일방적으로 진행하는 강의식 수업보다는 자유롭게 자신의 의견을 말할 수 있는 수업, 자신의 생각을 친구들과 나누며 함께 참여하는 수업, 모둠이 함께 미션을 수행하는 수업을 요구하였다. …… 이와 같은 요구 사항을 고려할 때, 자신의 과거 경험을 함께 나누고, 정직한 삶을 살기 위한 의지를 반 친구들에게 공언하는 활동을 설계할 필요가 있을 것으로 보인다.

3) 전체적인 수업 전개 과정 구상

도덕 수업 설계 절차의 세 번째 단계는 '전체적인 수업 전개 구상'이다. 이 단계에서 교사는 ① 단위 수업의 목표를 가장 잘 달성할 수 있도록 돕는 최적의 교수·학습 모형을 선택하고, ② 단위 수업의 실행을 지원하는 교수·학습 자료 및 평가 도구의 유형을 결정한다.

① 단위 수업별 최적의 교수·학습 모형 선택

앞서 단위 수업별 학습 목표를 설정한 교사는 이제 설정한 학습 목표를 달성하기 위한 교수·학습 활동을 계획해야 한다. 이때 교사는 자신의 수업 설계 전문성을 발휘하여 교수·학습 활동을 창의적으로 개발할 수도 있지만, 기존에 그 효과를 검증받은 교수·학습 모형을 선택 및 재구성할 수도 있다. 일반적으로 교수·학습 모형이란 특정 목표를 달성하기 위해 교사가 손쉽게 따라 할 수 있는 모범적인 수업 절차를 말한다. 수업을 설계할 때 교수·학습 모형을 참고하는 이유는 교사의 개인적인 경험이나 직관에 의존하여 만들어진 수업 아이디어에 비해 이론적 타당성을 확보하기가 쉽고 수업 실패 확률을 낮출 수 있기 때문이다(이인태·이인재·이철주,

2018: 42).

초등학교 도덕과 교육에서는 교사들이 도덕 수업을 설계할 때 참고할 수 있는 11개의 교수·학습 모형을 제안하고 있다. 이 교수·학습 모형들에 대해서는 이후 4장에서 하나하나 구체적으로 살펴볼 것이다. 11개의 도덕과 교수·학습 모형은 각각 특유의 이론적 배경과 특징, 효과를 지니고 있다. 교수·학습 모형들의 성격과 특징에 대해 잘 이해하고 있는 전문가로서의 초등학교 교사는 자신이 설정한 학습 목표를 가장 잘 달성할 수 있도록 돕는 최적의 교수·학습 모형을 적절히 선택할 수 있다.

표 3-6 단위 수업별 최적의 교수 · 학습 모형 선택의 예

차시	학습 목표	교수 · 학습 모형	교수 · 학습 자료 및 평가 도구
1차시	정직의 의미와 정직한 사람의 특성에 대해 설명할 수 있다.	개념 분석 수업 모형	
2차시	정직과 관련된 문제 상황에서 어떻게 행동해야 하는지 판단할 수 있다.	가치 분석 수업 모형	
3차시	일상생활의 다양한 장면에서 정직한 행동의 모범적인 사례를 제시할 수 있다.	역할놀이 수업 모형	
4차시	삶의 여러 상황 속에서 자신의 과거 행동에 대한 평가를 토대로 정직하게 행동하려는 의지를 밝힐 수 있다.	도덕 이야기 수업 모형	

예컨대 교사는 [표 3-6]과 같이 자신이 설정한 1차시 학습 목표, 즉 "정직의 의미와 정직한 사람의 특성에 대해 설명할 수 있다"라는 목표를 달성하기 위해 '개념 분석 수업 모형'을 활용하기로 결정할 수 있다. 왜냐하면 개념 분석 수업 모형은 '도덕적 개념'(예: 정직, 배려 등)에 대한 올바른 이해, 주체적인 이해를 촉진하는 데 활용 가능한 교수·학습 모형이기 때문이다(4장의 개념 분석 수업 모형 참고). 또한 교사는 2차시 학습 목표(정직과 관련된 문제 상황에서 어떻게 행동해야 하는지 판단할 수 있다)를 달성하기 위해 '가치 분석 수업 모형'을 선택할 수 있다. 가치 분석 수업 모형은 자

신의 판단, 결정, 행동의 토대가 되는 자신만의 가치 원리가 도덕적 정당성을 확보할 수 있는지 점검하는 활동을 포함하고 있기 때문이다.

② 교수·학습 자료 및 평가 도구의 유형 결정

최적의 교수·학습 모형을 선택하였다면, 교사는 이제 도덕 수업의 효과성, 효율성, 매력성을 높여 줄 수 있는 교수·학습 자료, 그리고 성취수준을 확인할 수 있는 평가 도구의 유형을 결정한다.

이 단계에서 교사는 앞서 선택한 교수·학습 모형을 활용하여 도덕 수업을 진행할 때 별도의 교수·학습 자료가 필요한지, 필요하다면 어떤 유형의 자료(인쇄 자료, 프레젠테이션 자료, 동영상 자료, 조작활동 자료, 데이터 분석 자료, 시뮬레이션 자료, 매체 제작 자료, 웹 게시판 등)가 필요한지, 성취수준을 확인하기 위해 평가를 실시할 것인지, 실시한다면 어떤 유형의 평가 도구가 필요한지를 대략적으로 결정하게 된다. 이 단계에서 대략적으로 결정된 교수·학습 자료 및 평가 도구는 이후 교수·학습 및 평가 활동을 상세화하는 단계에서 보다 구체화된다.

표 3-7 교수 · 학습 자료 및 평가 도구의 유형 결정의 예

차시	학습 목표	교수 · 학습 모형	교수 · 학습 자료 및 평가 도구
1차시	정직의 의미와 정직한 사람의 특성에 대해 설명할 수 있다.	개념분석 수업모형	활동자료 (인쇄 자료 혹은 온라인 플랫폼) 평가자료 (서술형 평가)

예컨대 [표 3-7]과 같이, 교사는 개념 분석 수업 모형을 도덕 수업에 활용할 때, '(분석하고자 하는 도덕적) 개념의 전형적인 사례와 반대 사례'를 풍부하게 수집하고 공유하기 위해 '인쇄 자료'가 필요하다고 판단할 수 있다. 혹은 '온라인 교수·학

습 플랫폼'이 이러한 활동을 지원하는 데 유용하다고 판단할 수도 있다. 또한 교사는 학생들이 "정직의 의미와 정직한 사람의 특성에 대해 이해"하고 있는지 확인하기 위해 교수·학습 활동의 일환으로 '서술형 평가'를 실시해야 한다고 판단할 수 있다. 서술형 평가는 학생으로 하여금 답이라고 생각하는 지식이나 의견을 직접 서술하도록 하기 때문에, 도덕적 개념에 대한 이해 수준을 확인하는 데 효과적이다(5장 지필평가법 참고). 초등학교 도덕과 교육에서는 서·논술형 평가를 포함하는 '지필평가법'과 함께, 교사가 활용할 수 있는 몇 가지 유용한 평가 방법을 제시하고 있다. 도덕과 평가 방법에 대해서는 5장에서 자세하게 살펴보도록 하자.

교수·학습 자료의 유형을 결정할 때 주의해야 할 점은 테크놀로지나 매체 그 자체가 가진 매력과 첨단성에만 주목할 것이 아니라, 그것이 수업 목표 달성에 어떻게 기여하고 교수·학습과 평가 활동을 어떠한 방식으로 개선시킬 수 있을지에 우선 관심을 두어야 한다는 것이다. 테크놀로지와 매체는 수업을 지원하는 수단일 뿐 목적이 될 수는 없다. 일반적으로 테크놀로지와 매체의 기술적 개입 수준이 올라갈수록 수업의 매력은 물론, 효과와 효율이 높아진다(임상수, 2006: 70-88). 하지만 너무 높은 수준의 기술적 개입이 교수·학습 모형이 지닌 고유의 목적을 훼손할 수 있거나 혹은 비록 선택하고자 하는 교수·학습 자료의 유형이 수업의 목표 달성에 도움을 줄 수 있을지라도 수업 진행의 효율성을 심각하게 해칠 가능성이 있다면, 그것을 수업에 활용할 것인지에 대해 좀 더 고민해야만 한다(이인태·이인재·이철주, 2018: 42).

4) 수업 재구성 및 단계별 세부 활동 개발

도덕 수업 설계 절차의 네 번째 단계는 '수업 재구성 및 단계별 세부 활동 개발'이다. 이 단계에서 교사는 ① 단위 수업의 전개 과정을 재구성하고, ② 수업 전개 과정의 각 단계별 교수·학습 활동을 상세화하며, ③ 수업에 실제로 투입할 교수·학습 자료를 개발한다. 하지만 ①번과 ②번, ③번은 별개의 설계 작업이라기보다는 '동시에' 이루어지거나 '교차하면서' 진행되는 작업이라고 보는 것이 타당하다.

① 수업 전개 과정 재구성

교수·학습 모형은 제시된 절차를 따라가기만 하면 학습 목표 달성에 큰 실패를 겪지 않도록 하는, 다시 말해서 어느 정도의 효과를 보장하는 '이상적인 수업의 틀'이다. 그렇다고 해서 교수·학습 모형의 절차와 단계가 반드시 따라야 하는, 절대적이고 고정된 기준은 아니다. 즉 교사는 학생의 수준과 학습 환경 등을 고려하면서 절차와 단계를 수정 및 보완하거나 통합하여 수업을 최적화시킬 수 있다(고대혁 외, 2019: 241). 그럼에도 불구하고 각각의 교수·학습 모형에는 학습 목표의 달성을 위해 반드시 수행해야만 하는 필수적인 단계(교수·학습 활동)들이 있다. 그리고 이러한 단계는 생략되면 안 된다. 예컨대 '정직'이라는 도덕적 개념을 학생들에게 이해시키기 위해 '개념 분석 수업 모형'의 6단계를 모두 철저하게 따라야 하는 것은 아니다. 만약 학생들(특히 초등학교 저학년 학생들)이 이 교수·학습 모형의 네 번째 단계인 '그 개념과 관련된 (유사한) 개념의 분석'을 어려워하고 유의미한 교수·학습 활동을 경험하지 못한다면, 이 단계를 과감히 생략해도 된다. 하지만 일반적으로 이 교수·학습 모형의 두 번째 단계인 '개념의 전형적인 사례와 반대 사례 탐구'는 학생들로 하여금 개념의 의미와 속성에 대한 큰 그림을 그리도록 한다는 점에서 생략해서는 안 된다.

요컨대 교사는 모범적인 수업의 절차로 기능하는 기존의 교수·학습 모형을 재구성하는 작업이 자칫 그것이 갖는 고유의 효과를 훼손할 위험도 내포하고 있다는 점을 염두에 두어야 한다. 따라서 교사는 먼저 ① 이 수업의 목적이 무엇인지, ② 이 수업이 어떤 장점을 갖는지, ③ 수업 실행의 과정에서 직면할 수 있는 난점은 무엇인지, ④ 그러한 난점을 해결할 수 있는 대안은 무엇인지 꼼꼼하게 따져 볼 필요가 있다. 즉 본격적으로 도덕 수업을 재구성하기 전에 자신의 '수업 설계 의도를 명료화'할 필요가 있다는 것이다. 이는 앞서 살펴본 일종의 '관리전략'으로서, 이러한 과정을 의도적으로 거쳐야만 도덕 수업을 진행하는 과정에서 발생할 수 있는 문제들을 사전에 예방하면서, 수업을 효과적, 효율적, 매력적으로 만들 수 있다(이인태·이인재·이철주, 2018: 44).

수업 설계 의도	이 수업은 개념 분석 수업 모형을 활용하여 정직의 전형적인 사례와 반대 사례, 그리고 경계 사례를 살펴봄으로써 정직의 의미와 정직한 사람의 특징에 대해 이해시키는 데 그 목적이 있다. 특히 정직과 관련된 사례를 폭넓게 검토하면서, 정직이 단순히 타인과의 약속을 지키는 것, 공동체에서 정한 규칙을 지키는 것을 넘어 자신은 물론 타인에 대한 거짓이나 숨김이 없는 마음이라는 점을 스스로 깨닫도록 한다. 또한 정리 단계에서 정직의 의미와 정직한 사람의 특징을 스스로 정리해 보도록 함으로써 교수 · 학습 과정과 평가 활동을 일치시키고자 한다. ...... ① 수업 설계의 목적 / ② 수업의 장점 / ③ 적용 상의 난점 하지만 개념분석을 진행하는 동안, 학생들이 다양한 사례를 적극적으로 제출하지 않을 수 있다. 이를 해결하기 위해 post-it을 활용하여 개인당 한 개씩 사례를 제출하도록 함으로써 관련 사례를 최대한 많이 수집하고자 한다. ④ 해결 대안

그림 3-5 수업 설계 의도 명료화의 예

[그림 3-5]와 같이 자신의 수업 설계 의도를 명료화했다면, 이제 교사는 기존의 교수·학습 모형의 일반적인 절차가 '성취기준 및 성취수준', '학습 목표', 그리고 '교사 자신의 수업 의도'에 의해 재구성되는 방식을 '도입·전개·정리'의 단계로 교수·학습 과정안에 기술한다. [표 3-8]은 앞서 설정한 "정직의 의미와 정직한 사람의 특성에 대해 설명할 수 있다"라는 학습 목표를 달성하기 위해 '개념 분석 수업 모형'을 사용했을 때, 도덕 수업의 내용과 주요 교수·학습 활동이 어떠한 방식으로 재구성되는지를 예시한 것이다.

표 3-8 수업 전개 과정 재구성의 예

학년군	3~4학년군	**성취기준**	[4도01-02] 정직의 의미를 알고 모범적인 사례를 탐색하여 바르게 행동하려는 태도를 기른다.
학습 목표	정직의 의미와 정직한 사람의 특성에 대해 설명할 수 있다.		
단계	**교수·학습 과정 및 활동**		**유의점**
도입	■ **도덕적 문제 사태 제시** • 도덕 교과서 8쪽 '거짓을 이겨 낸 용기' 읽기		

	• **이야기의 핵심 내용 파악하기** – 안중근은 실수로 아버지가 아끼는 벼루를 깨뜨렸다. 하인은 안중근이 혼날 것을 염려해 자기가 깨뜨렸다고 할 테니 걱정하지 말라고 말했다. 하지만 안중근 '비록 웃어른께 꾸중을 듣게 되더라도 정직하게 행동해야 한다'라고 말했다. • **도덕적 개념 확인하기** T: 안중근이 하인의 말에 어떻게 대답했나요? S: '비록 웃어른께 꾸중을 듣게 되더라도 '정직'하게 행동해야 한다'라고 말했습니다(규범적 문제). T: 그렇다면 안중근이 말한 '정직'은 정확히 무슨 뜻일까요?(개념적 문제) ■ **학습 목표 확인하기** [정직의 의미와 정직한 사람의 특성에 대해 설명할 수 있다.]	도덕 교과서 함께 읽기
전개	■ **정직의 전형적인 사례와 반대되는 사례 탐구하기** • **정직한 행동 및 사람의 사례, 정직하지 못한 행동 및 사람의 사례를 최대한 많이 제출하도록 유도** T: 우리는 어떤 행동을 정직한 행동이라고 말하나요? 혹은 우리는 어떤 사람을 정직한 사람이라고 부르나요? S: '타인에게 솔직하게 말하는 사람'입니다. 등 T: 우리는 어떤 행동을 정직하지 못한 행동이라고 말하나요? 혹은 우리는 어떤 사람을 정직하지 못한 사람이라고 부르나요? S: '누가 보지 않는다고 타인을 속이는 사람'입니다. 등 T: 여러분이 말한 사례들에서 공통적으로 나타나는 특징은 무엇인가요? S: '타인에게 거짓 없이 행동하고자 하는 마음'입니다. 등 ■ **정직의 경계에 해당하는 사례 확인하기** • **정직에 해당되는 것 같기도 하고 해당되지 않는 것 같기도 한 사례를 탐색**	'온라인 플랫폼'을 활용하여 사례 수집 및 공유 교사가 미리 준비한 사례를 직접 제시

<table>
<tr><td></td><td>T: 그럼 다음의 사례를 함께 읽어볼까요?

강율이는 요즘 공부를 하지 않았습니다. 그런데 하필이면 오늘 선생님이 갑자기 시험을 보겠다고 문제지를 나눠 주셨습니다. 이때 옆자리에 앉은 친한 친구 종오가 괴로워하는 강율이의 모습을 보고, 강율이의 팔을 쿡 찔렀습니다. 종오는 자신의 문제지를 강율이에게 보여주면서, “빨리 봐”라고 말했습니다. ....</td><td></td></tr>
</table>

② 전개 과정의 각 단계별 교수·학습 활동 상세화

도덕 수업의 전체 구조를 재구성해 가는 과정에서 교사는 교수·학습 모형의 각 단계별 교수·학습 활동을 상세화하는 작업을 '동시에' 진행하게 된다. 즉 교사는 단위 수업의 전체적인 구조는 물론, 각 단계를 이끌어 가기 위해 필요한 예화 자료, 교사의 발문, 예상되는 학생의 응답, 학생의 응답에 대한 교사의 피드백, 교사와 학생 또는 학생과 학생 간의 상호작용 방식 등을 상세하게 계획한다. [표 3-9]는 개념 분석 수업 모형의 주요 단계 중 '개념의 경계에 해당하는 사례 확인' 단계를 이끌어 가기 위해 필요한 예화 자료, 교사의 발문, 학생의 예상되는 응답 등을 상세화한 것이다.

표 3-9 전개 과정의 각 단계별 교수 · 학습 활동 상세화의 예

<table>
<tr><td>전개</td><td>■ 정직의 경계에 해당하는 사례 확인하기
• 정직에 해당되는 것 같기도 하고 해당되지 않는 것 같기도 한 사례를 탐색
T: 그럼 다음의 사례를 함께 읽어볼까요?

강율이는 요즘 공부를 하지 않았습니다. 그런데 하필이면 오늘 선생님이 갑자기 시험을 보겠다고 문제지를 나눠 주셨습니다. 이때 옆자리에 앉은 친한 친구 종오가 괴로워하는 강율이의 모습을 보고, 강율이의 팔을 쿡 찔렀습니다. 종오는 자신의 문제지를 강율이에게 보여주면서, “빨리 봐”라고 말했습니다.</td><td>교사가 미리 준비한 사례를 직접 제시</td></tr>
</table>

> 강율이는 종오가 너무 고마웠습니다. 하지만 종오의 문제지를 보지 않았습니다. 시험이 끝나고 종오는 강율이에게 "왜 내 문제지를 보지 않았어?"라고 말했습니다. 그러자 강율이는 종오에게 이렇게 말했습니다. "나를 생각해 줘서 고마워. 하지만 난 **나 자신에게 거짓말을 하고 싶지 않았어.**" 그러자 종오도 고개를 끄덕이며, 강율이의 어깨를 토닥여주었습니다.

T: 강율이의 행동은 정직한 행동일까요? 왜 그럴까요?

S: 네. 강율이는 자신을 속이지 않았기 때문에 정직하게 행동했습니다.

T: 앞서 우리는 정직이 '타인에게 거짓 없이 행동하고자 하는 마음'이라고 정의했습니다. 위의 이야기로 미루어 볼 때, 정직이란 어떤 의미를 더 담고 있을까요?

S: '타인은 물론, 자신에게 거짓 없이 행동하고자 하는 마음'입니다. 등 ......

③ 교수·학습 자료 개발

수업의 전개 과정과 단계별 세부 활동을 상세히 계획하였다면, 이제 교사는 도덕 수업에 투입하고자 하는 교수·학습 자료를 실제로 준비 및 개발해야 한다. 앞서 살펴본 바와 같이, 이 수업을 설계하는 교사는 '개념의 전형적인 사례와 반대 사례'를 풍부하게 수집하고 수집된 사례를 학생들과 공유하기 위해 어떤 유형의 교수·학습 자료를 사용할지 고민하고 있었다. 결국 이 교사가 학생들(예: 3학년 학생)의 수준을 고려하여 '포스트잇'과 '전지'를 활용하고자 결정했다고 가정해 보자. 이와 같은 결정을 내린 교사는 자신의 계획을 실제로 실행하기 위해 도덕 수업 전 포스트잇과 전지를 미리 준비하고 효율적인 활용 방안을 고민해야 한다. 만약 온라인 플랫폼을 활용하기로 결정했다면, 교사는 학생들이 활용할 수 있는 모바일 디바이스의 상태를 미리 점검해야 하고, 더 나아가 학생들이 온라인 플랫폼을 원활하게 사용할 수 있도록 사전에 사용법을 교육해야 한다. 교사가 어떤 교수·학습 자료('포스트잇과 전지' vs '온라인 플랫폼')를 선택하느냐에 따라, [그림 3-6]과 같이 교수·학습 활동의 양상은 다소 달라질 수 있다.

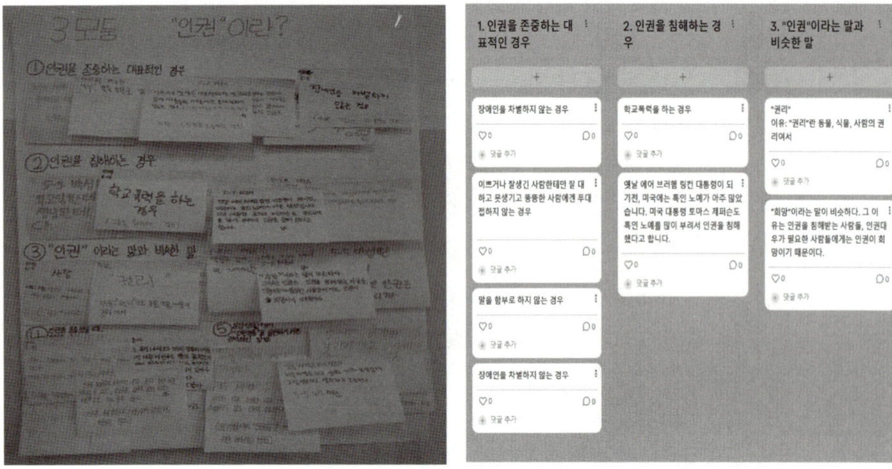

그림 3-6 교수 · 학습 자료 개발의 예

5) 평가 도구 개발

도덕 수업 설계 절차의 다섯 번째 단계는 '평가 도구 개발'이다. 이 단계에서 교사는 ① 단위 수업의 목표를 잘 달성했는지 혹은 성취수준을 얼마나 달성했는지 확인할 수 있는 평가 문항을 개발하고, ② 평가 문항을 채점하기 위한 예시 답안, 그리고 성취수준 도달 정도를 판정하기 위한 채점 기준을 작성한다.

① 평가 문항 개발

도덕과 교육에서 지향해야 하는 평가의 방향은 일반적으로 '통합적 평가'라는 말로 요약되곤 한다. 도덕 교과에서의 통합적 평가는 크게 두 가지로 구분되어 설명된다. 첫째, 학생의 도덕성을 보다 타당하게 평가하기 위하여, 인지적·정의적·행동적 측면으로 설명되는 도덕성의 제반 측면들을 포괄적으로 평가하는 것을 의미한다. 둘째, 평가 결과가 학생들의 도덕적 성장에 도움이 될 수 있도록, 도덕성 발달 수준에 대한 진단, 수업을 통해 변화되어 가는 과정, 수업 후 변화된 결과를 일관성 있게 확인하는 것을 말한다.

주지하다시피, 도덕과 교육의 '성취기준'은 '지식·이해', '과정·기능', '가치·태도'라는 내용 체계의 세 범주가 결합되어 만들어진 것이다. 사실 각각의 범주가 도덕성의 인지적·정의적·행동적 측면과 온전히 대응되는 것은 아니다. 하지만 이 범주들은 우리나라 학생들이 도덕 수업을 통해 반드시 배워야 할 것을 성격별로 제시한 것, 다시 말해서 우리나라 학생들이 도덕적인 삶을 영위하기 위해 필요한 것들의 제 측면을 체계적으로 구분한 것임은 분명하다. 따라서 성취기준의 세 범주에 대한 학습 결과를 빠짐없이 확인하는 작업은 도덕성의 제 측면을 ('통합적'이라고 말하기는 어려울지라도) '포괄적'으로 평가하는 작업이라고 볼 수 있다.

또한 학생들의 도덕적 발달을 돕는 평가는 단순히 단원의 모든 차시가 종료된 이후에 실시되는 총괄평가의 성격을 띠지는 않을 것이다. 오히려 교수·학습 활동의 주요 국면에서 학생들의 반응을 확인할 수 있는 다양한 평가의 기법들이 활용되어 시의적절하게 피드백을 제공하는 모습에 좀 더 가까울 것이다. 따라서 성취기준의 세 범주를 교수·학습 과정에서 빠짐없이 확인하는 작업, 그리고 평가 결과에 근거하여 적절한 피드백을 제공하는 작업은 도덕성의 제 측면은 물론 도덕 수업의 과정과 결과를 통합하는 작업이 된다. 즉 학생들의 도덕적 성장에 도움을 주는 평가 도구의 개발은 '지식·이해', '과정·기능', '가치·태도'를 다루는 교수·학습 활동의 주요 국면과 평가 활동을 유기적으로 연결시키는 작업이 되어야 한다(이인태·이인재·이철주, 2018: 48-49).

앞서 제시한 예에서 교사는 전체적인 수업의 전개 과정을 구상하면서 학생들이 "정직의 의미와 정직한 사람의 특성에 대해 이해"하고 있는지 확인하기 위해 1차시 교수·학습 활동의 일환으로 '서술형 평가'를 실시하고자 계획하였다. 이를 위해 교사는 1차시 수업의 '정리' 단계이자 개념 분석 수업 모형의 여섯 번째 단계인 '분석된 의미의 수용 여부 검토와 정리' 단계에 투입할 평가 도구를 [그림 3-7]과 같이 개발할 수 있다.

■ **다음과 같은 행동을 보이는 강희에게 어떤 조언을 해줄 수 있을까요? 강희에게 '정직의 의미와 정직한 사람의 특징'을 설명해 줍시다.**

즐거운 점심시간! 강희는 친구들과 신나게 교실을 뛰어다니면서 장난을 칩니다. 그러다가 과학 실험 관찰을 위해 학급에서 소중히 관리하던 강낭콩 화분을 깨뜨렸습니다. 점심시간이 끝난 후, 교실에 돌아오신 선생님께서는 깨진 강낭콩 화분을 보시고 깜짝 놀라시며 "누가 화분을 깨뜨렸니?"라고 물으셨습니다. 강희는 선생님께 혼날 수 있다는 생각에 "잘 모르겠는데요…"라고 말했습니다.

그림 3-7 평가 문항 개발의 예

② 예시 답안 및 채점 기준 작성

평가 문항을 개발한 후에는 문항을 채점하기 위한 예시 답안을 작성해야 한다. 예시 답안은 교사의 주관을 배제하고 평가 문항에서 묻고자 하는 바를 최대한 객관적으로 확인할 수 있도록 작성해야 한다. 그리고 평가 문항을 채점한 후, 채점 결과를 토대로 성취수준(A/B/C)을 판정하기 위한 채점 기준을 기술한다(이인태·이인재·이철주, 2018: 49).

예시 답안 및 채점 기준

[예시 답안]

① 정직의 의미를 설명할 수 있다.
예) 정직이란 자신과 타인에게 솔직하고 떳떳하며 거짓이 없는 마음입니다. 등
② 정직한 사람의 특징에 대해 설명할 수 있다.
예) 정직한 사람은 올바르게 행동하려는 마음을 가지고 있어야 합니다. 등

[채점 기준]

A: ①과 ②를 모두 만족했을 경우
B: ①만 만족했을 경우
C: 답안을 작성했으나, ①과 ② 모두 만족하지 못했을 경우

그림 3-8 예시 답안 및 채점 기준 작성의 예

앞서 이 교사는 성취기준 [4도04-02]의 '지식·이해' 범주 관련 성취수준을 "정직의 의미와 정직한 사람의 특성, 정직하게 행동해야 하는 이유에 대해 이해하고(A)", "정직의 의미와 정직한 사람의 특성에 대해 이해하고(B)", "정직의 사전적 의미를 이해하고(C)"로 구체화하였다. 이 평가 문항은 '정직의 의미'와 '정직한 사람의 특성'을 이해하고 있는지 확인하기 위해 개발된 문항이다. 따라서 만약 어떤 학생이 [그림 3-8]과 같이 작성된 채점 기준에 의해 이 문항에서 A를 획득하고, 2차시 도덕 수업에서 '정직하게 행동해야 하는 이유'를 잘 설명할 수 있다면, 이 학생은 성취기준 [4도04-02]의 '지식·이해' 범주에서 A수준에 도달했다고 판정할 수 있다.

6) 수업 실행 및 수정을 위한 환류

도덕 수업 설계 절차의 마지막 단계는 '수업 실행 및 수정을 위한 환류'이다. 이 단계에서 교사는 자신이 설계한 도덕 수업을 실제로 실행한 후, 효과성, 효율성, 매력성 측면에서 교사 스스로가 느끼는 문제점을 확인하고, 이를 개선하기 위하여 대안을 탐색하는 작업을 진행한다(이인태·이인재·이철주, 2018: 51).

표 3-10 수업 실행 및 수정을 위한 환류의 예('수업 성찰 체크리스트' 활용)

교수 결과	세부 내용	평정		
		우수	보통	미흡
효과성	도덕과 성취기준을 정확히 분석하여 성취수준을 적절히 설정하였는가?			
	단위 수업별 학습 목표를 학생들이 이해할 수 있도록 명료하게 제시하였는가?			
	학습 목표 달성에 최적화된 교수 · 학습 모형을 선택하였는가?			
	수업의 전개 과정과 각 단계별 세부 활동이 학습 목표 달성에 효과적인가?			

	학습 목표를 효과적으로 달성할 수 있도록 돕는 교수 · 학습 자료를 적절하게 투입하였는가?			
	학습 목표 도달 여부를 확인하기 위한 평가 문항, 예시 답안 및 채점 기준은 타당하게 개발되었는가?			
효율성	다른 교사가 이 수업을 진행한다면, 적당한 시간과 노력을 들여 수업을 준비할 수 있겠는가? 너무 수고스럽지는 않은가?			
	수업 분량은 단위 수업(예: 40분)에 알맞은가?			
	단계별 세부 활동들이 매끄럽게 연결되어 진행되었는가?			√
매력성	학생들이 수업에 흥미를 느끼며 집중할 수 있는 요소들이 배치되어 있는가?			
	학생들이 선호하는 과제 해결방식이나 표현 방식을 고려하여 단계별 세부 활동을 구성하였는가?			
	단계별 세부 활동들은 학생들이 성공을 경험할 수 있도록 적절한 수준으로 구성되었는가?			
	학생들이 학습 내용을 주도적으로 수행해 볼 수 있는 기회를 제공하는가?			

문제점 및 대안 탐색

문제점: 평가 문항 자체는 타당하게 개발된 것으로 보임. 다만 앞서 설정한 성취수준을 토대로 미루어 볼 때, 1차시 정리 단계에 투입한 '정직의 의미와 정직한 사람의 특성'에 대한 이해를 평가하는 활동이 평가의 효율성을 떨어뜨리는 것으로 판단됨.

대안 탐색: 1차시에 계획된 평가 활동을 2차시 가치 분석 수업 후 투입하여, '정직'이라는 개념에 대한 이해와 정직하게 행동해야 하는 '이유'를 동시에 평가하면 수업과 평가의 효율성을 높일 수 있을 것으로 보임.

이를 위해 교사는 [표 3-10] '수업 성찰 체크리스트'의 모든 문항에 솔직히 대답할 필요가 있다. '수업 성찰 체크리스트'의 모든 질문은 지금까지 설명한 도덕 수업 설계 절차의 각 단계에서 이루어지는 활동과 관련이 있다. 따라서 각각의 질문에 대해 꼼꼼하게 대답해 간다면 교사는 자신이 도덕 수업을 설계하는 과정에서 어떤 실수를 저질렀는지 손쉽게 파악할 수 있다. 즉 교사는 도덕 수업을 실행하면서 발생한 문제가 ① 학습자의 특성에 의한 것인지(학습자 분석의 실패), ② 잘못된 교수·학습 모형 혹은 적절하지 못한 교수·학습 자료를 선택했기 때문인지(전체적인 수업 전개 과정 구상의 실패), ③ 교수·학습 모형을 무리하게 재구성하거나 교수·학습 자료를 준비 및 개발하는 데 실패했기 때문인지(수업 재구성 및 단계별 세부 활동 개발의 실패) 그 원인을 확인할 수 있다. 그리고 이렇게 구체적으로 확인된 원인은 문제를 보다 적절한 방식으로 개선하는 데 도움을 준다.

지금까지 살펴본 일련의 설계 과정이 문서화된 것을 우리는 '교수·학습 과정안'[4]이라고 부른다. 즉 "교수·학습 과정안을 작성한다"는 말의 의미는 "잘 구조화된 일련의 절차에 따라 수업을 설계한다"는 말과 동일한 의미를 갖는다. 예비 교사가 수업 설계 전문가로서 초등학교 교사가 되기 위해서는 지금까지 설명한 도덕 수업 설계 절차에 따라 '교수·학습 과정안'을 작성해 보는 작업을 반복적으로 연습해 보아야 한다.

이 장의 마지막에 [표 3-11] '도덕 수업 설계 절차'에 따른 교수·학습 과정안 양식을 첨부하였다. '교수·학습 과정안'을 작성해 보는 경험이 누적되어 수업 설계의 전문가가 되면, 더 이상 지금까지 살펴본 수업 설계 절차를 의도적으로 떠올리지 않고서도 성취기준, 학습자의 특성, 학습 환경에 적절한 도덕 수업을 빠르게 설계할 수 있게 된다.

4 좋은 도덕 수업을 만드는 여러 가지 원리들

지금까지 좋은 도덕 수업이란 무엇이며, 좋은 도덕 수업을 설계하기 위해서는

4 '교수·학습 과정안'이라는 개념은 연구자별로 혹은 현장 교사별로 그들의 학문적 배경이나 자신이 강조하고자 하는 측면에 따라 '교수·학습 지도안', '수업 지도안', '수업 과정안' 등 다양한 용어로 사용되고 있다. 하지만 이번 장에서는 교사의 교수 활동과 학생의 학습 활동이 밀접하게 상호작용하지만 개념적으로 구별되는 측면이 있으며, 더 나아가 양자가 일련의 과정을 통해 설계되어야 한다는 점을 강조하기 위해 '교수·학습 과정안'이라는 용어를 사용하고자 한다.

어떤 절차를 따라야 하는지에 대해 자세히 살펴보았다. 특히 우리는 ① '도덕성 발달의 촉진', ② '도덕과 성취기준에 대한 고려', 그리고 ③ '교수조건·교수방법·교수결과의 일관성'이 도덕과 교육으로서 좋은 도덕 수업이 갖추어야 할 '필요조건'이라는 점도 확인하였다. 필요조건이 함의하는 바와 같이, 좋은 도덕 수업은 바라보는 관점에 따라 다양한 조건들이 추가되어 정의될 수 있다. 실제로 2022 개정 도덕과 교육과정에 따른 초등학교 도덕 교사용 지도서에서는 좋은 도덕 수업이 갖추어야 할 또 다른 조건들, 일명 '도덕과 학습 지도의 기본 원리'라는 것을 아래와 같이 제시하고 있다(교육부, 2024: 42-44).

좋은 도덕 수업이란 무엇인가? 좋은 도덕 수업은 어떻게 정의되어야 하고, 어떤 조건들을 갖추어야 할까? 아래의 내용을 살펴보면서, 좋은 도덕 수업에 대한 자신만의 관점을 구성해 보자.

① 정합성의 원리: 수업 목표와 내용, 방법 사이에는 논리적·실제적 일관성과 통일성이 있어야 한다.

② 인지화의 원리: 학생들에게 옳고 좋은 삶에 대한 지적 기반을 마련해 주어야 한다.

③ 심정화의 원리: 어떤 도덕적 가치 규범을 좋아하고 존중하며 이를 기꺼이 실천하고자 하는 의욕과 열정, 의지를 지니도록 지도해야 한다.

④ 행동화의 원리: 구체적인 생활 장면에서 도덕적 가치 규범을 행동으로 실천하도록 학생들의 실천 성향을 증진시켜야 한다.

⑤ 통합성의 원리: 도덕적 덕성과 인격의 인지적·정의적·행동적 측면이 조화롭게 형성되도록 지도해야 한다.

⑥ 지적·도덕적 발달 단계의 고려의 원리: 학생들의 인지적·도덕적 발달 단계를 고려하여 그 특성에 맞는 적절한 학습 지도가 이루어져야 한다. 초등학교 저학년은 도덕적 가치 규범을 제시하고, 이를 모방·수용토록 하며, 칭찬·시인·보상과 같은 강화기제와 벌을 적절히 활용한다. 초등학교 고학년은 도덕적 가치 규범에 대한 합리적인 이해를 도모하고 건전한 신념화를 꾀하는 동시에, 스스로 판단하고 합리적으로 결정·선택한 후 이를 행동으로

실천하도록 지도해야 한다.

⑦ 자율적 탐구 학습의 원리: 학생들이 스스로 문제를 해결하고 발견하며 창조하는 가운데, 앎을 재구성하고 깊이 깨달아 주체적인 신념과 태도를 형성하도록 지도해야 한다.

⑧ 주체적 자각화와 개별화의 원리: 학생 개개인이 도덕적 가치 규범을 주체적으로 자각하여 자신의 도덕적 신념과 태도를 형성하도록 지도해야 한다.

⑨ 구체성과 현실성의 원리: 도덕과 교육은 구체적이고 현실적인 것과의 관련성 속에서 이루어져야 한다.

⑩ 능동적 참여와 토론 학습의 원리: 교사 자신의 도덕적 견해를 강요하거나 주입하기보다는 학생들의 자발적 참여와 토론을 통해 이루어져야 한다.

⑪ 반복과 계속성의 원리: 도덕적 가치 규범에 준하는 도덕적 행동을 지속적으로 실천함으로써 습관화시켜야 한다.

⑫ 집단 활동의 원리: 학생들이 동료 집단 속에서 도덕적 가치 규범을 같이 탐구하고 준수하는 활동을 많이 할 수 있도록 지도해야 한다.

⑬ 학교·가정·지역 사회의 연계에 의한 지도의 원리: 도덕과 교육을 통한 학습 지도는 학급·학교 생활과 가정 및 지역 사회의 지도와 연계·확대되면서 유기적인 관계에서 통합적으로 이루어져야 한다.

표 3-11 '도덕 수업 설계 절차'에 따른 교수·학습 과정안 양식

학년/학년군		내용 영역	
성취기준	성취기준별 성취수준 진술		
	A		
	B		
	C		

차시	학습 목표	교수 · 학습 모형	교수 · 학습 자료 및 평가 도구
1차시			
2차시			
3차시			
4차시			

학년		학급 인원수	
구분	분석 결과		
학습 수준			
흥미와 관심			
요구 사항			

<table>
<tr><td>차시</td><td>/4</td><td>학습 목표</td><td></td></tr>
<tr><td>수업
설계
의도</td><td colspan="3"></td></tr>
</table>

단계	교수 · 학습 과정 및 활동	유의점
도입		
전개		
정리		

교수 · 학습 자료

평가 문항

예시 답안 및 채점 기준

[예시 답안]

[채점 기준]

A:

B:

C:

교수 결과	세부 내용	평정		
		우수	보통	미흡
효과성	도덕과 성취기준을 정확히 분석하여 성취수준을 적절히 설정하였는가?			
	단위 수업별 학습 목표를 학생들이 이해할 수 있도록 명료하게 제시하였는가?			
	학습 목표 달성에 최적화된 교수 · 학습 모형을 선택하였는가?			
	수업의 전개 과정과 각 단계별 세부 활동이 학습 목표 달성에 효과적인가?			
	학습 목표를 효과적으로 달성할 수 있도록 돕는 교수 · 학습 자료를 적절하게 투입하였는가?			
	학습 목표 도달 여부를 확인하기 위한 평가 문항, 예시 답안 및 채점 기준은 타당하게 개발되었는가?			
효율성	다른 교사가 이 수업을 진행한다면, 적당한 시간과 노력을 들여 수업을 준비할 수 있겠는가? 너무 수고스럽지는 않은가?			
	수업 분량은 단위 수업(예: 40분)에 알맞은가?			
	단계별 세부 활동들이 매끄럽게 연결되어 진행되고 있는가?			
매력성	학생들이 수업에 흥미를 느끼며 집중할 수 있는 요소들이 배치되어 있는가?			
	학생들이 선호하는 과제 해결방식이나 표현 방식을 고려하여 단계별 세부 활동을 구성하였는가?			
	단계별 세부 활동들은 학생들이 성공을 경험할 수 있도록 적절한 수준으로 구성되었는가?			
	학생들이 학습 내용을 주도적으로 수행해 볼 수 있는 기회를 제공하는가?			

문제점 및 대안 탐색

문제점:

대안 탐색:

제4장

도덕과 교수·학습 모형

1 | 개념 분석 수업 모형

2 | 가치 분석 수업 모형

3 | 가치 갈등 해결 수업 모형

4 | 도덕적 토론 수업 모형

5 | 합리적 의사결정 수업 모형

6 | 역할놀이 수업 모형

7 | 집단 탐구 수업 모형

8 | 경험 학습 수업모형

9 | 가치명료화 수업 모형

10 | 도덕 이야기 수업 모형

11 | 철학적 탐구 공동체 수업 모형

4장 도덕과 교수·학습 모형[5]

1 개념 분석 수업 모형

1) 이론적 배경 및 기대 효과

'정의란 무엇인가?', '우정이란 무엇인가?' 우리는 이러한 질문을 던지면서 '정의', '우정' 등과 같은 도덕 개념들을 이해하고, 그것이 우리 삶에서 어떠한 의미를 갖는지 탐구한다. 도덕 개념에 대한 올바른 이해는 매우 중요하다. 왜냐하면 도덕 개념은 우리가 추구해야 하는 도덕적인 삶의 모습을 규정하면서, 우리의 행동을 규제하기 때문이다. 만약 도덕 개념에 대한 이해가 그릇된 방식으로 구성될 경우, 우리의 삶과 행동 역시 그릇된 방향을 지향하게 될 것이다. 그렇다면 개념이란

5 이 책 전체와 4장에서 사용하는 '교수·학습 모형'과 '수업 모형'이라는 개념은 동일한 의미를 담고 있다. 전자의 경우, 교사의 교수와 학생의 학습이 유기적으로 연결되어 있음을 강조하는 용어이고, 후자는 수업 사태 그 자체를 강조하는 용어이다. 이 책에서는 교사의 교수 행위와 학생의 학습 활동 간의 역동적인 관계를 강조하기 위해 '교수·학습 모형'이라는 용어를 주로 사용하고자 한다. 다만 '2022 개정 도덕과 교육과정에 따른 초등학교 도덕 교과서 교사용 지도서'에서는 이하에서 설명하는 모든 모형에 'oo 수업 모형'이라는 이름을 붙이고 있어, 이 책에서도 이를 따르고자 했다.

무엇일까? 대체로 개념은 사물이나 사건, 현상, 대상들이 지니고 있는 공통적인 속성이나 특징에 따라 이를 분류하거나 범주화하여 나타낸 추상적인 단어나 어구를 가리키는 것으로 이해할 수 있다. 이러한 개념은 사실적 정보와 지식의 획득은 물론 비교, 분류, 종합, 평가와 같은 고등 사고 기능과 이를 바탕으로 이루어지는 판단 및 추론, 문제 해결과 의사결정 그리고 가치관과 태도의 형성에 있어서도 핵심적인 기능을 수행한다(교육부, 2025: 50). 따라서 개념 없는 사고는 무기력할 수밖에 없으며, 특정 개념을 어떻게 이해하고 있느냐는 개인의 사고방식과 행동을 결정짓는 중요한 요인이 된다(유병열, 2011: 450).

예컨대 '정의'라는 도덕 개념을 어떻게 이해하느냐는 개인의 도덕 판단과 행동에 큰 영향을 미치게 된다. 사회적 불평등을 해결해야 하는 상황에서 '정의'를 "특별한 이유가 없는 한 사람을 차별하지 않는 것"이라고 이해하는 사람과, "강한 자의 의사를 존중하고 따르는 것"으로 인식하는 사람은 동일한 문제를 놓고도 전혀 다른 해결 방안을 내놓을 수 있기 때문이다. 즉 전자의 사람은 사회적 약자의 권리를 보호하고 공정한 분배를 강조할 가능성이 크지만, 후자의 사람은 기존의 권력 구조를 유지하는 것이 정당하다고 여길 수 있다. 이처럼 동일한 도덕적 쟁점일지라도 그 쟁점에 내포된 개념을 어떻게 파악하고 이해하느냐에 따라 그것을 보는 관점, 그리고 해결 방안의 산출에서 큰 차이가 발생할 수 있다(교육부, 2025: 50). 이러한 맥락에서, 학생들이 도덕 개념을 올바르게 이해하도록 돕는 것은 도덕 교과의 중요한 과제라고 할 수 있다. '개념 분석 수업 모형'은 도덕 개념을 이해하고 탐구하는 데 유용하게 활용할 수 있는 교수·학습 모형이다(유병열, 2011; 이영문, 2010).

개념 분석 수업 모형은 영국의 교육철학자 윌슨J. Wilson이 개발한 것으로, 개념이 다양한 맥락 속에서 어떻게 사용되고 해석되는지를 탐구하는 과정을 강조한다. 윌슨은 개념 분석을 일종의 사고 기술로 이해하며(이한진, 2022: 110), 개념 분석을 위한 11가지 기술을 ① 개념에 관한 질문을 분리하기, ② '정답'을 찾기보다 질문을 이해하기, ③ 전형적인 사례 들기, ④ 대조 사례 찾기, ⑤ 연관 사례 생각해 보기, ⑥ 모호한 사례로 정확성을 더하기, ⑦ 가상의 사례 상상해 보기, ⑧ 질문 속 사회적 맥락을 짚어 보기, ⑨ 질문 속 숨겨진 불안을 발견하기, ⑩ 답변의 실질적 결과를 숙고하기, ⑪ 개념 선택의 언어적 결과를 고려하기로 제시한다(최일만 역, 2017: 38-55).

개념 분석 수업 모형의 원형은 소크라테스의 산파술에서 찾을 수 있다. 소크라테스는 덕, 정의, 용기와 같은 도덕 개념을 탐구하는 과정에서 직접적인 답을 제공하는 것이 아니라, 대화의 상대가 스스로 개념을 탐구하도록 유도하였다(교육부, 2025: 50). 그는 자신을 '모르는 자'의 위치에 두고 질문을 던지며, 상대방이 개념에 대한 자신의 이해가 불완전하고 그릇됨을 깨닫도록 만들었다. 즉, 소크라테스는 답을 아는 사람으로서가 아니라 함께 탐구하는 사람으로서, 그리고 적절한 질문을 던지고 이를 교정해 주는 사람으로서의 역할을 수행하면서, 사람들로 하여금 도덕 개념과 원리의 참된 의미를 이해할 수 있도록 이끌어 낸 것이다. 소크라테스의 이러한 모습은 도덕과에서 개념 분석 수업 모형을 운영하는 바람직한 본보기가 될 수 있다(교육부, 2025: 50). 즉, 교사는 소크라테스와 같이 학생 스스로가 도덕 개념을 탐구할 수 있도록 발문을 구성하고, 논리적인 사고 과정을 거쳐 도덕 개념에 대한 보다 합리적인 이해를 형성할 수 있도록 적절한 피드백과 추가 질문을 제공할 수 있어야 한다.

요컨대 개념 분석 수업 모형은 '도덕 개념에 대한 올바른 이해'를 목표로 하는 도덕 수업에 활용할 수 있는 교수·학습 모형으로, 독단적인 관점을 주입하기보다는 논리적 사유의 과정에 참여시켜 개념에 대한 이해를 스스로 구성하도록 한다. 이 과정에서 학생들의 수준, 그리고 논의의 단계에 적절한 질문을 던짐으로써, 도덕 개념을 지나치게 협소하거나 왜곡된 방식으로 이해하는 것을 방지하고자 한다.

2) 교수·학습 모형의 단계

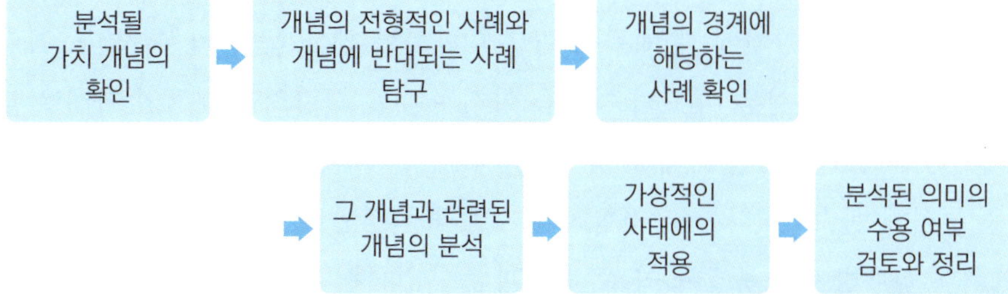

그림 4-1 개념 분석 수업 모형의 단계(교육부, 2025: 50-51)

① 분석될 가치 개념의 확인

도덕 수업에서 개념 분석 수업 모형을 적용할 때 가장 먼저 해야 할 일은 '개념적 문제'와 '규범적 문제'를 명확히 구분하고, 분석할 가치 개념을 확인하는 것이다(유병열, 2011: 451). 개념적 문제는 특정 개념이 무엇을 의미하는지를 밝히는 문제이며, 규범적 문제는 어떤 행동이 도덕적으로 마땅한지를 판단하는 문제이다. 따라서 규범적 판단을 내리기에 앞서, 논의의 기초가 되는 개념을 정확히 이해하는 과정이 필요하다. 예를 들어, "우리는 정직하게 행동해야 한다"라는 규범적 문제를 논의하기 전에, "정직이란 무엇인가?"라는 개념적 문제를 먼저 분석하는 과정이 필요하다는 것이다(교육부, 2025: 50).

② 개념의 전형적인 사례와 개념에 반대되는 사례 탐구

가치 개념을 이해하기 위한 가장 간단한 방법은 사전적 정의를 참고하는 것이다. 하지만 이러한 방식은 도덕적 맥락에서의 의미와 가치를 깊이 탐구하는 데에는 한계를 지닌다. 따라서 도덕적 가치를 품고 있는 개념의 의미를 이해하고자 한다면, 먼저 그 개념이 도덕적 맥락에서 어떠한 방식으로 활용되는지, 즉 도덕적 맥락에서 전형적으로 어떻게 활용되는지, 그 반대의 사례로는 어떤 것들이 있는지 탐색해 볼 필요가 있다. 이는 특정 개념을 제대로 이해하기 위해서는 그 개념에 해당하거나 해당하지 않는 속성, 특징 등을 정확히 파악하는 작업이 필요하다는 점을 전제한다(교육부, 2025: 50).

특히 특정 도덕 개념을 처음 접한 초보자로서의 초등학생은 그 개념에 대해서 거의 아는 바가 없을 수 있다. 따라서 그들에게는 개념과 관련된 하나의 전형적인 사례를 찾는 활동이 그것에 대한 큰 그림을 이해하는 데 도움이 될 수 있다. 가령 '사랑'이라는 개념의 경우, 부모가 자식을 아끼는 것을 사랑의 전형적인 사례로 볼 수 있을 것이다. 전형적인 사례를 찾아보았다면, 그 이후에는 정반대의 방법으로 개념을 분석해 볼 수 있다. 즉, 전형적인 사례와는 상반된 사례를 찾아보는 것이다. 예컨대 상대방에게 특별한 이유 없이 피해를 입히는 일이나 괴롭히는 일은 사랑이라는 개념의 반대되는 사례라고 볼 수 있을 것이다(이영문, 2010: 66-67). 이러한 과정을 통해 학생들은 스스로 개념의 속성과 특징을 추출해 낼 수 있게 된다(교육부, 2025: 50).

③ 개념의 경계에 해당하는 사례 확인

특정 도덕 개념에 해당하는 전형적인 사례와 반대되는 사례를 찾은 이후에는, 그 경계에 해당하는 사례들을 검토하면서 분석하고자 하는 개념의 의미를 보다 명확히 한다(교육부, 2025: 50-51). 이때 경계에 해당하는 사례란, 특정 개념을 적용하는 데 있어 애매하거나 모호함을 느끼는 상황, 개념에 해당하는 것 같기도 하고 그렇지 않은 것 같기도 한 상황을 의미한다. 예를 들어, '절약'은 일반적으로 재화를 아껴 쓰는 것을 뜻하지만, 지나치게 절약하면 '인색함'이 될 수도 있다. 그렇다면 어디까지가 절약이며, 어디서부터 인색함으로 볼 수 있을까? 이러한 질문을 탐색함으로써 개념의 의미를 보다 깊이 이해할 수 있다. 이와 마찬가지로 '우정'이라는 개념을 분석할 때도 경계 사례를 고려해 볼 수 있다. 단순히 인사를 나누고 즐거운 대화를 하는 관계도 우정이라고 할 수 있을까? 반대로, 깊은 신뢰를 나누었던 친구가 현재는 멀리 떨어져 있어 왕래가 거의 없다면, 그 관계 또한 우정이라고 부를 수 있을까? 이러한 경계 상황을 분석하는 과정은 개념을 보다 정교하게 이해하는 데 도움을 주며, 학생들이 개념을 단순한 정의로만 받아들이지 않고 실제 맥락 속에서 사고할 수 있도록 도와준다(유병열, 2011: 453).

④ 그 개념과 관련된 개념의 분석

다음 단계는 분석하고자 하는 개념, 그리고 이것과 관련된 유사 개념 간의 공통점과 차이점을 정교하게 탐색함으로써, 도덕 개념을 보다 넓은 범위에서 논리적·경험적으로 분석하는 단계이다. 예를 들어, '절약'이라는 개념을 다룰 때, 그것과 밀접하게 관련된 '절제'나 '검소'와의 연관성을 분석하고, 각 개념이 어떤 점에서 '절약'과 유사하면서도 구별되는지를 탐구하는 것이다(교육부, 2025: 51). 사실 이 단계는 나이 어린 초등학생들에게 다소 어려울 수 있다. 따라서 이 단계를 진행하는 교사는 학생들의 수준과 관련 개념의 복잡성 등을 고려하면서, 관련 개념의 의미를 추가적으로 설명해 주는 등의 보다 적극적인 개입을 할 수도 있다.

⑤ 가상적인 사태에의 적용

이 단계에서는 지금까지 분석한 내용을 가상의 사태에 적용하여 개념의 의미를 검토하는 활동을 진행한다. 이를 통해 학생들은 직접 경험하지 않은 상황까지 상상하면서 개념의 타당성을 점검할 수 있고, 해당 개념의 실제적 적용을 생각하면서 개념의 의미를 더욱 깊이 이해할 수 있게 된다(교육부, 2025: 51). 예를 들어 자신과 친하게 지내는 A라는 친구와 또 다른 친구인 B 사이를 멀어지게 하기 위해, B의 단점을 A에게 '솔직하게 말하는 상황'을 제시하면서, 이 상황 속의 행동을 과연 '정직'이라고 말할 수 있는지 고민해 보는 과정이 이에 해당한다.

⑥ 분석된 의미의 수용 여부 검토와 정리

마지막 단계에서는 개념 분석의 과정을 정리하면서 자신의 언어로 재정리하고, 정리한 내용이 일상적인 언어생활에서 자연스럽게 수용될 수 있는지를 검토하는 활동을 진행한다. 도덕 수업의 과정에서 분석을 통해 개념의 의미에 대한 합의를 도출했다 할지라도, 그것이 일상의 언어생활과 동떨어지거나 의사소통에 장애를 준다면, 일단 그 수용 여부를 다시 생각해 볼 필요가 있기 때문이다(교육부, 2025: 51). 따라서 이 단계에서 교사는 "친구들과 정직, 정직한 행동, 정직한 사람에 대해 이야기할 때, 여러분이 스스로 정리한 내용처럼 사용해도 무리가 없을까요?"라고 학생들에게 물어봐야 한다. 이러한 과정을 통해 학생들은 지금까지 분석한 도덕 개념의 의미를 체계적으로 정리하고, 그 타당성을 확보하게 된다.

3) 교수·학습 모형을 활용한 도덕 수업의 실제

학년군	3~4학년군	성취기준	[4도01-04] 다른 사람의 관점을 수용할 수 있는지를 도덕적으로 검토하고 도덕규범을 내면화하여 도덕적으로 행동할 수 있는 자세를 기른다.
학습 목표	도덕이 무엇인지 알고 우리 삶에 도덕이 필요한 까닭을 설명할 수 있다.		

단계	교수 · 학습 과정 및 활동	유의점
도입	■ **분석할 가치 개념의 확인** • **'도덕'이라는 말을 들어 보거나 써 본 경험을 떠올리기** T: 여러분은 '도덕'이라는 말을 들어 본 적이 있나요? S1: 저는 부모님께서 "도덕적으로 행동해야 한다"라고 말씀하신 적이 있어요. S2: 뉴스에서 어떤 사람이 정직하게 행동한 사례를 보면서, '도덕적인 행동'이라는 말을 들은 적이 있어요. ■ **학습 문제 확인하기** 도덕이 무엇인지 알고 우리 삶에 도덕이 필요한 까닭을 설명할 수 있다.	경험을 떠올리는 것 이외에도, 학생들이 이해하기 쉬운 예화를 제시할 수도 있다.
전개	■ **개념의 전형적인 사례 탐구하기** • **'도덕'을 떠올려 보기** T: '도덕'이라는 단어를 들으면 무엇이 떠오르나요? S1: 정직, 배려 같은 가치가 떠올라요. S2: 예전에 뉴스에서 보았던, 기찻길에 떨어진 아이를 구했던 대학생이 떠올라요. • **공통점 찾기** T: 그렇다면, 여러분이 제시한 것들의 공통점은 무엇일까요? S1: 모두 좋은 행동이나 올바른 행동과 관련이 있는 것 같아요. S2: 사람들이 사회에서 지켜야 할 규칙이나 가치와 관련이 있는 것 같아요. ■ **개념의 반대되는 사례 탐구** • **도덕적이지 않은 행동 찾아보기** T: 이번에는 도덕적이지 않은 행동에는 무엇이 있는지 떠올려 볼까요? S1: 길에서 주운 지갑을 그냥 가져가는 것이요. S2: 친구를 따돌리는 것도 도덕적이지 않은 행동 같아요.	도덕적 행동의 특징을 찾는 데 어려움을 겪는 학생에게는, 교사가 예시를 제시해 주고 해당 행동에 대한 인상이나 느낌을 표현하도록 유도할 수 있다.

전개	■ **개념의 경계에 해당하는 사례 고민하기** • **도덕적 판단을 내리기 어려운 경우 찾아보기** T: 도덕적인 것과 도덕적이지 않은 것을 구별하기 어려운 상황에 대해 생각해 볼까요? S1: 응급 상황에서 신호를 어기고 병원에 가는 경우는 판단이 어려울 것 같아요. S2: 힘들어하는 친구에게 솔직한 조언을 해 주는 것이 좋을지, 상처받지 않도록 배려하는 것이 더 나을지 고민되기도 해요. • **도덕적인 것과 도덕적이지 않은 것을 구별하는 기준 찾기** T: 그렇다면, 도덕적인 것과 도덕적이지 않은 것을 구별하는 기준은 무엇일까요? S1: 타인에게 피해를 주는지의 여부가 중요한 것 같아요. S2: 행동의 의도나 목적도 고려해야 할 것 같아요. T: 그렇군요. 여러분이 말해 준 것처럼 피해 여부, 의도, 상황 등을 종합적으로 고려하는 것이 필요할 것 같아요.	학생의 발달 수준이나 흥미도에 따라 이 단계는 생략 가능하다.
전개	■ **그 개념과 관련된 개념의 분석** • **나만의 가치 사전 만들기** T: '나만의 도덕적 가치 사전'을 만들기 위해 여러분이 중요하다고 생각하는 단어들을 떠올려 볼까요? S1: 저는 '정직'이 중요하다고 생각해요. 거짓말을 하지 않는 것이 도덕적인 행동이니까요. S2: '배려'라는 가치도 중요한 것 같아요. 다른 사람을 이해하고 존중하는 태도가 필요하니까요. S3: '책임'도 포함해야 할 것 같아요. 자신의 행동에 대한 결과를 받아들이는 것도 도덕적인 태도라고 할 수 있어요. T: 좋아요. 이제 여러분이 정리한 도덕적 가치들을 정리하여 '나만의 도덕적 가치 사전'을 완성해 봅시다.	학생들이 단순히 단어를 나열하는 것이 아니라, 각 가치의 의미와 사례를 연결하여 심도 있게 이해할 수 있도록 지도한다.

전개	■ **가상적인 사태에의 적용** T: 놀이터에서도 도덕이 필요할까요? S1: 저는 '배려'가 필요하다고 생각해요. 친구가 넘어졌을 때 도와주거나, 작은 아이들에게 먼저 놀이기구를 양보하면 모두가 즐겁게 놀 수 있잖아요. S2: 저는 '규칙 지키기'가 중요한 것 같아요. 줄을 서서 차례를 지키지 않으면 친구들과 다투게 될 수 있어요.	놀이터와 같은 가상의 상황에 적용해 봄으로써, 도덕적 가치가 우리 삶에 필수적임을 자연스럽게 이해할 수 있도록 한다.
정리	■ **분석한 의미의 수용 여부 검토와 정리** T: 만약 여러분들이 중요하다고 말한 가치들이 사라진다면 어떤 일이 일어날까요? S: 서로 믿을 수 없는 사회가 되고, 많은 갈등이 생길 것 같아요. T: 좋아요. 그렇다면 도덕이란 무엇이고, 왜 중요한지에 대해 짝에게 설명해 볼까요? S1: 도덕은 사람들이 사이좋게 지낼 수 있도록 도와주는 약속 같아요. 만약 도덕이 없다면 친구들과 자주 싸우게 될 것 같아요. S2: 도덕은 우리 사회가 잘 작동하게 만드는 규칙 같은 것이에요. 만약 도덕이 없다면 서로 믿지 못하고, 질서가 없어질 거예요. ■ **차시 학습 예고**	짝과 함께 도덕의 의미와 중요성에 관해 이야기를 나누고, 상호 평가할 수 있도록 한다.

4) 활용상의 유의점

개념 분석 수업 모형은 도덕 개념을 명확히 이해하고 비판적으로 탐구해 보도록 한다는 점에서 도덕 개념의 의미를 파악하는 도덕 수업에 유용하게 활용될 수 있다(유병열, 2011: 451). 개념 분석 수업 모형을 실제 도덕 수업에서 효과적으로 활용하기 위해서는 다음과 같은 점들에 유의해야 한다.

첫째, 개념이 적용되는 사회적 맥락과 그 개념이 적용되었을 때 발생할 수 있는 실제적인 결과가 좀 더 적극적으로 고려되어야 한다. 윌슨에 따르면, 도덕과 같은 사회성을 지닌 교과의 경우 개념 분석의 핵심 절차뿐만 아니라 추가적인 절차, 특히 사회적 맥락에 대한 고려를 중시해야 한다. 왜냐하면 수학의 개념이나 문법의 개념과 같은 추상적인 개념의 경우에는 사회적인 고려가 큰 의미를 갖지 못할 수 있지만, 도덕 개념 또는 선[善]의 개념은 그 말이 사용되는 사회적 맥락과 그것을 사용함으로써 발생하는 실제적 결과가 중요하기 때문이다(이영문, 2010: 76).

둘째, 도덕 개념에 대한 보다 주체적인 이해를 촉진시켜야 한다. 도덕 개념은 사회적 관계 속에서 실천되어야 하는 개념으로, 이를 위해서는 객관적 이해 못지않게 주체적 이해가 중요하다. 왜냐하면 학생의 주체적인 이해는 도덕 개념에 대한 자발적인 동의를 이끌면서 도덕 판단과 행동에 영향을 미치기 때문이다. 따라서 개념을 탐구하고 활용하는 과정에서 학생들의 구체적인 경험과 해석이 적극적으로 개입되어야 한다(김혜숙: 2011, 33-40).

셋째, 개념 분석 수업 모형은 저학년보다는 고학년 학생들에게 적용하기가 용이한 수업 모형이다(유병열, 2011: 451). 이는 개념 분석 수업 모형 과정에서 요구되는 논리적 사고와 추론 능력이 상대적으로 높은 수준의 인지 능력을 필요로 하기 때문이다. 특히, 세 번째 단계인 '개념의 경계에 해당하는 사례 확인'이나 네 번째 단계인 '그 개념과 관련된 개념 분석'은 초등학생들에게 다소 어려울 수 있다(서강식, 1999: 83-84). 따라서 초등학생들을 대상으로 개념 분석 수업 모형을 적용할 때, 특히 초등학교 저학년이나 중학년 학생들을 대상으로 적용할 때에는 '개념의 전형적인 사례와 개념에 반대되는 사례 탐구' 단계를 더욱 밀도 있게 전개하는 것이 필요하다(유병열, 2011: 452).

2 가치 분석 수업 모형

1) 이론적 배경 및 기대 효과

우리는 일상에서 끊임없이 어떤 판단을 내리며 살아간다. 그렇다면 우리는 수없이 많은 판단 중 어떠한 판단을 올바른 판단이라고 말할 수 있을까? 우리가 올바른 판단과 그릇된 판단 혹은 합리적인 판단과 그렇지 않은 판단들을 구별해 내기 위해서는 판단의 기반이 되는 사실적 정보가 정확하고 신뢰할 만한지를 확인해야 한다. 더 나아가 그 판단이 과연 도덕적 정당성을 확보할 수 있는지도 따져봐야 한다. 왜냐하면 사실과 가치는 서로 영향을 주고받으면서 상호 연결되어 있고(유병열, 2011: 455), 현실에서 이루어지는 많은 판단은 이 두 요소가 결합 된 형태로 이루어지기 때문이다.

예컨대 "환경 보호를 위해 플라스틱의 사용을 줄여야 한다"라는 도덕 판단을 내릴 때, 우리는 가장 먼저 "환경 보호"가 의미하는바, 그리고 "플라스틱 사용"이 의미하는 바가 무엇인지에 대해 살펴보아야 한다. 뿐만 아니라 우리는 단순히 개인적 믿음이 아닌, "플라스틱 폐기물은 해양 생태계에 나쁜 영향을 미친다"와 같은 과학적 사실을 주장의 논거로 제시할 수 있어야 한다. 만약 이러한 사실적 정보 없이 단순히 "환경 보호는 중요하다"라는 도덕적 믿음만으로 정책을 결정한다면, 이에 따른 실천 방안은 실제적 효과를 결여하고 있을 가능성이 크기 때문이다. 이와는 반대로 우리가 어떤 과학적 연구 결과를 알고 있을지라도, 이 사실을 어떻게 적용할 것인가는 결국 우리의 가치 판단에 의해 결정된다.

따라서 도덕적 문제 상황에서 올바른 판단 혹은 보다 합리적인 결정을 내리기 위해서는 판단하고자 하는 대상의 '의미'를 명확히 하고, 판단의 근거로 활용되는 '사실적 정보'의 정확성 및 관련성에 대해 꼼꼼히 검토하는 과정이 필요할 것이다. 더 나아가, 사실적 근거에 토대를 둔 자신의 잠정적인 판단이 과연 도덕적으로 용인될 수 있는지도 검토해보아야 한다(정창우 외, 2020: 111). 이러한 일련의 과정을 통해 학생들이 합리적이면서도 도덕적인 판단을 내릴 수 있도록 돕는 도덕 수업, 즉 단순히 가치에 대한 '선택'을 넘어 그 선택의 '도덕적 정당화 가능성'을 확보하는 데 초점을 둔 도덕 수업에 활용할 수 있는 교수·학습 모형이 바로 '가치 분석 수업 모형'이다.

가치 분석 수업 모형은 멧커프Metcalf와 쿰스Coombs, 묵스Meux 등과 같은 가치교육론자들에 의해 개발되었다. 그들은 인간 사회에서 발생하는 갈등이 단순한 의견의 차이 때문만이 아니라, 어떤 주장의 논거가 사실인지(진실성), 지금 논의하고 있는 문제와 관련이 있는지(관련성), 논리적으로 타당한지(타당성)를 둘러싼 논쟁과, 도덕 판단의 토대가 되는 특정 '가치 원리'를 받아들일 수 있는지에 대한 입장의 차이에서 비롯된다고 보았다(교육부, 2025: 51). 따라서 그들이 볼 때, 도덕적 문제를 해결하려면 우리의 판단의 토대가 되는 가치 원리가 합리적인지 검토하는 과정뿐만 아니라, 해당 문제와 관련된 사실적 정보의 정확성을 검토하는 과정도 반드시 필요하다. 이러한 측면에서 볼 때, 학생들이 합리적인 결정을 내리기 위해서는 다음과 같은 두 가지의 중요한 조건이 충족되어야 한다. 첫째, '사실 판단'이 이루어져야 한다. 즉, 문제 해결을 위해 필요한 정보가 신뢰할 만한지, 그 정보가 실제로 관련성이 있는지를 검토해 보아야 한다. 둘째, '가치 판단'의 타당성을 분석해야 한다. 즉, 내가 도덕 판단에 적용하려는 가치 원리(예컨대 "위기를 모면하기 위해서라면, 거짓말을 해도 괜찮다" 등)가 보편적으로 받아들여질 수 있는지, 논리적으로 타당한지를 따져 보아야 한다(유병열, 2011: 455).

이러한 생각은 가치 분석 수업 모형의 핵심 단계와도 연결된다. 가치 분석 수업 모형은 도덕 판단의 합리성과 정당성을 확보하기 위해, 사실적 정보를 검토하는 '사실 판단 검사'를 포함하고 있다. 그리고 사실 판단에 문제가 없을 경우, 도덕 판단에 적용하고자 하는 '가치 원리'의 타당성을 평가하는 '가치 원리 검사'를 거치도록 구조화되어 있다(김항인, 2017: 4). 이때, '가치 원리 검사'는 어떤 판단이 바람직한 가치 원리에 기반하고 있는지를 검토하는 과정으로, '새 사례 검사new cases test', '포함 관계 검사subsumption test', '역할 교환 검사role exchange test', '보편적 결과 검사universal consequences test'가 이에 해당한다(교육부, 2022: 51). 이때, '새 사례 검사'는 가치 원리의 일관된 적용 가능성을, '포함 관계 검사'는 상위 원리로부터의 타당한 추론 가능성을 검토하는 과정이다. 또한 '역할 교환 검사'는 이해 관계자의 입장에서 재고해 보는 것이며, '보편적 결과 검사'는 해당 원리를 보편적으로 적용했을 때, 그 결과를 수용할 수 있는지를 검토하는 것이라고 할 수 있다.

이처럼 가치 분석 수업 모형에서는 학생들이 특정 가치를 선택하거나 자신의 결정을 실천할 때, 그에 대한 충분한 이유를 제시하고 논리적 정당성을 확보하는 과정이 중점적으로 다뤄진다(정창우, 2020: 112). 이를 통해 학생들은 도덕 판단의 논거를 면밀히 분석하고 그 타당성과 일관성을 검토함으로써 도덕적 관점에서 논리적이고 합리적인 결정을 내리는 능력을 기를 수 있게 된다.

2) 교수·학습 모형의 단계

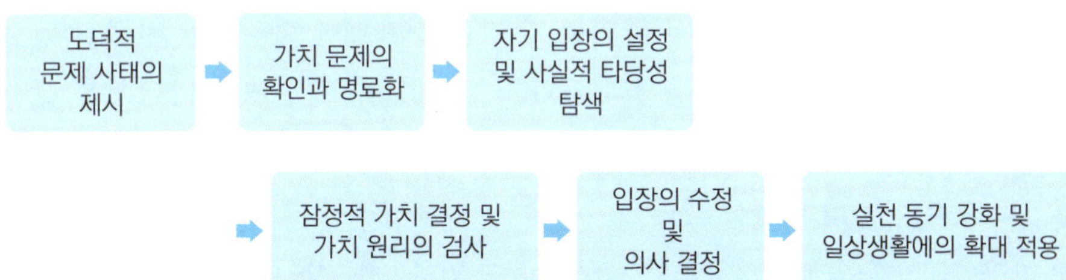

그림 4-2 가치 분석 수업 모형의 단계(교육부, 2025: 51-52)

① 도덕적 문제 사태의 제시

가치 분석 수업 모형의 첫 단계는 학생들이 공감할 만하고 현실적으로 접근할 수 있는, 특히 특정 가치와 관련하여 도덕 판단을 요구하는 도덕적 문제 사태를 제시하는 것이다. 이때 교사는 도덕적 문제 사태 속 주인공의 고민이 담겨 있는 상황을 제시하되 결론이 제시되지 않은 개방적인 이야기를 준비해야 한다.

② 가치 문제의 확인과 명료화

도덕적 문제 사태를 제시한 후에는 이 문제 사태에서 핵심적으로 부각되고 있는 가치 문제가 무엇인지 확인하고, 이 문제에 내포된 핵심 용어나 개념, 도덕적 가치 등을 명료하게 규정하는 단계로 나아간다. 이러한 단계를 거치는 이유는 '가치 문제'를 논의할 때 발생하는 혼란이 종종 진술의 모호함이나 개념의 불명확성에서 비롯되기 때문이다(유병열, 2011: 457). 따라서 이러한 혼란을 최소화하는 것은 보다 논리적이고 일관된 논의를 가능하게 한다.

예컨대 운동 경기에서 좋은 성적을 받기 위해 부정행위를 할지 말지 고민하는 도덕적 문제 사태를 제시했다면, '좋은 성적을 받는 것은 정직보다 중요한가?', '부정행위로 얻은 성적은 공정한가?'와 같이 따져 보아야 할 핵심적인 가치 문제을 구체화한 후, '부정행위', '정직', '공정성' 등의 개념을 명확히 이해할 수 있도록 해야 한다는 것이다.

③ 자기 입장의 설정 및 사실적 타당성 탐색

이 단계에서는 이전 단계에서 확인한 가치 문제에 대해 학생들이 자신의 입장을 정하고, 입장을 뒷받침하는 사실적 근거를 탐색하며, 그 근거의 타당성을 살펴보는 활동을 진행한다. 이때 학생들은 찬성, 반대뿐만 아니라, 새로운 대안을 제시하는 방식으로 자신의 입장을 나타낼 수 있다. 또한 입장 설정의 주체는 수업의 형태에 따라 학생 개인일 수도 있고 모둠일 수도 있다. 하지만 어떤 경우이든, 자신의 입장이 정당성을 가지려면 반드시 '사실적 근거'에 기반해야 한다는 점을 강조해야 한다(교육부, 2025: 52). 더 나아가 학생들은 자신의 주장을 뒷받침할 수 있는 근거를 제시하는 동시에, 그 근거가 실제로 신뢰할 만한 것인지, 지금 논의하고 있는 가치 문제와 관련이 있는 것인지 따져 보는 과정을 수행해야 한다.

④ 잠정적 가치 결정 및 가치 원리의 검사

이 단계에서는 앞서 탐색한 사실적 근거들을 토대로 잠정적인 가치 결정을 내리고, 그 결정의 토대가 되는 가치 원리 혹은 행위 준칙을 형식화하며, 가치 원리 검사를 통해 그 정당성을 검토하는 작업을 수행한다. 예를 들어 어떤 학생은 운동 경기에서 좋은 성적을 내기 위해 부정행위를 할지 말지 고민하는 상황에서 '부정행위를 하겠다'라는 '잠정적인 가치 결정'을 내릴 수 있다. 이 가치 결정의 토대에는 '좋은 성과를 얻기 위해서라면 규칙을 위반해도 괜찮다'라는 '가치 원리' 혹은 행위 준칙이 내포되어 있다. 이렇게 가치 원리 혹은 행위 준칙을 도출해 냈다면, 이것이 과연 도덕적으로 정당한지 앞서 소개한 네 가지 가치 원리 검사를 통해 검토해 봐야 한다. '새 사례 검사'는 판단에 사용된 가치 원리가 유사한 다른 사례에 일관되게 적용될 수 있는지를 검토하는 것이며, '포함 관계 검사'는 그 가치 원리가 더욱 일반적인 가치 원리로부터 타당하게 추론될 수 있는지를 따져 보는 것이다. '역할 교환 검사'는 가치 원리에 기초한 결정에 따라 심각하게 영향을 받을 개인이나 집단들과 입장을 바꿔 놓고 생각해 보도록 하는 것이며, '보편적 결과 검사'는 모든 사람이 그러한 가치 원리에 따라 행동할 경우, 그에 따라 나타날 수 있는 결과를 받아들일 수 있겠는가를 검토해 보도록 하는 것이다(교육부, 2025: 52).

예를 들어, 올림픽 경기에서 약물을 복용하고 경기에 임하여 금메달을 딴 선수가 있을 경우 이를 인정할 수 있겠는지(새 사례 검사), 그 가치 원리가 '운동선수는 규칙을 준수하면서 정정당당하게 경기하는 스포츠맨십을 가져야 한다'라는 상위 원리로부터 논리적으로 타당하게 연역될 수 있는 것인지(포함 관계 검사), 상대 팀의 규칙 위반으로 우리 팀이 패배하였을 경우에도 이를 받아들일 수 있겠는지(역할 교환 검사), 그리고 경기에서 이기기 위해 모든 사람이 그런 식으로 규칙을 위반할 경우, 발생할 수 있는 결과를 수용할 수 있겠는지(보편적 결과 검사) 등을 검토해 보는 것이다(유병열, 2011: 458).

⑤ 입장의 수정 및 의사결정

가치 원리 검사 결과를 통해 자신의 가치 판단이 결함이 있거나 정당성이 부족한 것으로 판명될 경우, 학생은 이 단계에서 보다 타당한 관점에 입각하여 자신의 가치 판단을 수정하고 보다 합리적인 의사결정을 내리는 활동을 수행하게 된다(교육부, 2025: 52). 예를 들어, 좋은 성적을 얻기 위해 규칙을 어기는 것이 허용될 수 있다고 생각했던 학생이나 모둠이, 가치 원리 검사의 과정에서 그 입장의 도덕적 정당성이 부족함을 인식하고, 결국 규칙을 위반하지 않는 것이 옳다고 판단하여 이를 최종적으로 채택하는 것이 이 단계의 주된 활동이다(유병열, 2011: 458-459).

⑥ 실천 동기 강화 및 일상생활에의 확대 적용

마지막으로, 교사는 가치 분석 수업을 통해 학생들이 도출한 타당한 가치 판단이나 의사결정을 실제 생활에서 실천할 수 있도록 지도한다(교육부, 2025: 52). 즉,

학생들이 가치 분석을 통해 정당화한 가치 원리를 일상에서 적용해 볼 수 있는 기회를 제공하고, 지속적으로 실천할 수 있도록 격려하는 것이 이 단계에서 이루어지는 주된 활동이다.

3) 교수·학습 모형을 활용한 도덕 수업의 실제

<table>
<tr><th>학년군</th><td>5~6학년군</td><th>성취기준</th><td colspan="2">[6도04-02] 지속가능한 삶의 의미를 탐구하고 미래 세대에 대한 책임을 강화하여 자연의 다양성을 존중하고 생산성을 유지할 수 있는 미래를 위한 실천 방안을 찾는다.</td></tr>
<tr><th>학습 목표</th><td colspan="4">지구촌 문제의 원인을 살피고, 올바른 해결 방법을 찾을 수 있다.</td></tr>
<tr><th>단계</th><th colspan="3">교수 · 학습 과정 및 활동</th><th>유의점</th></tr>
<tr><th>도입</th><td colspan="3">■ 도덕적 문제 사태 제시하기
T: (지구촌 문제를 나타내는 사진들을 보여 주며), 이 사진을 보면 무엇이 떠오르나요?
S1: 지구가 슬퍼 보이는데, 기후변화 때문인 것 같아요.
S2: 북극의 얼음이 녹아, 북극곰이 거주지를 잃어버렸어요.

■ 학습 문제 확인하기
지구촌 문제의 원인을 살피고, 올바른 해결 방법을 찾을 수 있다.</td><td>학생들이 공감할 수 있는 현실적인 문제를 제시하고, 다양한 시각에서 접근할 수 있도록 지도한다.</td></tr>
<tr><th>전개</th><td colspan="3">■ 가치 문제 확인 및 명료화하기
T: 사진 속의 문제들에서는 어떠한 가치들이 충돌하고 있는 것 같나요?
S1: 산업 발전을 위해 많은 자원을 사용하면서도, 동시에 환경을 보호해야 하는 어려움이 있는 것 같아요.
S2: ‘자연 보호’와 ‘경제 발전’이 서로 충돌하고 있는 것 같아요.</td><td>개념의 혼란을 줄일 수 있도록 교사가 가치나 개념에 대해 적절히 정리하고 설명해 줄 수 있다.</td></tr>
</table>

전개	■ **자기 입장 설정하기** T: 여러분은 환경 보호와 경제 발전 중 어느 것이 더 중요하다고 생각하나요? S1: 저는 환경 보호가 더 중요하다고 생각해요. 자연이 파괴되면 인간도 결국 살아가기 어려워지기 때문이에요. S2: 저는 경제 발전도 중요하다고 생각해요. 산업이 성장해야 사람들이 일할 곳이 생기고 생활이 안정될 수 있어요. ■ **사실적 타당성 탐색하기** T: 좋아요. 그런데 단순한 의견을 넘어서, 여러분의 입장을 뒷받침할 수 있는 근거를 함께 생각해 볼까요? S1: 환경이 파괴되면 기후변화가 심해져서, 오히려 경제에도 부정적인 영향을 미칠 수 있어요. S2: 하지만 경제가 발전하면 환경 보호 기술도 함께 발전할 수 있어서, 두 가지를 균형 있게 발전시킬 수도 있을 것 같아요. T: 여러분들이 제시한 근거들은 모두 사실이며, 이 문제와 관련이 있나요? S1, S2: 네! 모두 사실이고, 이 문제와 관련이 있습니다.	학생들이 사실적 근거를 바탕으로 입장을 설정하고, 신뢰할 수 있는 자료를 활용하도록 지도한다.
전개	■ **잠정적 가치 결정 및 가치 원리 검사** • **새 사례 검사** T: 여러분은 '환경 보호가 개발보다 더 중요하다고' 주장했는데, 다른 사례에서도 이러한 생각이 동일하게 적용될 수 있을까요? 예를 들어, 한 나라가 경제 발전을 위해 숲을 개발하고 공장을 세운다면, 이 결정은 정당화될 수 있을까요? S1: 그렇게 하면 일자리는 늘어날 수도 있지만, 숲이 사라지면 공기가 오염되고 동물들이 살 곳을 잃게 될 것 같아요. S2: 모든 나라가 환경 보호만 신경 쓰면 경제 발전이 어려워질 수도 있으니까, 균형을 맞추는 것이 중요할 것 같아요.	학생들이 다양한 검토 방법을 활용하여 가치 판단의 타당성을 점검할 수 있도록 지도한다.

	• **포함 관계 검사** T: 우리는 일반적으로 '모든 생명은 존중받아야 한다'라고 생각하지요. 여러분이 주장한 '환경 보호가 개발보다 더 중요하다'는 생각은 '모든 생명은 존중받아야 한다'는 생각과 연결될 수 있을까요? S: 네, 자연이 파괴되면 인간뿐만 아니라 동물과 식물도 피해를 보기 때문에, 환경 보호는 생명을 존중하는 것과 연결된다고 생각해요. • **역할 교환 검사** T: 만약 여러분이 환경 파괴로 인해 피해를 입는 입장이라면, 어떻게 생각할 것 같나요? 예를 들어, 기후변화로 인해 집을 잃은 사람이나 북극곰처럼 서식지를 잃은 동물의 입장에서 생각해 본다면요? S1: 제가 만약 해수면 상승으로 인해 집을 잃은 사람이라면, 환경 보호가 훨씬 더 중요하다고 느낄 것 같아요. S2: 북극곰처럼 서식지를 잃은 동물이라면, 인간이 환경을 보호하는 것이 얼마나 중요한지 깨닫게 될 것 같아요. • **보편적 결과 검사** T: 만약 모든 나라가 경제 발전을 이유로 환경 보호를 신경 쓰지 않는다면, 어떤 결과가 발생할까요? S1: 공기가 더 오염되고, 기후변화가 심해져서 전 세계적으로 자연재해가 많아질 것 같아요. S2: 결국 지구 전체가 살기 어려워지고, 인간뿐만 아니라 모든 생명체가 위험해질 것 같아요. 그래서 모든 나라가 환경 보호를 함께 실천해야 한다고 생각해요.	
전개	■ **입장의 수정 및 의사결정** T: 지금까지 여러 관점에서 문제를 살펴보았어요. 혹시 처음에 가졌던 입장이 바뀐 친구가 있나요? S1: 이전에는 경제 발전이 중요하다고 생각했는데, 환경 보호를 무시하면 결국 우리 삶에도 큰 영향을 준다는 것을 깨달았어요	학습한 가치를 실제 생활에서 적용할 수 있도록 구체적인 실천 방안을 자유롭게 발표할 수 있도록 한다.

	S2: 처음에는 경제 발전을 위해 환경 파괴가 어느 정도 불가피하다고 생각했지만, 장기적으로 보면 환경이 파괴되면 경제에도 부정적인 영향을 미칠 수 있다는 것을 알게 되었어요.	
정리	■ **실천 동기 강화 및 일상생활에의 확대 적용** T: 오늘의 활동을 통해 무엇을 새롭게 배웠나요? S: 지구촌 문제를 해결하려면 한 가지 방법만 있는 것이 아니라 여러 가지 해결책을 함께 고민해야 한다는 걸 배웠어요. T: 좋아요! 이제 우리가 배운 내용을 실천할 방법을 생각해 볼까요? 여러분은 환경 보호를 위해 어떠한 행동을 할 수 있을까요? S1: 학교에서 일회용품을 줄이고 분리수거를 철저히 할 수 있어요. S2: 환경 문제에 관심을 갖고, 환경 보호를 위한 캠페인 활동에도 참여할 수 있어요. ■ **차시 학습 예고**	

4) 활용상의 유의점

가치 분석 수업 모형은 학생들이 도덕적 문제 상황에서 합리적이고 도덕적인 판단을 내릴 수 있도록 돕는 효과적인 교육 활동이다. 특히, 복잡한 가치의 문제들을 분석하기 위한 체계적이고 상세한 절차를 제공하며(강두호 역, 2013: 174-175), '가치 판단의 보편화 가능성' 문제를 중요하게 다루고 있다는 점에서 강점을 갖는다(이재호·김항인, 2025: 79). 가치 분석 수업 모형을 도덕 수업에 효과적으로 활용하기 위해서는 다음과 같은 사항들을 고려해야 한다.

첫째, 교사는 학생들이 문제 상황과 관련된 사실적 정보를 단순히 나열하는 것이 아니라, 해당 정보의 출처, 신뢰성, 객관성을 꼼꼼하게 검토하는 습관을 기를 수 있도록 지도해야 한다. 예컨대, 교사는 학생들과 함께 뉴스 기사의 출처를 확인하고, 같은 사건에 대한 서로 다른 견해를 비교하여 정보의 타당성을 점검하는 활동을 진행할 수 있다. 이러한 과정에서 교사는 '수집된 사실은 과연 이 상황과 관련이 있는가?', '이것이 사실이라는 것을 나타내는 어떤 증거가 있는가?', '이것이 사실이라고 누가 말했는가?', '우리는 이 사람이 말한 것을 왜 믿어야 하는가?', '다른 전문가들도 그가 말한 것과 의견을 같이하는가?' 등의 질문을 던지면서 정보의 진위와 관련성을 따지는 질문을 할 수 있다(정창우 외, 2020: 118). 즉 가치 분석 수업 모형을 도덕 수업에 활용하는 교사는 학생들이 개인의 선호에 의한 가치 판단이 아니라, 보다 객관적이고 합리적인 근거를 토대로 판단할 수 있도록 지도해야 한다.

둘째, 교사는 학생들이 네 가지 가치 원리 검사를 명확히 이해하고 활용할 수 있도록 적절한 발문을 구성해야 한다. 특히 가치 원리 검사에서 사용하는 용어들은 학생들에게 추상적으로 느껴질 수 있으므로, 이를 보다 쉽게 이해할 수 있도록 구체적인 표현으로 변환하여 제시하는 것이 중요하다. 예를 들어, 보편적 결과 검사의 경우 '보편적'이라는 개념이 학생들에게 모호하게 느껴질 수 있으므로, "이 원칙이 모든 사람에게 동일하게 적용된다면 어떤 결과가 나타날까?" 또는 "누구에게나 똑같이 적용할 수 있는 규칙일까?"와 같은 발문을 활용할 수 있다. '포함 관계 검사'의 경우, 특정 가치 원리가 보다 일반적인 상위 원리로부터 타당하게 연역될 수 있는지를 평가하는 과정이므로, "우리는 일반적으로 '정직해야 한다'고 말한다. 그렇다면 지금 네가 말한 생각은 '정직해야 한다'는 생각에 비추어 볼 때 옳을까?"와 같은 발문을 제시할 수 있다. 이처럼 교사는 가치 분석 수업 모형을 활용함에 있어, 이 모형의 핵심이 '참'인 사실과 보편화 가능한 논거를 토대로 학생 스스로 가치 결정을 내릴 수 있도록 유도한다는 것임을 기억하고(이재호·김항인, 2025: 80), 학생들이 가치 분석 과정에 주체적으로 참여할 수 있도록 독려해야 한다.

3 가치 갈등 해결 수업 모형

1) 이론적 배경 및 기대 효과

현대 사회에서 우리는 끊임없이 다양한 갈등 상황에 직면한다. 특히 다원주의 사회에 살아가는 행위 주체들은 서로의 가치관을 존중하면서도 그것들의 충돌을 빈번하게 경험한다. 더 나아가 이러한 충돌이 원만하게 해결되지 않을 경우, 사회적 갈등으로 확산되기도 한다. 가치 갈등은 단순한 의견 차이라기보다는, 사용되는 개념에 대한 해석의 차이, 사실에 대한 상반된 이해, 근본적인 가치 간의 대립 등에서 비롯되는 것이기 때문에 쉽게 해결되기 어렵다. 이러한 상황에서 학생들에게 요구되는 것은 논쟁적인 문제를 둘러싼 다양한 관점들을 분석하고, 이것들을 조정하여 합리적으로 갈등을 해결하는 역량일 것이다. '가치 갈등 해결 수업 모형'은 이러한 역량을 함양하는 데 초점을 맞춘 교수·학습 모형으로, 학생들에게 도덕적 가치 갈등 상황을 제시하고 자신의 입장을 선택하도록 한 뒤, 이를 도덕 원리에 근거하여 정당화하도록 하는 과정을 강조한다(김항인, 2017: 4).

가치 갈등 해결 수업 모형은 올리버Oliver와 셰이버Shaver의 '법리적 모형jurisprudential frame'에 이론적 토대를 두고 있다. 이 모형의 창시자들은 복합적이고 논쟁적인 문제를 해결하기 위해서는 시민들이 상호 대화를 통해 차이를 조정하고 해결할 수 있어야 한다고 보았다. 그리고 이러한 시민의 역할을 유능한 재판관에 비유하였다. 즉, 올바른 가치 판단과 합리적인 의사결정은 이성적이고 공정한 입장에서 사안을 판단하는 재판관의 태도와 유사하다고 본 것이다. 이러한 맥락에서 이 모형은 '법리적 모형'이라는 이름으로 불리게 되었다(교육부, 2025: 53). 법리적 모형은 공적 논쟁이나 쟁점에 내포되어 있는 세 가지의 불일치, 즉 '개념 정의definition의 불일치', '사실의 불일치', '가치의 불일치'를 밝히는 데 초점을 두고 있다. 이는 올리버와 셰이버가 인간 사회에서 발생하는 대부분의 논쟁과 갈등이 ① 쟁점과 관련된 용어나 상징이 명확하지 않거나, ② 가치 주장을 뒷받침하는 사실적 근거가 서로 다르거나, ③ 기본적인 가치들이 서로 충돌하거나 대립하기 때문에 발생한다고 보았기 때문이다(노희정, 2012: 116). 각각의 불일치 문제에 대해 구체적으로 살펴보면 다음과 같다.

먼저, '개념 정의의 불일치'는 논쟁에서 사용되는 개념이나 용어의 의미가 명확하게 정의되지 않을 때 발생한다. 예를 들어, 낙태 논쟁에서는 '생명'이라는 개념을 어떻게 정의할 것인가에 대한 견해 차이가 갈등의 원인이 된다. 한쪽에서는 수정 순간부터 생명이 시작된다고 주장하는 반면, 다른 쪽에서는 태아가 어느 정도의 발달적 성숙에 이르러야 독립된 생명으로 간주될 수 있다고 본다. 이처럼 개념에 대한 해석이 서로 다를 때 논쟁이 발생할 수 있다. '사실의 불일치' 경우, 서로 다른 사실적 근거를 바탕으로 상반된 주장이 제기되었을 때 나타난다. 예를 들어, 사형제도의 정당성을 둘러싼 논쟁에서, 찬성 측은 사형이 범죄 예방 효과가 있다고 주장하는 반면, 반대 측은 사형이 존재하더라도 범죄율 감소에는 그 효과가 미미하다고 주장하며 서로 다른 연구 결과를 제시할 수 있다. 마지막으로 '가치의 불일치'는 가치 간의 우선순위나 정당화에 대한 견해 차이가 존재할 때 발생한다. 예를 들어, COVID-19 방역 정책을 둘러싼 논쟁에서 개인의 자유를 우선시하는 입장은 강제적인 방역 조치가 기본권의 침해라고 보는 반면, 공공의 안전을 중시하는 입장에서는 개인의 자유가 다소 제한되더라도 감염 확산 방지가 더 중요하다고 주장한다.

이러한 맥락에서, 법리적 모형에 토대를 둔 가치 갈등 해결 수업 모형이 강조하는 사항은 다음과 같다. 첫째, 사용하는 용어나 개념의 의미를 명확히 하고 합의를 도출하는 과정을 중시한다. 둘째, 사실적 증거를 바탕으로 서로 대립하는 관점과 주장들의 타당성을 검토한다. 셋째, 각각의 입장을 지지하는 도덕 원리나 도덕적 가치를 탐색하고, 어떤 입장이 보다 근본적인 도덕 원리로부터 정당성을 확보할 수 있는지, 또는 도덕적 가치들 간의 조화를 모색할 필요가 있는지 논의하는 과정을 포함한다(교육부, 2025: 53). 따라서 가치 갈등 해결 수업 모형은 논쟁적인 문제를 분석하고, 관점들을 조정하며, 합리적으로 해결하는 역량을 함양하는 데 도움을 줄 수 있다. 특히, 다양한 가치관이 공존하는 현대 사회에서는 자신의 입장만을 고수하기보다, 타인의 관점을 이해하고 공동의 해결책을 모색하는 능력이 중요하다. 이러한 점에서 가치 갈등 해결 수업 모형은 학생들이 다양한 의견을 조율하고 타협하는 과정을 경험함으로써, 대화와 협력의 중요성을 체득하도록 돕는 효과적인 도덕 수업 방법이라 할 수 있을 것이다(노희정, 2012: 128).

2) 교수·학습 모형의 단계

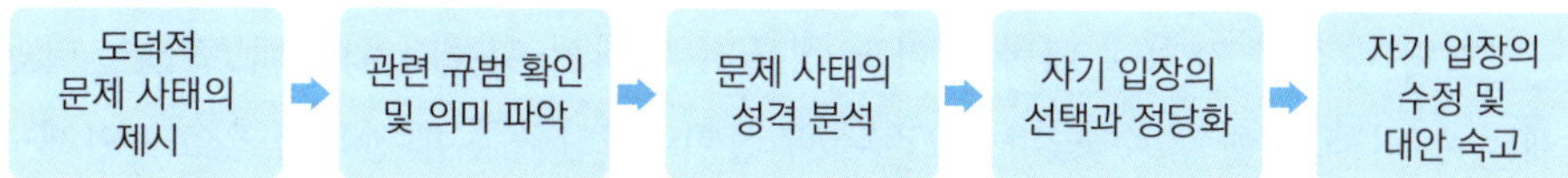

그림 4-3 가치 갈등 해결 수업 모형의 단계(교육부, 2025: 53)

① 도덕적 문제 사태의 제시

첫 번째 단계는 도덕적 문제 사태를 제시하는 단계이다. 이 단계에서 제시하는 문제 사태는 단순한 고민거리가 아니라, 두 가지 이상의 도덕적 가치가 갈등하는 상황이어야 한다. 또한, 학생들이 문제를 쉽게 이해하고 적극적으로 탐구할 수 있도록, 그들의 관심과 흥미를 끌면서도 생활 경험과 밀접한 사례를 활용하는 것이 효과적이다(교육부, 2025: 53). 예컨대, 교사는 친한 친구가 '그림 그리기 대회'에 출품한 작품이 스스로 그린 작품이 아니라 누나의 도움을 받은 작품이라는 사실을 선생님에게 말해야 할지 말아야 할지 심각하게 고민하는 상황을 제시할 수 있다.

② 관련 규범 확인 및 의미 파악

문제를 해결하려면 먼저 문제의 원인을 명확하게 파악해야 한다. 즉, 무엇이 문제를 일으키고 있는지를 명확하게 알아야 한다는 것이다. 예컨대, 위에서 제시한 도덕적 문제 사태에서 주인공은 친구가 누나의 도움을 받았다는 사실을 선생님께 말해야 할지 말아야 할지 고민하고 있다. 왜냐하면 말할 경우, 친구와 사이가 나빠질 수 있고, 말하지 않을 경우, 부당하게 피해를 당하는 사람이 생길 수 있기 때문이다. 결국 이 상황에서 충돌하고 있는 가치는 '우정'과 '공정'이라는 가치이다.

교사는 학생들과 함께 논의하는 과정에서, 학생이 이 상황에서 '우정'과 '공정'이라는 두 가치가 충돌하면서 갈등을 겪고 있다는 점을 스스로 깨달을 수 있도록 도와야 한다. 여기까지 논의가 진척되었다면, 교사는 학생들로 하여금 각각이 의미하는 바가 무엇인지를 명확히 밝히도록 요구해야 한다. 이때 학생들은 공정이란 '모든 사람이 똑같은 기회를 갖고, 노력한 만큼 대가를 받는 것', 그리고 우정이란

'친구 사이에 친하게 지내고, 친구가 올바르게 행동할 수 있도록 도와주는 것'이라고 말할 수 있다.

이처럼 각각의 가치에 대하여 어느 정도의 합리적 이해가 확보되었다면, 다음 단계의 논의를 진행할 수 있다. 그러나 우정이란 '친구를 배신하지 않고, 언제나 친구가 하자는 대로 따라하는 것'이라는 잘못된 이해를 가지고 있을 경우, 개념에 대한 올바른 이해를 위해 '개념 분석'을 먼저 시도해야 한다. 왜냐하면 개념에 대한 올바르지 못한 이해는 결국 올바르지 못한 판단을 이끌 수 있기 때문이다. 뿐만 아니라 사람들 사이의 갈등은 그들이 사용하는 용어가 특정 상황에서 다른 의미로 사용되고 있을 경우 발생할 수 있기 때문이다.

요컨대 도덕적 문제를 분석할 때는 어떤 가치와 규범이 얽혀 있는지를 먼저 확인해야 하며, 나아가 각각의 가치가 의미하는 바를 명확히 이해하는 과정이 필요하다(교육부, 2025: 53). 이는 단순히 도덕적 규범 및 가치를 나열하는 것이 아니라, '우정'이나 '공정'과 같은 가치가 실제 상황에서 어떻게 적용되고 해석될 수 있는지를 깊이 탐구하는 것을 의미한다.

③ 문제 사태의 성격 분석

이 단계에서는 갈등 상황과 관련된 여러 가지 사실관계와 상황적 특성을 구체적으로 밝히며, 자신의 결정을 정당화할 수 있는 사실적 근거를 탐색한다. 문제 사태를 분석하는 것은 특히 사실의 문제를 해결하는 것과 중요한 관련이 있다. 사실적 근거를 마련하는 일은 자신의 결정을 뒷받침하는 증거이자 문제 해결을 위한 필요조건이기 때문이다(교육부, 2025: 53). 이를 위해 교사는 "주인공은 그 친구와 얼마나 친한 사이인가?", "최근 주인공은 그 친구에게 도움을 받은 적이 있는가?", "친구는 대회에 입상하기를 간절하게 바라고 있는가?", "이 대회에 참여한 사람들은 모두 상을 받기를 원하는가?", "이 대회에 참여하기 위해 사람들이 지켜야 하는 규정은 무엇인가?" 등과 같은 질문을 던지면서, 자신의 입장에 대한 사실적 근거를 마련하도록 유도할 수 있다.

④ 자기 입장의 선택과 정당화

이 단계에서 학생들은 갈등하는 두 입장 중, 자신의 입장을 결정하고 나름의 이유를 제시하게 된다. 이 단계에서 중요한 점은 단순히 자기 입장을 결정하는 것에서 그치는 것이 아니라, 자신이 나름 타당하다고 보는 사실적 근거에 의해, 그리고 자신이 옳다고 생각하는 가치에 따라 그 결정을 정당화하도록 해야 한다는 것이다(교육부, 2025: 53). 자신의 입장을 정당화하는 방식은 크게 두 가지이다(유병열, 2011: 463). 하나는 연역적 방식으로, 이는 자신의 입장을 상위의 도덕 원리로부터 논리적으로 추론하여 도덕적 정당성을 입증하는 방식이다. 또 다른 하나는 귀납적 방식으로, 이는 실제 사례나 경험을 통해 자신의 주장을 정당화하거나, 선택이 가져올 영향을 분석하여 그 선택이 합리적임을 설명하는 방식이다. 이 단계는 개별적으로 이루어질 수도 있고, 소집단(모둠)별로 이루어질 수도 있다.

⑤ 자기 입장의 수정 및 대안 숙고

마지막 단계는 자기 입장 수정 및 대안 숙고 단계이다. 이 단계에서 학생들은 도덕적 가치의 의미와 사실적 근거들, 도덕적 가치의 우위에 근거하여 자신의 최초 판단이 타당한지 검토하고, 입장을 바꾸거나, 대안을 탐색하는 활동을 하게 된다(교육부, 2025: 53). 이러한 과정에서 교사는 학생들이 자신의 입장을 재검토하고 새로운 대안을 탐색할 수 있도록 돕는 조력자로서의 역할을 충실히 수행해야 한다.

예컨대 최초에 친구와의 우정을 지키기 위해 선생님께 말하지 않을 것이라는 입장을 선택한 학생은 '친구가 올바르게 행동할 수 있도록 도와주는 것'이라는 우정의 의미에 비추어 볼 때 '친구의 잘못을 눈감아 주는 것은 진정한 우정이 아니다'(정의의 문제), '그리기 대회에 참여한 모든 학생들 역시, 그 친구 못지 않게 상을 받고 싶어 한다(사실의 문제)', '스포츠 경기에서 나와 친한 친구라고 봐주면, 공정한 경쟁이 이루어질 수 없다'(가치의 문제)라는 반성적 사고의 과정을 통해 자신의 입장을 바꿀 수 있다. 더 나아가 이 학생은 '선생님께 말씀드리기 전에 먼저 친구에게 자신의 실수를 솔직하게 말하라고 충고해 줄 필요가 있다'라는 대안을 제시할 수도 있다.

3) 교수·학습 모형을 활용한 도덕 수업의 실제

<table>
<tr><td>학년군</td><td>3~4학년군</td><td>성취기준</td><td colspan="2">[4도03-01] 불공정의 사례를 탐구하고, 일상생활에서 공정의 가치를 추구하는 활동을 통해 실천 의지를 함양한다.</td></tr>
<tr><td>학습 목표</td><td colspan="4">공정과 관련된 문제 상황에서 어떻게 행동해야 하는지 바르게 판단할 수 있다.</td></tr>
<tr><td>단계</td><td colspan="3">교수 · 학습 과정 및 활동</td><td>유의점</td></tr>
<tr><td>도입</td><td colspan="3">■ 전시 학습 상기하기
T: 지난 시간에 우리는 무엇에 대해 배웠나요?
S1: 공정의 의미에 대해 배웠습니다.
S2: 공정한 삶이 왜 중요한지에 대해 살펴보았습니다.

■ 학습 동기 유발하기
T: (금지된 약물을 복용하여 금메달을 박탈당한 선수의 영상을 보여 주며) 이 영상에는 누가 등장하나요?
S1: 금메달을 박탈당한 선수가 나옵니다.
T: 올림픽 경기에서 승리한 이 선수는 왜 금메달을 박탈당했나요?
S2: 금지된 약물을 복용했기 때문입니다.
S3: 공정하게 경기에 임하지 않았기 때문입니다.
T: 잘 말해 주었습니다. 이번 시간에는 공정과 관련된 고민스러운 상황에서 우리가 어떤 결정을 내려야 할지 생각해 보는 시간을 갖도록 하겠습니다.

■ 학습 문제 확인하기
공정과 관련된 문제 상황에서 어떻게 행동해야 하는지 바르게 판단할 수 있다.</td><td>영상을 보고 자유롭게 이야기를 나눌 수 있는 허용적인 분위기를 형성한다.</td></tr>
<tr><td>전개</td><td colspan="3">■ 도덕적 문제 사태 제시하기
과학의 날을 맞아 과학 상상화 그리기 대회가 열렸습니다. 친구들은 모두 집에서 열심히 상상화를 그려 왔습니다. 얼마 전 나에게 큰 도움을 준, 나의 가장 친한 친구인 강온이도 출품할 그림을 그려 왔습니다. 그런데 강</td><td></td></tr>
</table>

	온이의 그림은 평소와 다르게 매우 수준이 높았습니다. 강온이는 나에게 "나 이번에 꼭 상을 받고 싶어! 그래서 이 그림 우리 오빠의 도움을 받았어"라고 말했습니다. 하지만 과학 상상화 그리기 대회에 출품할 작품은 누구의 도움도 받지 않고 스스로 그려야 합니다. '강온이가 오빠의 도움을 받았다는 사실을 선생님께 말해야 하나?' 나는 고민이 되기 시작하였습니다. T: 이야기 속 '나'는 무엇을 고민하고 있나요? S1: 강온이가 오빠의 도움을 받았다는 사실을 선생님께 말해야 하는지 고민입니다. T: 이야기 속 '나'는 왜 고민하고 있나요? S2: 선생님께 말씀드릴 경우, 강온이와 사이가 나빠질 수 있고, 말씀드리지 않을 경우, 부당하게 피해를 받는 사람이 생길 수 있습니다.	
	■ 관련 규범 확인 및 의미 파악하기 T: 이야기 속 '나'는 이 상황에서 어떤 가치들의 부딪힘 때문에 갈등하고 있나요? S1: '우정'이라는 가치와 '공정'이라는 가치가 갈등하기 때문입니다. T: 각각이 의미하는 바는 무엇인가요? S2: '공정'이란 모든 사람이 똑같이 기회를 갖고, 노력한 만큼 대가를 받는 것입니다. S3: '우정'이란 친구 사이에 친하게 지내고, 친구가 올바르게 행동할 수 있도록 도와주는 것입니다.	다양한 규범과 연계하여 생각할 수 있도록 독려한다.
	■ 문제 사태의 성격 분석하기 T: 이 상황에서 우리는 어떤 선택을 해야 할까요? 더 좋은 선택을 하기 위해 생각해 봐야 할 것들을 떠올려 봅시다. ① 이야기 속 '나'는 강온이와 친한 친구인가요? ② 이야기 속 '나'는 최근 강온이에게 도움을 받은 적이 있나요? ③ 강온이는 대회에 입상하기를 간절히 바라나요?	친구들의 다양한 의견에 경청하는 태도를 강조한다.

	④ 이 대회에 참여한 사람들은 모두 상을 받기를 원하나요? ⑤ 이 대회에 참여하는 사람들이 지켜야 하는 규칙은 무엇인가요? ⑥ 만약 대회에 참여한 모든 사람이 규칙을 지킨다면, 어떤 일이 벌어질까요?	
	■ **입장의 선택과 정당화하기** T: 여러분은 이 상황에서 어떤 선택을 할 건가요? 왜 그런 선택을 했지요? S1: 강온이는 나와 우정을 나누는 절친한 친구 사이입니다. 친구를 슬프게 하는 일은 우정이 아닙니다. 강온이는 그 누구보다 상을 받기를 간절히 원합니다. 내가 선생님께 말씀드린다면 강온이는 상을 받지 못할 것이고, 그러면 강온이는 매우 슬플 것입니다. 따라서 나는 강온이와의 우정을 지키기 위해 선생님께 말하지 않을 것입니다. S2: 저는 선생님께 말해야 한다고 생각합니다. 강온이가 공정하지 않은 방식으로 상을 받도록 눈감아 주는 것은 진정한 친구의 자세가 아니기 때문입니다. S3: 저도 마찬가지입니다. 부모님이나 형, 누나가 도와주는 것은 공정한 경쟁이 아닙니다. 등	자신의 주장을 뒷받침할 수 있는 근거를 명료하게 말할 수 있도록 지도한다.
	■ **자신의 입장 수정 및 대안 숙고하기** T: 친구들의 이야기를 잘 들어 보았나요? 처음 선택했던 입장이 바뀐 사람이 있나요? 아니면 자신의 선택을 유지하면서도, 더 나은 해결 방법을 찾은 사람이 있나요? S1: 저는 '공정'의 가치를 따르기로 입장을 바꾸었습니다. '친구가 올바르게 행동할 수 있도록 도와주는 것'이라는 의미에 비추어 볼 때, 친구의 잘못을 눈감아 주는 것은 진정한 우정이 아닙니다. 또 그리기 대회에 참여한 모든 학생들 역시, 강온이 못지않게 상을 받고 싶어 합니다. 끝으로 스포츠 경기에서 나와 친한 친구라고 봐주면, 공정한 경쟁	자신의 입장을 비판적으로 되돌아보고, 대안을 생각해 볼 수 있도록 지도한다.

	이 이루어질 수 없습니다. 즉 그리기 대회의 경우, 공정의 가치가 더 중요합니다. 하지만 선생님께 말씀드리기 전, '우정'을 지키기 위해 먼저 강온이에게 자신의 실수를 솔직하게 말하라고 진심으로 충고해 줄 필요는 있습니다.	
정리	■ **배운 내용 정리하기** T: 오늘 활동을 통해 새롭게 알게 된 것이 있나요? S1: '우정'과 '공정' 모두 소중하고 또 중요한 가치이지만, 둘이 갈등을 일으킬 때도 있다는 것을 알았습니다. S2: 해결하기 어려운 상황에서, 어떤 것이 더 중요한지 곰곰이 따져 봐야 한다는 것을 깨달았습니다. S3: 그림 그리기 대회나 운동 경기의 경우, '우정'보다는 '공정'이 더 중요하다는 점을 알게 되었습니다. T: 잘 말해 주었습니다. 오늘 배운 내용을 일상생활에서 잘 실천하도록 노력합시다. ■ **차시 학습 예고**	학습한 내용을 일상생활에서 잘 실천할 수 있도록 독려한다.

4) 활용 상의 유의점

앞서 살펴본 바와 같이, 가치 갈등 해결 수업 모형은 올리버와 셰이버의 법리적 모형에 이론적 토대를 두고 있다. 따라서 이 모형을 도덕 수업에서 보다 효과적으로 활용하기 위해서는 법리적 모형의 운영 방식을 검토하고, 이를 초등학생의 인지 발달 수준에 맞게 조정하는 과정이 필수적이다. 이러한 맥락에서, 가치 갈등 해결 수업 모형을 도덕 수업에 적용할 때 유의해야 할 점을 살펴보면 다음과 같다.

첫째, 논쟁적인 쟁점에 대해 학생들이 자신의 의견을 자유롭게 말할 수 있도록 허용적인 수업 분위기를 조성해야 한다. 올리버와 셰이버는 개방적인 분위기 속에서 자유롭게 토론할 때, 논쟁적인 쟁점들에 대한 합리적인 합의가 이루어질 수 있다고 보았다(노희정, 2012: 119). 토론의 목적은 갈등하는 개인과 집단이 각자의 입장에 대해 이해하고, 행위의 공동 과정에 동의하도록 격려하는 것에 있기 때문이다(Oliver & Shaver, 1966: 61). 따라서 교사는 학생들에게 특정 규범을 강요하거나 주입하는 실수를 범하지 않도록 주의해야 한다. 물론, 교사는 학생들의 판단이 분명하게 잘못된 방향으로 나아갈 때, 가치 갈등 해결 수업의 취지와 본질에 위배되지 않는 범위에서 자신의 입장을 표명할 수 있다. 그러나 이러한 과정에서 교사는 특정 가치나 규범의 대변자가 아니라, 학생들이 가치 판단에 이르는 과정을 돕는 안내자이자, 방법상의 권위자이며, 사고와 판단의 조력자임을 명확히 인식해야 한다(유병열, 2011: 464).

둘째, 학생들의 인지 발달 수준을 고려하여 가치 갈등을 다루는 수업 방식을 조정할 필요가 있다. 저학년의 경우, 복잡한 가치 갈등을 이해하는 것이 인지적으로 어려울 뿐만 아니라, 이를 다루더라도 규범을 단순한 행위 진술 형태로 받아들이는 경향이 있다(유병열, 2011: 462). 즉, '정직'이라는 개념을 학습할 때, 저학년 학생들은 "거짓말을 하면 안 돼"와 같은 규범적 진술을 단순히 외우는 방식으로 이해하는 경우가 많다. 반면, 고학년이 될수록 인지적 능력이 발달하면서 규범을 보다 정교한 도덕적 개념(규범적 용어)으로 표현하고 논리적으로 사고할 수 있게 된다(유병열, 2011: 462). 예컨대, 고학년 학생들은 "정직은 신뢰를 형성하는 데 중요한 가치이지만, 특정한 상황에서는 예외가 있을 수 있다"와 같이 규범을 개념적으로 분석하고, 상황적 맥락 속에서 가치 간의 충돌을 고려할 수 있다. 따라서 교사는 이러한 차이를 고려하여, 저학년의 경우 규범적 진술을 직관적으로 이해할 수 있도록 구체적인 사례와 이야기 중심의 활동을 활용하고, 고학년의 경우 논리적 사고와 가치 분석을 촉진하는 토론과 탐구 활동을 강화해야 할 것이다.

4 도덕적 토론 수업 모형

1) 이론적 배경 및 기대 효과

콜버그Kohlberg의 도덕 발달 이론은 현대 도덕교육의 중요한 이론적 토대를 제공한다. 그는 도덕교육의 관점에서 아동의 발달이 교육의 궁극적인 목표이자 필연적인 과제라고 보았으며, 특히 딜레마 토론이 아동의 도덕 추론 발달을 촉진한다고 주장하였다(정창우 외, 2020: 73). '도덕적 토론 수업 모형'은 콜버그의 도덕 발달 이론에 근거하여 개발된 것이다. 따라서 이 교수·학습 모형을 정확히 이해하기 위해서는 먼저 콜버그의 도덕 발달 이론을 이해해야 한다.

콜버그에게 도덕성이란 도덕 판단 및 추론과 같은 것으로 간주된다. 콜버그는 인간의 도덕성을 3개의 수준level과 6개의 단계stage로 구분하여 설명한다. 그리고 각각의 수준과 단계는 사람들이 도덕적으로 옳고 그름을 판단할 때 활용하는 '도덕 원리'가 무엇인지에 따라 질적으로 구분될 수 있다고 본다. 더 나아가 그는 3수준 6단계의 도덕적 성숙이 불변의 계열성을 갖는다고 생각한다. 즉 후속 단계는 선행 단계에서 나오고 그것을 대체하기 때문에 결코 그 이전 단계로 퇴행하지 않는다는 것이다. 물론, 도덕적으로 잘 판단하고 그에 대한 정당화 근거를 정교하게 제시한다고 해서, 그 사람이 반드시 도덕적으로 행동한다고 볼 수는 없을 것이다. 그러나 콜버그는 도덕 판단 및 추론이 도덕적인 인간이 갖추어야 할 핵심적인 능력과 성향을 구성하며, 이는 단순히 도덕적 사고에만 그치지 않고 '정의감'과 같은 도덕적 정서와 '책임 판단'에 따른 도덕적 행동에까지 영향을 미칠 수 있다고 주장하였다. 이러한 맥락에서 우리는 콜버그의 이론을 도덕성 발달에 관한 이론이라고 부르고 있지만, 보다 정확하게는 '정의'라는 원리를 활용하는 개인의 도덕 추론이 발달해 가는 수준 및 단계에 대한 이론, 즉 '정의추론 발생의 합리적인 재구성 이론'이라고 말할 수 있다(이범웅 외, 2025: 181-189).

도덕교육에 대한 콜버그의 관심은 그의 대학원생 제자인 블래트Blatt에 의해 촉발되었다. 블래트는 서로 다른 도덕 추론 단계에 있는 사람들과 토론함으로써 경험하게 되는 인지적 비평형disequilibration을 통해, 아동이 자신이 속한 단계에서 한 단계 더 높은 단계로 나아갈 수 있다고 믿었다. 이러한 가정을 확인하기 위해 블래트는 12세부터 14세의 어린이를 대상으로 연구를 수행하였는데, 도덕적 딜레마 토론을 12주간 실시한 결과 수업에 참여한 어린이의 1/3이 한 단계 이상의 더 높은 추론을 보였다(문용린 역, 2004: 98). 이를 블래트[Blatt] 효과 혹은 +1 전략이라고 한다.

예컨대 2단계(도구적 목적과 교환의 단계)에 해당하는 학생이 칭찬 스티커를 받기 위해 복도에서 뛰지 않을 것이다"라고 말한다면, 교사는 이 학생에게 "복도에서 뛰면 선생님과 친구들이 널 어떻게 바라볼까?"와 같이 3단계(개인 간의 상응적 기대, 관계, 동조의 단계)에 해당하는 발문을 제시하면서 토론을 유도하는 것이다. 즉 아동의 발달 단계를 확인한 후, 현재의 단계에 비해 한 단계 높은 수준의 추론(+1)에 노출시켜 인지적 비평형을 발생시키고, 갈등하는 도덕적 견해들을 개방적인 분위기 속에서 논의하게 하여 그들의 인지구조를 상위의 단계에서 평형화[equilibration]함으로써 도덕성 발달이 가능하다는 것이 콜버그의 기본적인 생각이다. 또한 그는 이와 같은 과정에서 교사의 기본적인 역할은 학생들에게 딜레마를 제시하고, 추론을 촉진하며, 서로의 추론에 귀를 기울이도록 이끄는 소크라테스적 질문을 던지는 일이라고 주장한다. 즉 도덕 발달을 위한 도덕교육은 교화를 통한 수업이 아니며, 상대주의적 수업도 아니라는 것이다(이범웅 외, 2025: 193).

콜버그는 학생들이 도덕적 딜레마에 대해 내리는 판단 자체보다는, 그러한 판단의 토대가 되는 도덕적 근거에 주목하였다. 즉, '어떤 선택을 했는가'보다는 학생들이 그러한 판단을 내리게 된 도덕적인 이유, 즉 '왜 그러한 선택을 했는가'에 초점을 두었다(정창우 외, 2020: 74). 따라서 교사는 도덕 수업에서 도덕적 토론 수업 모형을 활용할 때, 단순히 학생들의 판단을 평가하는 것이 아니라, 논거를 파악해야 한다. 예컨대, 한 학생이 "친구에게 연필을 빌려줘야 한다"라고 판단했다면, 교사는 단순히 판단의 내용에 주목하는 것이 아니라, 그 판단의 논거가 무엇인지 분석해야 한다. 만약 학생이 "연필을 빌려주지 않으면, 선생님에게 혼날 수도 있기 때문"이라고 응답한다면 이는 처벌 회피를 중시하는 1단계(벌과 복종의 단계)의 사고에 해당하며, "연필을 빌려주면 친구들이 나를 착한 아이로 생각할 것이기 때문"이라고 답한다면 이는 타인의 기대를 따르는 3단계의 사고에 해당한다.

이처럼 교사는 도덕적 토론 수업 모형을 활용할 때, 각 단계에 적합한 발문을 제시하여 학생들이 보다 높은 수준의 정당화 근거를 탐색하도록 유도해야 한다. 특히, 도덕적 토론 수업 모형을 효과적으로 운영함에 있어 교사의 역할은 매우 중요한데, 교사는 학생들의 도덕적 추론을 자극하고 심화시키기 위해 탐색, 교수, 제시, 강조, 안내 등의 다양한 교수 전략을 적절히 활용할 수 있어야 한다(敎育部, 2025: 57).

2) 교수·학습 모형의 단계

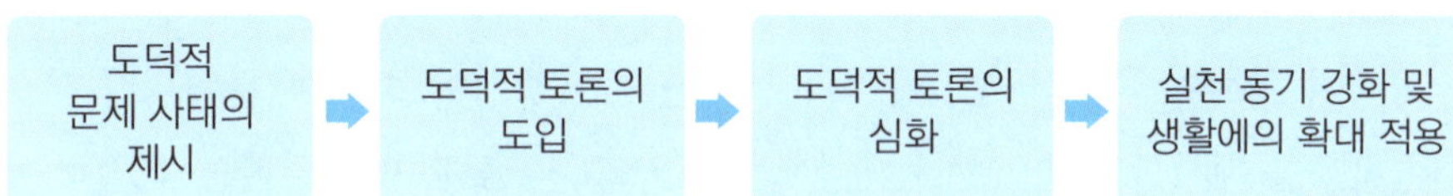

그림 4-4 도덕적 토론 수업 모형의 단계(교육부, 2025: 57)

① 도덕적 문제 사태의 제시

도덕적 문제 사태의 제시는 도덕적 토론(도덕적 딜레마 토론)의 출발점이다. 사실 모든 도덕적 문제 사태가 '딜레마'인 것은 아니다. 이 교수·학습 모형의 이름에서 볼 수 있는 것처럼, 이 단계에서 교사는 단순한 도덕적 문제가 아닌, 이러지도 저러지도 못하는 진퇴양난의 도덕 딜레마를 제시해야 한다. 이때 교사는 학생들의 연령과 발달 수준에 적합하면서, 정서적 충격을 주지 않는, 해결하기 쉽지 않은 딜레마를 신중하게 선택해야 한다.

② 도덕적 토론의 도입

두 번째 단계는 도덕적 논의에 학생들을 적극적으로 관여시키는 도덕적 토론의 도입 단계이다. 이 단계는 다시, ① '도덕적 문제 부각하기', ② '왜라는 질문하기', ③ '상황을 복잡하게 하기'로 구분된다(敎育部, 2025: 58-59, 정창우 외, 2020: 76-79).

먼저 ① '도덕적 문제 부각하기'는 학생들이 도덕 딜레마를 잘 이해하고 있는지 확인하고, 자신의 도덕적 입장을 분명하게 취하도록 이끄는 활동이다. 하인즈 딜레마의 예를 들자면, 이 활동을 이끌어 가기 위해 교사는 학생들에게 "남편은 무엇을 고민하고 있나요?", "여러분의 생각은 어떠한가요? 남편은 어떤 결정을 내려야 할까요? 어떤 선택이 최선의 선택일까요?" 등의 발문을 던질 수 있다.

도덕 딜레마를 잘 이해했고, 자신의 입장을 분명히 표명한 학생들은, 이제 자신의 도덕적 입장을 정당화하는 이유를 밝혀야 한다. 이를 위해 교사는 ② '왜라는 질문하기', 즉 학생들에게 "왜 그러한 결정을 해야 하지요? 그 이유는 무엇인가요?", "왜 그 선택이 최선이라고 생각하지요?"와 같은 질문을 할 수 있다.

끝으로 ③ '상황을 복잡하게 하기'는 처음의 딜레마 상황에 새로운 정보나 상황을 추가하여 학생들의 인지적 갈등을 더욱 심화시키는 활동을 말한다. 예컨대 만약 학생이 "좋은 남편이라면, 아내의 부탁을 들어주어야 하기 때문입니다"라고 자신의 이유를 제시했다면, 교사는 "아내가 만약 그 약을 훔치지 말라고 간절히 부탁한다면, 여러분의 결정은 달라지나요?"라고 새로운 정보를 추가하여 학생들이 그 딜레마에 대해 더욱 고민하도록 만들 수 있다. 그리고 만약 학생이 "약사에게 잘 이야기하면 약을 공짜로 얻을 수 있을 것입니다."라고 말하면서 도덕 딜레마로부터 판단을 회피하려고 시도한다면, "그럼에도 불구하고 약사는 약을 주지 않겠다고 단호하게 말하였습니다. 이제 여러분은 어떤 결정을 내릴 건가요?"라고 말하면서 도덕적 논의에 다시 집중하도록 유도할 수 있다.

③ 도덕적 토론의 심화

도덕적 토론의 도입 단계에서 학생들이 스스로 입장을 분명하게 정하고 그 정당화 근거를 밝혔다면, 이제 교사는 도덕적 토론의 심화 단계를 진행해야 한다. 도덕적 토론의 심화 단계는 ① '심층적 질문하기', ② '인접 단계의 논의 강조하기', ③ '명료화와 요약하기', ④ '역할 채택 강조하기' 활동으로 구성된다(교육부, 2025: 58-59, 정창우 외, 2020: 76-79).

먼저 ① '심층적 질문하기'는 동일한 문제를 다양한 측면에서 상세하고 심층적으로 탐색하도록 안내하는 활동을 말한다. 심층적 질문하기는 질문의 성격에 따라 '명료화를 위한 탐색', '특정 문제에 대한 탐색', '문제 간의 관계 탐색', '역할 교환 탐색', '보편적 결과 탐색'으로 구분된다.

우선 교사는 학생들이 사용하는 말의 의미가 애매모호하거나 자신의 입장 뒤에 숨겨진 이유를 분명하게 전달하지 못할 때, 이를 분명하게 말하도록 해야 한다. 예컨대 어떤 학생이 "만약 약을 훔친다면 심각한 문제가 발생할 수 있습니다"라고 말한다면, 교사는 "구체적으로 어떤 문제가 발생한다는 것입니까?"라고 물으면서 그 학생이 말하고자 하는 바를 명확히 하도록 요구할 수 있다. 이를 심층적 질문하기 활동 중 '명료화를 위한 탐색'이라고 한다.

만약 학생이 "약을 훔치면 안되지만, 그래도 가족을 먼저 돌보는 것이 더욱 중요합니다"라고 자신의 입장과 그 정당화 근거를 명료하게 정리하여 밝혔다면, 이제 교사는 그 입장과 이유를 다각도에서 분석해 보도록 유도해야 한다. 이를 위해 교사는 "여러분은 가족이 아닌 낯선 사람에 대해서도 그런 의무감을 느끼나요?"라고 물으면서, 의문스러운 특정 문제에 초점을 맞추어, 자신의 입장과 그 이유를 다시 한번 충분히 검토해 보도록 유도할 수 있다. 이를 '특정 문제에 대한 탐색'이라고 한다. 또한 교사는 "'약을 훔치면 안된다'라는 결정보다 '가족을 우선적으로 돌봐야 한다'라는 결정이 더 중요하다는 생각은 어떻게 정당화될 수 있나요?"라고 질문하면서, 자신의 입장 및 이유, 그리고 대안적인 입장 및 이유가 갈등할 때 어느 것이 더 중요한지 따져 보도록 할 수 있다. 이를 '문제 간의 관계 탐색'이라고 한다.

더 나아가 "만약 여러분이 약사라면, 여러분이 지금 가진 입장과 생각에 흔쾌히 동의할 수 있나요?"라고 발문하면서, 지금까지 자신이 취했던 관점에서 벗어나 딜레마 속 다른 입장에서 숙고해 보도록 할 수도 있다. 이를 '역할 교환 탐색'이라고 한다. 끝으로 "만약 모든 사람들이 여러분의 선택처럼 행동한다면, 어떤 일이 생기게 될까요?"라고 발문하면서, 자신의 선택을 적용했을 경우 발생할 수 있는 보편적 결과를 예상해 보도록 할 수 있다. 이를 '보편적 결과 탐색'이라고 한다.

학생이 자신의 입장과 논거를 다각도로 탐색해 보았다면, 이제 ② "인접 단계의 논의 강조하기" 활동으로 나아가야 한다. 이 활동이 바로 +1 전략, 즉 현재의 추론 단계보다 한 단계 더 높은 단계에서 논의하도록 함으로써 아동들의 추론 단계를 상위의 단계에서 평형화시키고자 하려는 시도이다. 만약 학생들이 콜버그 도덕성 발달 이론의 3단계에서 자신의 주장을 개진하고 있다면, 교사는 그 상위의 단계인 '사회체제 유지'의 단계에서 주인공의 선택을 검토해 보도록 유도한다. 이를 위해 교사는 "법은 남의 재산을 함부로 훔치는 것을 금하고 있는데, 왜 그런 법이 제정되었을까요? 법의 관점에서 남편의 결정에 대하여 생각해 볼까요?"와 같은 발문을 활용할 수 있다

③ "명료화와 요약하기"는 토론 중 혹은 토론의 마무리 단계에서 지금까지 논의된 내용을 종합하고 요약해 줌으로써, 논의하고자 하는 문제의 본질에서 벗어나지 않도록 유도하는 것을 의미한다. 끝으로 교사는 학생들이 '자기중심성'으로부터 벗어나 타인의 생각과 관점, 사고, 감정, 권리 등을 다양하게 고려해 보도록 유도하는 활동을 진행한다. 이를 ④ "역할 채택 강조하기"라고 한다. 역할 채택을 위해 교사는 "만약 이 딜레마에 등장한 인물이 자신과 여러분의 어머니라면 어떤 결정을 하시겠습니까? 선택이 달라질 수 있나요?"라는 발문을 활용할 수 있다.

④ 실천 동기 강화 및 생활에의 확대 적용

이러한 일련의 과정을 거친 후, 학습한 내용을 실제 생활에서 실천할 수 있도록 동기를 강화하고 실천을 장려하는 활동을 진행하게 된다. 실천 동기의 강화는 수업에서 다룬 내용과 관련된 모범 사례를 제시하여 학습자가 이를 깊이 성찰하도록 유도하는 등의 다양한 방식으로 이루어질 수 있다. 또한, 자신의 생활을 돌아보며 개선할 점을 모색하고, 앞으로 더욱 노력할 수 있도록 동기를 부여하는 과정도 포함된다. 더불어, 교사는 학생들이 학습한 가치와 규범을 실제 생활에서 구체적으로 적용할 수 있도록 실천 계획을 세우게 하며, 이를 지속적으로 실천할 수 있도록 관심을 가지고 지도할 수 있다(교육부, 2025: 58). 이러한 과정을 통해 학생들은 도덕 판단 및 추론을 넘어, 자신의 판단을 일상생활 속에서 자연스럽게 적용하는 경험을 할 수 있게 된다.

3) 교수·학습 모형을 활용한 도덕 수업의 실제

학년군	3~4학년군	성취기준	[4도02-02] 친구 사이의 배려에 대한 올바른 이해를 바탕으로 일상생활에서 배려에 기반한 도덕적 관계를 맺을 수 있는 방안을 탐색한다.

<table>
<tr><td>학습 목표</td><td colspan="2">친구와의 갈등 상황을 해결하기 위한 올바른 방법을 찾을 수 있다</td></tr>
<tr><td>단계</td><td>교수 · 학습 과정 및 활동</td><td>유의점</td></tr>
<tr><td>도입</td><td>■ 도덕적 문제 사태의 제시
T: 지금부터 한 가지의 이야기를 들려주도록 하겠습니다. 여러분이 민수라면 어떤 결론을 내릴 건가요?
(이야기) 민수는 최근 친한 친구 지훈이가 큰 어려움에 빠진 것을 알게 되었어요. 지훈이는 어머니가 갑자기 아프셔서 병원비가 많이 필요해졌어요. 그런데 민수는 우연히 문구점에서 작은 장난감을 주머니에 넣고 나오는 지훈이를 보게 되었어요. 지훈이는 죄책감을 크게 느끼면서도, 이 장난감을 팔아서 어머니를 도울 생각이라고 말했어요.
S1: 친구가 어려운 상황이니까 그냥 모른 척하는 게 좋을 것 같아요.
S2: 아니에요! 그래도 물건을 훔치는 건 나쁜 일이니까 멈추게 해야 해요.

■ 학습 문제 확인하기
친구와의 갈등 상황을 해결하기 위한 올바른 방법을 찾을 수 있다.</td><td>학생들의 발달 수준 및 이해도에 적합한 이야기를 제시하도록 한다.

문제 사태에는 해결하기 쉽지 않은 딜레마가 포함될 수 있도록 구성한다.</td></tr>
<tr><td>전개</td><td>■ 도덕적 토론의 도입
• 도덕적 문제 부각하기
T: 이 이야기에서 민수는 어떠한 고민을 하고 있나요?
S: 친구를 도와주고 싶은데, 훔친 행동을 모른 척해도 될지 고민하는 것 같아요.
T: 지훈이는 왜 장난감을 훔치게 되었나요?
S: 어머니가 많이 아프셔서 돈이 필요했기 때문이에요.
T: 지훈이는 어떤 결정을 해야 할까요? 어떤 선택이 최선의 선택일까요?</td><td>문제 사태에 등장하는 인물, 그들이 처한 입장, 핵심적인 사건 등을 확인할 수 있도록 질문한다.</td></tr>
</table>

전개	• **'왜'라는 질문하기** T: 그렇게 생각한 이유는 무엇인가요? S1: 저는 지훈이가 장난감을 돌려주고 사과해야 한다고 생각해요. 왜냐하면, 훔치는 것은 다른 사람에게 피해를 주는 행동이기 때문이에요. S2: 저는 지훈이가 민수에게 솔직하게 이야기하고, 함께 해결 방법을 찾으면 좋겠다고 생각해요. 왜냐하면 친구는 어려울 때 서로 도와주는 존재니까요. • **상황을 복잡하게 하기** T: 만약, 지훈이가 장난감을 훔친 것이 이번이 처음이 아니라면, 여러분의 판단은 변할까요? S1: 네, 변할 것 같아요. 한 번 실수하는 것은 이해할 수 있지만, 반복적으로 훔친다면 그냥 넘어가서는 안 될 것 같아요. S2: 지훈이가 계속 같은 행동을 하면, 친구들이나 어른들이 나서서 도와줄 방법을 찾아야 할 것 같아요. 그냥 두면 더 큰 문제가 될 수도 있어요. ■ **도덕적 토론의 심화** • **심층적 질문하기** T: 그렇다면 친구에 대한 우정을 지키는 것보다 정직한 행동을 하는 것이 더 중요하다고 생각하나요? S1: 우정도 중요하지만, 정직한 행동이 더 중요하다고 생각해요. 거짓말을 하면 결국 더 큰 문제가 생길 수도 있어요. S2: 하지만 친구를 배신하는 것처럼 느껴질 수도 있어서 고민이 돼요. 정직해야 하지만, 친구를 도울 수 있는 방법도 함께 찾아야 해요. • **인접 단계의 논의 강조하기** T: 지금까지는 착한 친구, 좋은 친구의 관점에서 생각해 보았다면, 이제는 법의 관점에서 생각해 볼까요? 법은 남의 재산을 함부로 훔치는 것을 금지하고 있는데, 왜 그러한 법이 만들어졌을까요?	학생들이 타당한 근거를 토대로 자신의 주장을 정당화할 수 있도록 독려한다. 토론의 과정에서 학생들의 현재의 추론 단계를 파악하고, 그 단계보다 한 단계 높은 발문을 적절히 제시(+1 전략)하도록 한다.

<table>
<tr><td>전개</td><td>S1: 만약 누구나 남의 물건을 훔쳐도 된다고 하면, 사회가 혼란스러워질 거예요.
S2: 맞아요. 법이 없으면 모두가 자기 마음대로 행동해서 더 많은 갈등이 생길 것 같아요. 공정하고 평화로운 사회를 만들기 위해 법이 필요한 거예요.

• 명료화와 요약하기
T: 지금까지 여러분은 좋은 친구의 입장과 법의 입장에서 이 문제를 생각해 보았어요. 정리해 보면, 친구를 도와주려는 마음과 정직함 사이에서 균형을 잡는 것이 중요하다는 것을 알게 되었어요. 또한, 법이 존재하는 이유는 모두가 공정하게 살아갈 수 있도록 하기 위함이라는 점도 생각해 보았어요.

• 역할 채택 강조하기
T: 만약 이 이야기에 등장하는 지훈이가 여러분의 가장 친한 친구라면 어떤 결정을 할 것 같나요? 선택이 달라질 수 있나요?
S1: 만약 지훈이가 저의 가장 친한 친구라면, 바로 선생님께 알리기보다는 먼저 친구와 진지하게 이야기할 것 같아요. 왜 그런 행동을 했는지 듣고, 함께 해결할 방법을 찾아보고 싶어요.
S2: 지훈이가 친한 친구여도 정직하게 행동하는 것이 맞다고 생각해요. 친구가 잘못된 길로 가는 것을 막아주는 것도 진정한 친구의 역할이니까요.</td><td></td></tr>
<tr><td>정리</td><td>■ 실천 동기 강화 및 생활에의 확대 적용
T: 오늘 활동을 통해 새롭게 알게 된 것이 있나요?
S1: 처음에는 한 가지 해결책만 떠올랐는데, 친구의 입장, 법의 관점 등을 생각해 보면서 더 깊이 고민해 볼 수 있었어요.
S2: 앞으로는 도덕적 문제를 만났을 때 성급하게 판단하지 않고, 여러 가능성을 생각해 보아야겠다고 다짐했어요.
T: 좋아요. 앞으로도 여러 관점을 고려하면서 최선의 선택을 할 수 있도록 노력해 보세요.

■ 차시 학습 예고</td><td>학생들이 도덕 판단을 실제 생활에서 실천할 수 있도록 동기를 부여하고, 구체적인 적용 방안을 스스로 탐색할 수 있도록 지도한다.</td></tr>
</table>

4) 활용상의 유의점

도덕적 토론 수업 모형은 콜버그의 도덕성 발달 이론에 기반한 딜레마 토론 방식의 교수·학습 모형으로, 학생들이 도덕 딜레마 상황에서 자신의 입장을 선택하고, 그에 대한 도덕적 정당화를 제시하는 것을 목표로 한다(김항인, 2017: 5). 이 교수·학습 모형을 효과적으로 적용하기 위해서는 교사의 역할이 특히 중요하다. 학생들이 깊이 있는 사고를 할 수 있도록 적절한 도덕 딜레마를 선정하고, 토론의 과정에서 도덕 판단 및 추론 능력을 향상시킬 수 있는 시의적절한 질문을 제시하는 것은 전적으로 교사의 역량에 달려 있기 때문이다. 도덕적 토론 수업 모형을 효과적으로 운영하기 위해 교사가 유의해야 할 사항은 크게 다음과 같다.

첫째, 교사는 학생들의 도덕성 발달 수준에 적합하면서도 흥미를 유발할 수 있는 도덕 딜레마를 제시해야 한다. 이때, 교사가 활용할 수 있는 도덕 딜레마의 유형은 크게 세 가지(가설적 딜레마, 특별한 내용에 근거한 딜레마, 현실적 혹은 실용적 딜레마)이다. '가설적 딜레마'는 실제 사실에 기반하지 않지만, 신뢰할 수 있는 논의를 가능하게 한다. 가설적인 쟁점을 활용하면 학생들이 개인적으로 난처한 상황에 처할 가능성이 적어, 보다 자유롭게 공개 토론에 참여하고 관련된 원칙을 일반화할 수 있다는 강점이 있다. '특정한 내용에 근거한 딜레마'는 특정 연구 분야에서 발견된 사실적 자료에 기반한다. 예를 들어, 미국사 연구에서 다루는 트루먼 대통령의 원자 폭탄 투하 결정과 같은 사례가 이에 해당한다. 이러한 딜레마는 학생들에게 '도덕적 쟁점은 시간과 공간을 초월하여 지속된다'는 메시지를 전달할 수 있다는 점에서 교육적으로 의미가 있다. 마지막으로, '현실적 혹은 실용적 딜레마'는 실제 생활에서 마주할 수 있는 도덕적 갈등을 다룬다. 예를 들어, "내 친구가 시험 중 부정행위를 하고 있는데, 이를 선생님께 알려야 할까?"와 같은 상황이 이에 해당한다. 이러한 딜레마는 감정적인 개입을 유도하여 학생들의 관심을 높이고, 보다 효과적인 토론을 이끌어 낼 수 있다는 장점이 있다(강두호 역, 2013: 200-201). 더 나아가 교사는 학년이 올라갈수록 해결하기 쉽지 않고 다양한 견해들이 복잡하게 얽혀 있는 딜레마를 활용하는 것이 바람직하다. 이때, 제시하는 딜레마가 학생들의 개인적 경험과 과도하게 연결되지는 않는지, 연령에 적합한지, 지나친 정서적 부담을 초래할 가능성은 없는지 등을 신중하게 검토해야 한다(정창우 외, 2020: 79).

둘째, 교사는 학생의 도덕 판단 및 추론 능력을 한 단계 발전시키는 데 효과적인 '적절한' 질문을 던질 수 있어야 한다. 도덕적 토론 수업 모형의 핵심은 학생들이 자신이 현재 위치한 단계보다 더 높은 단계의 인지적 복잡성을 추구하도록 동기를 부여하는 데 있다(강두호 역, 2013: 199). 이를 위해 교사는 학생들이 자신의 단계보다 한 단계 높은 도덕적 사고방식을 접할 수 있는 기회를 제공해야 한다. 인지적 불균형은 기존의 사고방식만으로는 도덕적 딜레마를 해결하기에 충분하지 않다는 것을 학생들이 깨닫게 될 때, 자연스럽게 발생하는 것이기 때문이다.

한편, 도덕 판단 및 추론 능력의 발달은 단순히 시간이 지나면서 자연스럽게 이루어지는 것이 아니다. 개인의 내적 요인과 환경과의 상호작용에 따라 그 발달 속도와 정도는 달라질 수 있으며, 경우에 따라서는 특정 단계에서 정체되거나 더 이상 발전하지 않을 수도 있다. 따라서 교사는 도덕 수업을 통해 학생들의 도덕 판단 및 추론 능력이 지속적으로 발달할 수 있도록 자극을 제공하고, 양질의 '도덕적 분위기'를 조성하기 위해 의도적이고 체계적인 노력을 기울여야 한다(유병열, 2011: 479-480).

5 합리적 의사결정 수업 모형

1) 이론적 배경 및 기대 효과

민주 사회에서는 다양한 가치와 선호가 혼재되어, 필연적으로 갈등이 발생한다. 갈등은 때론 사회를 발전시키는 동력으로 작용하지만 적절히 해결되지 않으면 그 자체로 사회의 결속을 해치는 요인으로 작용할 수 있다. 이러한 문제를 예방하기 위해서는 적정 수준에서 갈등을 합리적으로 해결해야 하는데, 그 한 가지 방법으로 제시할 수 있는 것이 바로 '합리적 의사결정 수업 모형'이다(교육부, 2025: 55).

합리적 의사결정 수업 모형은 엥글[Engle]과 프랭켈[Fraenkel] 등의 연구에 기초하여 제안된 교수·학습 모형이다. 합리적 의사결정 수업 모형은 민주 사회 시민의 자질을 기르는 것이 기존의 교육에서 답습해 온 전통적 가치의 주입이나, 사회 과학의 구조 및 연구 방법을 가르치는 것만으로는 한계가 있다는 인식에서 출발한다(박상준, 2002: 90). 엥글은 민주 시민의 자질로 '의사결정'을 강조하면서, 의사결정 학습을 단순한 사실 지식의 암기, 반복적 학습과 대조하며 '반성적이고, 사색적이며 사고를 자극하고 결론을 도출하는 과정에 초점을 맞추는 활동'으로 설명한다(Engle, 2003: 9). 여기서 의사결정은 두 가지 수준으로 구분된다. 하나는 기술된 데이터가 갖는 의미를 규정할 집단을 결정하고, 데이터를 요약 및 일반화하며, 데이터가 시사하는 원리를 찾아내는 것과 관련된 사실적 수준이다. 다른 하나는 사실과 원리, 가치를 종합하여 정책을 결정하는 수준이다(Engle, 2003: 7). 즉 의사결정은 단일한 측면으로 구성된 것이 아니기 때문에, 타당한 의사결정을 위해서는 사실과 가치를 모두 적정한 수준에서 다룰 수 있어야 한다(교육부, 2025: 55).

한편, 프랭켈은 교육자가 추구해야 할 가장 올바른 목표가 학생들이 학교에서 가치를 탐색하고 발달시킬 수 있도록 도움을 주는 것이라고 주장한다. 그는 가치를 '삶에 있어 어떤 사람이 중요하다고 생각하는 개념'으로 정의한다. 가치는 우리의 삶의 기준이 되며, 특히 도덕적 가치는 우리 삶에서 옳음과 공정의 지침을 제공한다(송용의 역, 1985: 18-19). 그러나 문제는 사람마다 중요하다고 생각하는 것이 서로 다르기 때문에 개인 간의 갈등이 발생하며, 더 나아가 한 개인 내부에서도 그가 견지한 가치들이 서로 갈등을 일으키곤 한다는 점이다(송용의 역, 1985: 22).

프랭켈은 가치 갈등을 해결하기 위해 제안된 기존의 방법들, 즉 가치 명료화 접근법이나 딜레마 토론 접근법이 다음과 같은 한계를 지니고 있다고 비판한다(유병열, 2011: 470). 첫째, 래스를 비롯한 가치 명료화 접근의 주창자들은 '가치화 과정'의 중요성을 배타적으로 강조한 나머지, 사실적 지식의 중요성을 충분히 고려하지 않았다(송용의 역, 1985: 72). 학생들이 가치 판단을 내릴 때에는 관련된 사실을 이해할 수 있도록 구체적인 정보와 내용이 함께 제공되어야 한다. 하지만 가치화 과정은 의사결정의 중요한 측면인 '사실적 측면'을 간과했다는 점에서 불충분하다. 둘째, 콜버그 계열의 접근은 '도덕 딜레마'에 대한 토론을 통해 갈등을 해결하고자 한다. 하지만 이때 사용되는 딜레마는 실제 생활보다 지나치게 단순하며, 딜레마의 수준이 학생의 발달 단계에 적절하게 조정되지 않는다는 점에서 문제가 있다. 자신이 속한 사회를 바로 이해하기 위해서는 단순한 논의만으로는 부족하며, 구체적인 사실과 맥락을 명확히 파악하는 과정이 필요하다(송용의 역, 1985: 118-120). 프랭켈은 이러한 문제의식을 바탕으로 사실과 지식의 중요성, 활용 대안의 고려와 결과 탐색, 가치 갈등 분석의 절차와 활동, 감정과 느낌의 중요성을 적시한 일련의 교수·학습 방법을 제안하였다(유병열, 2011: 470).

요컨대 엥글, 프랭켈 등이 학생들의 의사결정 능력을 길러 주기 위해 제안한 교수·학습 모형은 어떤 선택을 해야 하는 갈등 상황에서 지식과 가치를 바탕으로 심사숙고를 통하여 최선의 해결 방안을 도출해 내는 능력과 품성을 기르는 데 주안점을 둔다. 이러한 점을 고려하여 도덕 교과의 합리적 의사결정 수업 모형 역시, 사실적 정보와 지식을 토대로 다양한 대안을 탐색하고 각각의 결과를 예상하는 동시에, 선택하고자 하는 대안이 도덕적 정당성을 확보할 수 있는지 검토하는 과정을 담고 있다(교육부, 2025: 55).

2) 교수·학습 모형의 단계

도덕적 문제 사태의 제시와 분석 → 관련 규범의 확인 및 그 의미와 타당성 파악 → 여러 대안의 설정과 각 대안의 결과 검토 → 대안의 선택 및 정당화 → 대안 선택의 수정 및 잠정적 의사결정

그림 4-5 합리적 의사결정 수업 모형의 단계(교육부, 2025: 55)

① 도덕적 문제 사태의 제시와 분석

합리적 의사결정 수업 모형은 가장 중요한 활동인 '의사결정'에 앞서, 의사결정이 필요한 도덕적 문제 사태를 구체적으로 분석하는 작업으로 시작한다. 물론 도덕적 문제 사태는 학생의 발달 수준과 경험의 범위를 고려하여 적절히 선택되어야 한다. 그리고 직관적으로 대안이 나올 수 있는 문제보다는, 여러 관점이나 견해가 부딪치고 다양한 해결 방안이 나올 수 있는 가능성이 높은 문제가 보다 바람직하다(교육부, 2025: 55). 예컨대 한정된 자원의 공정한 분배와 관련된 문제 사태를 제시하되, '놀이터에서 그네를 먼저 타고 싶어 친구들이 다투는 경우'나 '술래를 공정하게 정하는 규칙'(교육부, 2025: 266-267)과 같이 학생의 생활 수준에 적절한 문제를 제시해야 한다. 이 단계에서 교사는 학생들에게 '사람들 간의 다툼을 가져온 문제는 무엇인가?', '이 문제에 영향을 받는 사람은 누구이며, 어떤 영향을 받는가?' 등을 질문함으로써 도덕적 문제 사태를 분석하도록 안내할 수 있다(교육부, 2025: 73).

② 관련 규범의 확인 및 그 의미와 타당성 파악

다음 단계에서는 문제 사태에서 중요하게 부각되고 있는 가치 규범(도덕적 가치나 원리)을 찾고, 그 가치 규범의 의미와 타당성을 파악하는 활동을 진행한다. 도덕적 가치의 의미를 파악하는 활동은 개념 분석 수업 모형의 여러 방법들을 활용할 수 있고, 도덕적 타당성을 파악하는 활동은 가치 분석 수업 모형에서 제안하는 '가치 원리 검사'를 활용할 수 있다. 예컨대 한정된 자원을 공정하게 분배해야 하는 도덕적 문제 사태에서 학생은 롤즈Rawls가 말한 정의의 두 원칙, 즉 '모두에게 평등하게 자유가 주어졌는가?', '가장 수혜를 덜 받은 사람에게도 이득이 돌아가도록

적당한 차등의 기준을 마련하고 있는가?'를 상위의 도덕 원리로 삼아 관련 가치 규범의 도덕적 타당성을 연역적으로 추론할 수 있다(교육부, 2025: 267).

③ 여러 대안의 설정과 각 대안의 결과 검토

이 단계에서는 문제 해결을 위한 대안을 설정하고 대안들이 가져올 결과를 검토해 보는 활동을 진행한다. 합리적 의사결정은 하나 또는 그 이상의 대안 중 가장 합리적인 대안을 선택하는 것이다. 이를 위해서는 창조적인 대안을 다양하게 발견하는 것이 필수적이다. 더 나아가 합리적 의사결정은 어떤 대안이 가져올 장·단기적 결과를 고려하는 것을 포함한다. 따라서 학생들은 채택 가능한 각각의 대안이 가져올 결과에 대해 토론하며 검토해야 한다(교육부, 2025: 55). 행위의 결과를 고려하여 의사결정을 내리는 것은 공리주의적 윤리관에 바탕을 둔 것이다. 따라서 공리주의를 비판하는 사람들은 이 교수·학습 모형이 공리주의의 한계를 그대로 지니고 있다고 비판한다. 하지만 문제를 해결하기 위한 대안을 결정할 때, 우리는 그 대안이 과연 문제를 해결할 수 있는지, 즉 긍정적인 결과를 가져올 수 있는지를 예상하지 않을 수 없다. 뿐만 아니라 어떤 해결책이 가져올 결과를 반성적으로 성찰하지 않는다면, 결국 우리는 자신이 견지한 특정 관점에 무비판적으로 의존할 수밖에 없다. 이러한 측면에서 교사는 학생들에게 자신이 생각한 대안이 어떤 결과를 가져올지, 즉 문제 해결에 효과적인지, 어떤 사람에게 어떤 영향을 미칠지, 특정인의 인권을 심각하게 침해하지는 않는지 등에 대해 신중하게 따져 보도록 안내할 필요가 있다.

④ 대안의 선택 및 정당화

다양한 대안들이 충분히 제출되었다면, 이제 학생들은 합리적 의사결정이 이뤄질 수 있도록 대안을 선택하고 그 대안의 정당성을 제시하면서 논의하는 단계로 나아간다. 이 단계에서 학생들은 여러 가지 논리와 증거를 활용해 자기가 선택한 대안의 정당성을 확보해야 한다. 대안을 선택하고 정당화하는 과정에서, 교사는 학생들에게 사실적 증거를 제시하고, 도덕적으로 정당한지에 대한 논거를 제시하도록 요청한다(교육부, 2025: 55).

⑤ 대안 선택의 수정 및 잠정적 의사결정

마지막으로 학생들은 토의 과정을 통해 다른 학생이 선택한 대안과 자신이 선택한 대안을 비교·평가하고, 이를 토대로 자신의 대안 및 입장을 수정하면서 잠정적으로 의사결정을 내리는 활동을 진행한다. 이 단계에서 학생들은 문제의 여러 측면을 고려해 자신의 분석과 판단을 바탕으로 결정을 시도하게 된다. 물론 의사결정에 대한 비판과 수정의 가능성은 항상 열려있다(교육부, 2025: 55-56). 어떤 사람도 의사결정 과정에서 모든 정보와 가치를 고려할 수 없고, 최선의 것이라고 생각되는 현재의 결정도 보다 합리적인 논거의 출현으로 인해 기각될 수 있기 때문이다. 따라서 이 단계에서 교사는 타당한 반증이 제기될 경우 결정을 다시 검토하고 수정하는 개방적인 자세를 갖도록 학생에게 요구할 필요가 있다. 이런 교육을 통해 학생은 자신의 생각을 바꾸고 결정을 수정할 수 있는 민주 시민으로서의 태도와 자질을 갖추게 된다(유병열, 2011: 474).

3) 교수·학습 모형을 활용한 도덕 수업의 실제

학년군	5~6학년군	성취기준	[6도03-02] 정의에 관한 관심을 토대로 공동체 규칙의 중요성을 살펴보고 직접 공정한 규칙을 고안하며 기초적인 시민의식을 기른다.
학습 목표	정의로운 학급을 만들기 위한 공정한 규칙을 만들 수 있다.		

단계	교수 · 학습 과정 및 활동	유의점
도입	■ **도덕적 문제 사태 제시** T: 다음 이야기를 읽고 문제를 확인해 봅시다. 미술 시간이 끝나고 덕이네 교실은 어수선해졌습니다. 미술 시간에 즐겁게 만들기를 한 것까진 즐거웠지만, 바닥에 떨어진 종이 조각 때문에 다툼이 일어났기 때문입니다. 아이들은 모두 자기 쓰레기는 이미 치웠다고 말하	학생들의 일상생활에서 일어날 수 있는 도덕적 문제를 제시하여 의사결정 과정을 연습해 볼 수 있도록 한다.

<table>
<tr>
<td></td>
<td>
지만, 쓰레기통 주변은 너무 지저분해져서 근처에 앉은 아이들이 불편함을 느끼게 되었습니다. 아이들은 근처에 앉은 사람이 치우는 게 낫다는 의견과 따로 당번을 만들어야 한다는 의견으로 나뉘어 언성을 높였습니다. 결국 쉬는 시간이 끝나도 갈등은 해결되지 않았고, 과학 실험 후에도 비슷한 문제가 생기자 학급 회의를 통해 청소 규칙을 정해서 문제를 해결해 보기로 했습니다.

T: 덕이네 교실에는 어떤 문제가 생겼습니까?
S: 누가 청소를 하는 것이 좋은가에 대한 의견이 나뉘었습니다.
T: 왜 규칙을 만들어 문제를 해결하고자 하였나요?
S: 서로 다른 의견이 좁혀지지 않았고, 비슷한 문제가 생겼는데 해결하지 못하고 있기 때문입니다.

■ 학습 목표 확인하기
정의로운 학급을 만들기 위한 공정한 규칙을 만들 수 있다.
</td>
<td></td>
</tr>
<tr>
<td>전개</td>
<td>
■ 관련 규범의 확인 및 그 의미와 타당성 파악
• 공정한 규칙을 만들기 위한 관련 규범의 확인
T: 공정하다는 것은 무슨 뜻일까요?
S1: 모두가 공평하게 대우받고 차별받지 않는 것입니다.
S2: 약한 사람도 배려하는 것입니다.
T: 만일 몸이 아파서 할 수 없는 사람도 무조건 규칙을 지키라고 한다면 공정하다고 할 수 있을까요?
S1: 규칙은 예외를 두면 안됩니다.
S2: 상황에 따라 규칙에도 예외가 필요합니다.

■ 여러 대안의 설정과 각 대안의 결과 검토
T: 덕이네 학급 문제를 해결하기 위해 어떤 규칙이 필요할까요?
S: 번호 순서대로 청소 당번을 정해 공동 구역을 치우는 것입니다.
T: 이 규칙이 적용된다면 생길 수 있는 일은 무엇이 있을까요?
</td>
<td>
규범의 의미를 파악하는 과정은 연역적, 귀납적인 방법 모두가 활용될 수 있다.

대안을 제시할 때, 대안이 가져올 장·단기적 결과를 고려하도록 한다.
</td>
</tr>
</table>

	S1: 한 번씩은 모두 같은 일을 하게 되니까 공평하게 느껴져서 다툼이 줄 것 같습니다. S2: 미술 수업에서 쓰레기가 거의 없는 때도 있어서 누군가는 청소를 좀 더 많이 하게 되는 날이 생길 수도 있습니다. T: 또 다른 대안은 무엇이 있을까요? S: 자기 자리는 스스로 치우되 필요할 때만 제비뽑기로 청소 당번을 정하는 것입니다. T: 이 규칙이 적용된다면 생길 수 있는 일은 무엇이 있을까요? S1: 자기 자리는 스스로 치우는 힘도 기를 수 있고, 대청소를 필요할 때만 하니까 쉬는 시간이 줄어들지 않아서 좋습니다. S2: 같은 사람이 여러 번 제비를 뽑게 되면 불공정하다는 마음이 들 수도 있습니다.	
	■ **대안의 선택 및 정당화** T: 어떤 규칙이 좋다고 생각하는지 선택하여 발표해 볼까요? S: 저는 번호대로 나눠서 청소 당번을 나누는 규칙을 선택하였습니다. T: 왜 그렇게 선택했나요? S: 제비뽑기는 매번 따로 시간을 내서 해야 되는데 번호대로 하는 것은 한 번 정해 두면 편리하기 때문입니다.	대안 선택의 과정에서 논리와 증거를 통해 정당화할 수 있도록 안내한다.
	■ **대안 선택의 수정 및 잠정적 의사결정** T: 다른 사람의 의견을 들어 보고 나의 선택을 수정해봅시다. S: 처음에는 6명씩 모둠을 만들어 번호대로 일주일씩 청소하면 편리하고 공평하다고 생각했는데, 다른 아이의 말처럼 겨울 방학 전에 앞 번호인 친구한 번 더 당번을 맡게 될 수 있다는 점을 알게 되었습니다. 그래서 한 번 당번을 다하고 다음에는 남은 날을 계산해서 일주일이 아니라 똑같은 날짜로 다시 나누는 방법을 생각했습니다.	의사결정의 결과는 잠정적인 것으로 수정될 수 있다는 점을 자연스럽게 받아들일 수 있도록 한다.

정리	■ **종합 정리 및 평가** T: 스스로 자신의 의사결정 과정을 평가해 봅시다. S: 저는 다른 사람의 의견을 들으면서 제가 생각한 대안이 가지는 문제점을 받아들여서 더 좋은 대안을 만들었다는 점에서 잘한 것 같습니다. T: 오늘 결정한 내용을 기억하고, 일상생활에서 꾸준히 실천해 봅시다. ■ **차시 학습 예고**	의사결정 과정을 돌아보며 민주 시민의 태도를 기를 수 있도록 한다.

4) 활용상의 유의점

합리적 의사결정 수업 모형은 민주 사회에서 다양한 갈등을 해결하기 위한 기초 소양을 길러 줄 수 있는 유용한 자원이다. 이 모형을 활용함에 있어, 다음과 같은 점을 유의한다면 보다 효과적인 도덕 수업이 될 수 있을 것이다.

첫째, 교사는 합리적 의사결정 과정에서 '사실'과 '가치'의 문제를 균형 있게 다루어야 한다. 우리가 이 교수·학습 모형의 두번째 단계인 '관련 규범의 확인 및 그 의미와 타당성' 단계의 '규범'이라는 용어에 배타적으로 주목하게 되면, 자칫 문제 해결을 위한 사실적 측면의 중요성을 소홀히 하게 된다. 합리적 의사결정 과정은 도덕적 옳고 그름, 좋고 나쁨을 엄밀하게 판단하는 작업이 아니며, 오히려 현재 직면한 문제를 해결하기 위한 가장 좋은 해결책에 합의하는 과정이다. 따라서 이 교수·학습 모형을 운영하는 교사는 '사실'의 측면을 간과하면서 해결책을 마련하는 오류를 범하지 않도록 유의해야 한다.

둘째, 합리적 의사결정 수업은 문제 상황에 대한 '실질적인 대안'을 만들어 내는 것보다는 '의사결정 연습' 그 자체에 초점이 맞춰져 있다는 점을 명심해야 한다. 비록 이 교수·학습 모형이 사회적 의사결정 과정을 개인적 의사결정 과정으로 축소하였다는 점에서 비판받기도 하지만(박상준, 2002: 87), 사회적 의사결정 과정은 근본적으로 사회를 구성하고 있는 개인의 의사결정의 수준에 영향을 받는다. 따라서 개인의 합리적 의사결정 역량을 높이는 이 교수·학습 모형의 교육적 가치는 여전히 유효하다고 말할 수 있다.

그럼에도 불구하고 학생들은 일상생활에서 합리적으로 문제를 해결해야 하는 상황에 빈번하게 마주하게 된다. 하지만 합리적 의사결정 수업 모형은 '잠정적 의사결정' 단계로 마무리되기 때문에, 실제 문제에 대한 해결책을 마련하는 활동으로 연계되지 않는다는 단점을 지니고 있다. 따라서 교사는 해당 성취기준의 특성을 고려하여, 실제로 공동체의 합의에 이르는 과정을 경험해 보도록 교수·학습 모형을 수정 및 보완하여 활용할 필요가 있다.

셋째, 합리적 의사결정 수업 모형의 심리학적 전제는 최근 연구 결과에 비추어 보았을 때 다소 단선적이다. 합리적 의사결정 수업 모형의 이론적 토대가 되었던 '가치'의 측면은 이성과 정서의 작용을 모두 고려한 것으로 보인다. 그러나 최근 도덕적 의사결정과 관련된 연구들은 직관이 먼저 작동한 후, 비로소 이성이 사후 정당화 과정을 수행한다는 점을 보여 주고 있다(Haidt, 2012/2104: 84-93, 양해성, 2017: 152 재인용). 개인의 자동화된 의사결정 기제는 편향된 판단으로 이어질 수 있다. 따라서 최근 도덕과 교육에서는 직관과 이에 따른 인지 편향을 바로잡기 위한 의도적인 조정의 과정을 강조한다. 합리적 의사결정 수업 모형은 도덕적 문제의 '사실'적 측면과 '가치'의 측면을 모두 다루고 있으나, 의사결정의 두 측면, 즉 자동적인 측면과 심사숙고의 측면 양자를 담고 있지는 않다. 따라서 교사는 이 교수·학습 모형이 지닌 한계에 대해 인식하면서, 학생의 바람직한 의사결정을 방해하는 직관과 인지 편향을 검토하는 질문(정창우·석자춘, 2021: 14)을 적절히 활용해야 한다.

6 역할놀이 수업 모형

1) 이론적 배경 및 기대 효과

학교는 학생들이 다양한 사회적 경험을 공유하고 상호 존중의 태도를 기를 수 있도록 돕는 중요한 공간이다. 이러한 맥락에서, 학생들의 공감과 관점 채택 능력을 함양하는 것은 도덕 수업에서 중요하게 다루어야 핵심적인 과제라고 할 수 있다. 이때, 공감이란 타인의 감정 상태와 유사한 자신의 대리적 정서 반응을 말하며, 관점 채택은 타인의 내부 심리 상태(필요와 요구, 생각과 감정 등)를 이해하는 인지적 능력을 의미한다(조강모, 1996: 282). 이러한 능력은 학생들이 도덕적 문제 상황에서 타인의 입장을 적극적으로 고려하면서, 보다 친사회적으로 행동하도록 돕는다. '역할놀이 수업 모형'은 학생들의 공감과 관점 채택 능력을 길러 주는 데 효과적으로 활용될 수 있는 교수·학습 모형이다(서강식, 2018; 정창우 외, 2020).

역할놀이 수업 모형은 샤프텔 부부F. Shaftel & G. Shaftel에 의해 개발된 모형으로, 학생들이 실제와 유사한 도덕적 문제 상황을 직접 연출하고 체험하며 학습할 수 있도록 고안된 교수·학습 모형이다(유병열, 2011: 441). 이 모형의 핵심은 특정 상황에서 학생 스스로가 옳다고 생각하는 바를 직접 행동해 봄으로써 도덕적 문제의 상황 맥락적 의미를 구체적으로 이해하고, 타인이 보이는 반응을 토대로 자신이 행한 행동의 적절성을 평가하며, 다양한 역할을 번갈아 가면서 채택해 보는 과정을 갖는다는 것이다(정창우, 2020: 92). 샤프텔 부부는 20여 년 동안 이 모형을 실제 교육 현장에 적용하며 '인간의 존엄성', '정의감', '애정'과 같은 핵심 가치를 일상생활에서 실천할 수 있도록 학생들을 지도해 왔다. 이들은 역할놀이를 단순한 연기 활동이 아닌, 주어진 문제를 깊이 탐구하고 적절한 해결책을 모색하는 '탐구의 과정'이자, 다양한 선택지 중에서 최선의 결정을 내리고 이를 행동으로 옮기는 '의사결정의 실천'이라고 설명하였다(서강식, 2018: 197).

역할놀이 수업 모형의 강점은 도덕적 가치가 우리의 삶에서 어떻게 적용될 수 있는지를 실제로 경험할 수 있다는 점에 있다. 이는 역할놀이가 단순한 학습 활동이 아니라, 현실에서의 도덕 판단과 사회적 상호작용을 연습하는 과정에 가깝기 때문이다. 또한, 학생들은 역할놀이를 통해 타인에 대한 민감성을 발달시킬 수 있는데(서강식, 2018: 198-199), 이는 학생들이 역할놀이의 과정에서 타인의 입장에 서 봄으로써 상대방의 감정을 보다 깊이 이해하고 공감하는 경험을 하게 되기 때문이다. 특히, 특정 역할을 수행하고 상대방의 심리적 상태를 직접 체험함으로써, 학생들은 자신의 감정을 조절하는 능력뿐만 아니라 타인의 관점을 고려하는 태도를 함양할 수 있다. 이러한 경험은 궁극적으로 학생들이 타인과의 관계에서 배려와 존중을 실천하는 데 중요한 기초를 형성하며, 도덕적 문제 해결 과정에서 더욱 성숙한 판단을 내리는 데 도움을 줄 수 있다.

역할놀이 수업 모형에 활용할 수 있는 소재는 다양하며, 교사가 얼마든지 학습 목표에 맞게 조정할 수 있다. 예를 들어, 교과서에 등장하는 도덕적 문제 상황이나 모범 사례를 그대로 적용하거나, 학생들의 발달 수준과 수업 목표에 맞게 변형 또는 각색하여 활용할 수 있다. 또한, 교과서 외에도 교사의 창의적 접근에 따라 학생들의 실생활과 연계된 구체적인 사례를 도덕 수업에 도입할 수 있다(교육부, 2025: 48). 예컨대, 친구 사이의 갈등, 온라인에서의 책임 있는 행동, 공공장소에서의 예절과 같은 일상적인 상황을 도덕 수업의 주제로 삼아 역할놀이를 진행할 수 있다.

요컨대 역할놀이 수업 모형은 학생들이 다양한 역할을 수행하는 과정에서 상황에 적절한 도덕적 행동을 실제로 연습해 볼 수 있고, 자신의 행동에 상대가 어떻게 반응하는지 직접 확인해 볼 수 있다는 점에서 그 의의를 찾을 수 있다. 이를 통해 학생은 자신이 도덕적인 문제 상황을 잘 해결해 낼 수 있다고 믿는 '자기 효능감self-efficacy'과 자신감을 얻을 수 있고, 타인이 처한 상황, 필요와 요구를 이해하고 공감하는 '도덕적 민감성moral sensitivity'을 기를 수 있다. 즉, 학생들은 주어진 사태에서 문제가 되는 것이 무엇인가, 어떤 생각과 행동을 할 수 있으며 그 결과는 어떠할 것인가, 어떤 가치와 규범을 택하는 것이 마땅한가, 이러저러한 의견과 행동으로 나와 다른 사람이 받는 영향은 무엇인가, 인간 상호작용에는 어떤 태도와 기능이 필요한가, 또 인간 삶에 있어 일반적으로 존중받고 지켜져야 할 도덕적 가치 규범에는 어떤 것들이 있는가에 대해 나름의 깨달음을 얻고 이와 관련한 능력과 자세를 기를 수 있게 되는 것이다(교육부, 2025: 48).

2) 수업 모형의 단계

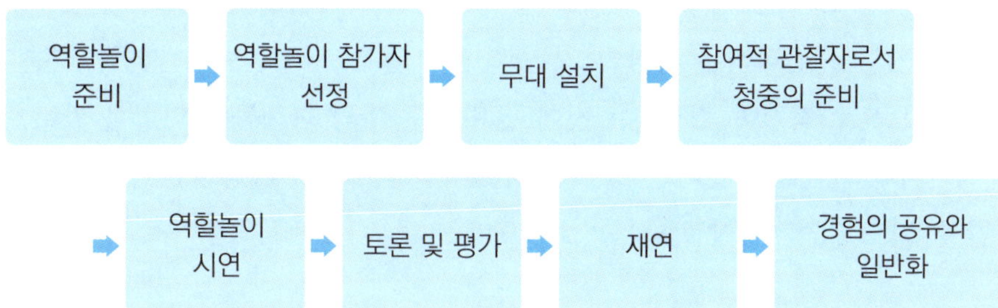

그림 4-6 역할놀이 수업 모형의 단계(교육부, 2025: 48-49)

① 역할놀이 준비

이 단계에서는 역할놀이를 수행해야 할 문제 상황을 제시하고, 문제 해결의 필요성을 부각하며, 역할놀이를 효과적으로 진행하기 위해 분위기를 조성하는 활동을 진행한다. 이 단계에서 교사는 학생들이 일상생활 속에서 경험할 수 있는 주제를 선정하여 학습 동기를 유발하고, 역할놀이에 참여하고 싶은 분위기를 조성해야 한다(교육부, 2025: 48). 예컨대 교사는 '정직'이라는 주제를 다룰 때, 학생들에게 과거에 정직하게 행동했던 경험이나 정직하게 행동하지 않았을 때의 감정을 떠올리게 할 수 있다. 이러한 활동을 통해 학생들은 역할놀이에 적극적으로 참여하려는 태도를 가질 수 있게 된다.

② 역할놀이 참가자 선정

역할놀이를 위한 준비가 끝나면, 문제 상황에 등장하는 인물을 검토한 후 실제로 역할을 수행할 학생들을 선정하는 단계로 넘어간다. 이때 역할 배정은 학생들의 의견을 존중하며 자발적인 참여를 유도하는 것이 바람직하다. 또한, 특정 역할을 효과적으로 수행할 수 있는 학생을 고려하여 배정하는 것도 좋은 방법이다. 그러나 반드시 성향에 맞는 역할만을 배정할 필요는 없으며, 오히려 평소의 행동이나 성격과 다른 역할을 맡았을 때 예상치 못한 몰입과 창의적인 연기가 나올 수 있으므로 이를 충분히 고려해야 한다(교육부, 2025: 49). 예컨대, 내성적인 학생이 지도자의 역할을 맡거나 평소 조용한 학생이 적극적인 역할을 수행할 때, 그동안 보이지 않았던 새로운 면모가 드러나며 수업의 효과가 극대화될 수 있다. 반면, 지나치게 모범 답안을 말하려는 경향이 있는 학생의 경우, 역할놀이의 자연스러움을 해칠 수 있으므로 적절히 조정하는 것이 필요하다. 만약 학생들이 역할을 맡는 것에 주저하거나 부담을 느낀다면, 교사는 긍정적인 피드백을 제공하면서 부담 없이 참여할 수 있도록 격려해야 한다(유병열, 2011: 443).

③ 무대 설치

역할놀이 참가자가 선정된 후에는 역할놀이가 자연스럽게 이루어질 수 있도록 무대를 설정하는 과정이 필요하다. 그렇다고 해서 반드시 본격적인 연극 무대처럼 전문적인 장치를 갖출 필요는 없으며, 간단한 방법을 활용하여 효과적으로 분위기를 조성할 수 있다(교육부, 2025: 49). 예를 들어, 칠판에 관련된 배경 그림을 그리거나 포스터를 붙이는 것만으로도 상황을 보다 생생하게 연출할 수 있으며, 책상과 의자의 배치를 조정하거나 간단한 소품을 활용하는 것 또한 효과적인 방법이 될 수 있다. 이러한 간단한 무대 구성은 학생들이 역할에 더욱 몰입할 수 있도록 도와주며, 역할놀이의 현실감을 높이는 데 도움이 될 수 있다.

④ 참여적 관찰자로서 청중의 준비

역할놀이가 효과적으로 이루어지기 위해서는 무대에서 연기하는 학생뿐만 아니라 청중으로 참여하는 학생들의 역할도 중요하다. 즉, 청중은 단순한 방관자가 아니라 참여적 관찰자로서 역할놀이 과정에 집중하고 연기자가 보이는 행동의 도덕적 의미를 파악하기 위해 노력해야 한다. 이때, 참여적 관찰자란 "집중해서 들으면서 놀이 과정을 정확하게 이해하고, 그 속에서 제기된 주장과 의견, 행동 등에 대해 주의 깊게 느끼고 생각하고, 판단하고 평가할 수 있는 청중"(교육부, 2025: 49)

이라고 말할 수 있다. 이를 위해 교사는 청중에게 기대하는 역할과 태도를 명확하게 안내해야 하며, 관찰 중 주목해야 할 행동이나 이를 평가하기 위한 몇 가지 기준을 제시해야 한다. 예를 들어, “어떤 행동이 가장 적절했는가?”, “만약 내가 이 상황의 당사자라면 어떤 선택을 했을까?”와 같은 질문을 제시하면, 청중이 보다 적극적으로 사고하며 역할놀이를 관찰할 수 있다.

⑤ 역할놀이 시연

이 단계에서 학생들은 자신이 맡은 역할을 직접 행동으로 보여 주고, 다른 연기자들이 보이는 말과 행동에 반응해야 한다. 이때 강조해야 할 점은 훌륭한 연기력이 아니라 자연스러운 역할 수행, 생각과 행동의 적절한 표출, 제시된 상황을 해결하는 방식이다(교육부, 2025: 49). 즉 학생들은 대본을 기계적으로 따라 하는 것이 아니라, 실제 상황에서라면 어떻게 행동할지 고민하며 자신의 감정과 생각을 표출해야 한다는 것이다. 또한 교사는 역할놀이가 무언극처럼 끝나지 않도록 “말, 행동, 몸짓, 표정 등에 신경쓰면서 자유롭게 연기해 보세요”와 같은 발문을 활용하여, 학생들이 언어적, 비언어적 표현을 모두 사용하도록 격려해야 한다.

⑥ 토론 및 평가

역할놀이가 끝난 후에는 반드시 역할놀이의 과정과 결과를 성찰하며 토론하고 평가하는 시간을 가져야 한다(교육부, 2025: 49). 이 단계는 역할놀이를 단순한 활동으로 끝내지 않고, 학생들이 경험한 내용을 깊이 성찰하고 내면화할 수 있도록 돕는 중요한 과정이다(유병열, 2011: 445). 즉 말과 행동, 사고의 타당성에 대해 서로 견해를 주고받는 활동은 주어진 상황에서 어떤 행동이 적절한지 명확히 이해하는 데 도움이 된다. 이를 위해 교사는 먼저 “참가자의 소감을 들어 보겠습니다. 왜 그런 행동을 했나요?”라고 물으면서, 참가자로 하여금 역할놀이 속에서 보인 말과 행동 등에 대한 이유를 말해 보도록 한다. 그 후 교사는 “역할놀이를 관찰한 다른 친구들의 소감을 들어 보겠습니다.”와 같이 물으면서, 참여적 관찰자로서의 청중들이 시연 과정과 결과의 장점, 단점, 대안 등을 중심으로 자신의 소감을 말할 수 있도록 유도한다. 이러한 과정을 통해 교사는 문제해결 과정과 결과에 대한 참여자와 청중 간의 토론을 촉진할 수 있다.

⑦ 재연

토론 및 평가를 마친 후, 교사와 학생들은 새로운 관점에서 동일한 상황을 다시 연기해 보는 재연 활동을 진행할 수 있다. 재연은 단순한 반복이 아니라, 문제해결의 방향과 방법을 달리 시도해 보면서 더 나은 해결책을 모색하는 과정이다. 이때 학생들은 앞선 토론 과정에서 나왔던 다양한 의견을 참고하여, 자신의 주장이나 견해를 수정하거나 보완할 기회를 가질 수 있다(교육부, 2025: 49). 예를 들어, 어떤 학생이 시연에서 '친구가 물건을 훔치는 장면을 목격한 후, 선생님께 바로 알리는 선택'을 했다면, 재연에서는 '우선 친구와 대화를 시도하고, 그 이후 해결 방법을 함께 마련하는 선택'을 실험해 볼 수도 있다. 또한 '토론 및 평가' 단계에서 비판과 대안을 제시한 청중들을 중심으로 역할을 교환하여 재연을 실시할 수도 있다.

⑧ 경험의 공유와 일반화

역할놀이의 마지막 단계에서는 학생들이 서로의 경험을 공유하면서 그 의미를 일반화하는 과정이 이루어진다. 이 단계에서는 수업 목표와의 연관성을 고려하면서, 역할놀이 과정에서 드러난 주요 논점과 도덕적·사회적 함의를 심층적으로 탐색하는 것이 중요하다.

한편, 학교 현장에서 '역할놀이'와 유사한 방식으로 활용되는 '역할극'에 대해서도 이해할 필요가 있다. 역할놀이는 문제 상황만을 제시하고 등장인물의 대사와 행동을 학습자가 자유롭게 구성하는 방식이므로, 학생들의 창의적 사고와 즉흥적 반응이 강조된다. 반면, 역할극은 미리 작성된 극본을 기반으로 진행되며, 학습자가 정해진 대사와 행동을 수행하는 방식이므로 보다 구조화된 형태로 이루어진다(교육부, 2025: 49).

3) 교수·학습 모형을 활용한 도덕 수업의 실제

학년군	3~4학년군	성취기준	[4도01-03] 성실한 생활의 모범 사례를 탐색하고 시간 관리를 위한 생활을 계획하여 지속적인 자기 성장을 모색한다.
학습 목표	상황에 적절한 성실한 행동을 찾아 실천할 수 있다.		

<table>
<tr><th>단계</th><th>교수 · 학습 과정 및 활동</th><th>유의점</th></tr>
<tr><td>도입</td><td>■ 역할놀이 준비
• 실천했던 성실한 행동을 돌아보기
T: 최근 여러분들이 성실하게 행동했던 경험을 떠올려 볼까요?
S1: 저는 학교에서 맡은 청소 구역을 끝까지 책임지고 했어요.
S2: 저는 숙제를 미루지 않고 매일 제시간에 했어요.
• '성실'과 관련한 문제 상황 제시하기
상황 1. 해야 할 일을 두고 친구가 놀자고 할 때
상황 2. 학급 청소 당번이지만 몰래 빠지고 싶을 때
상황 3. 독서를 하기로 했는데 TV가 보고 싶을 때
■ 학습 문제 확인하기
상황에 적절한 성실한 행동을 찾아 실천할 수 있다.</td><td>학생들이 자신의 경험을 떠올리며 역할놀이 참여 동기 및 흥미도를 높일 수 있도록 한다.

문제 상황은 이해관계나 갈등 상황이 잘 드러난 것으로 선정한다.</td></tr>
<tr><td>전개</td><td>■ 역할놀이 참가자 선정
• 역할놀이에 등장하는 인물 검토하기
T: 역할놀이를 시작하기 전에 먼저 등장하는 인물들을 살펴볼까요?
S1: 해야 할 일이 있지만, 고민하는 친구가 있어요.
S2: 그 친구에게 놀자고 말하는 친구도 필요해요!
• 상황별로 역할을 수행할 학생 선정하기
T: 이제 역할을 맡아볼 친구들을 정해 볼까요?
S1: 저는 해야 할 일을 미루고 싶은 역할을 해 볼래요!
S2: 저는 친구에게 놀자고 부탁하는 역할을 하고 싶어요.</td><td>참가자 선정에서는 학생들의 의견을 적극적으로 반영하도록 한다.</td></tr>
</table>

<table>
<tr><td></td><td>

■ **무대 설치**

T: 역할놀이 상황에 맞게 의자와 책상을 배치하고, 간단한 소품을 준비해 봅시다.

</td><td>이름표, 칠판에 그림 그리기 등으로 간단하게 연출할 수 있도록 한다.</td></tr>
<tr><td></td><td>

■ **참여적 관찰자로서의 청중의 준비**

• **청중의 역할 소개하기**

T: 역할놀이에서 청중의 역할이 무엇인지 말해볼까요?
S1: 소란스럽게 웃고 떠들면 안될 것 같아요.
S2: 역할놀이 하는 친구들이 왜 그러한 행동을 했는지, 그 이유에 대해 생각해 볼 수 있어야 해요.

• **평가의 기준 안내**

T: 역할놀이를 볼 때, 다음과 같은 점에 유의해 봅시다.

– 상황을 잘 이해하고 연기하였는가?
– 문제 해결을 위한 대화와 태도가 적절했는가?
– 상대방의 입장을 배려하며 참여했는가?

</td><td>역할놀이에서 청중의 자세가 중요하다는 것을 강조한다.

사전에 평가 기준을 안내함으로써, 학생들이 보다 적극적으로 수업에 참여할 수 있도록 한다.</td></tr>
<tr><td></td><td>

■ **역할놀이 시연하기**

T: 그럼 지금부터 역할놀이를 시작하겠습니다. 등장인물들은 앞으로 나와 주세요!
S: (상황별로 맡은 역할을 시연하며, 다른 역할자가 하는 말과 행동에 반응한다.)

</td><td>언어적, 비언어적 표현을 활용하여 자유롭게 표현할 수 있도록 격려한다.</td></tr>
<tr><td></td><td>

■ **토론 및 평가하기**

• **역할놀이 과정에 대해 의견 나누기**

T: 역할놀이를 해 보니 어떤 점이 어려웠나요?
S1: 친구를 설득하는 것이 쉽지 않았어요.
S2: 해야 할 일을 미루고 싶은 마음을 연기하는 것이 생각보다 자연스러웠어요.

• **같은 상황에서 다른 방식으로 접근할 수 있는지 확인해보기**

T: 만약 다른 방법으로 해결하려면 어떻게 할 수 있을까요?
S1: 해야 할 일을 끝낸 후 같이 노는 방법도 있어요.

</td><td>참가자의 행동에 대해 자유롭게 의견을 나누고, 다양한 대안을 산출할 수 있도록 발문을 제시한다.</td></tr>
</table>

	S2: 친구가 즐겁게 참여할 수 있도록 도와주는 것도 방법이에요. • **활동지에 의견 작성하기** T: 역할놀이를 하면서 배운 점과 느낀 점을 활동지에 적어 봅시다. S: (역할놀이를 하며 느낀 점에 대해 활동지를 작성한다.)	
	■ **재연하기** • **토론의 결과를 반영하여 시연하기** T: 토론에서 나온 의견들을 반영해서 다시 역할놀이를 해볼까요? S1: 네! 저는 아까보다 더 적극적으로 친구를 설득해 볼게요. S2: 저는 해야 할 일을 미루려는 이유를 더 분명하게 표현해 볼게요. • **문제 해결의 관점, 방향, 방법 등을 달리하여 시연하기** T: 이번에는 다른 해결 방법을 시도해 볼까요? S1: 이번에는 친구가 설득하기 전에 스스로 해야겠다고 결심하는 방향으로 연기해 볼게요. S2: 제가 먼저 숙제를 시작하고 친구가 저를 자연스럽게 따라하게 해 볼게요.	토론의 결과를 토대로 역할놀이를 다양한 각도에서 시연해 볼 수 있도록 한다.
정리	■ **경험 공유 및 일반화하기** T: 역할놀이를 하면서 중요하게 생각되었던 점이나 새롭게 깨달은 점이 있었나요? S1: 숙제를 미루고 싶은 마음이 강할 때, 친구의 말 한마디가 큰 영향을 줄 수 있다는 걸 느꼈어요. S2: 앞으로 생활하면서도 성실한 태도를 유지하고, 스스로 책임감을 가지고 행동하려고 노력해야겠어요. ■ **차시 학습 예고**	경험 공유에서는 역할자의 행동이 아닌 역할놀이의 논점에 대해 발표할 수 있도록 안내한다.

4) 활용상의 유의점

역할놀이 수업 모형은 구체적인 도덕적 상황에서 실제로 행동해 봄으로써 문제 해결을 위한 기술을 연습하고, 타인의 입장을 이해하고 공감해 볼 수 있다는 장점이 있다(정창우 외, 2020: 98). 그러나 역할놀이가 원활하게 진행되고 학습 목표에 부합하는 성과를 거두기 위해서는 다음과 같은 몇 가지 사항에 유의해야 한다.

첫째, 학생들이 자유롭게 자신의 생각을 표현할 수 있도록 허용적인 학급 분위기를 조성해야 한다. 역할놀이는 사전에 완전한 대본을 제공하지 않고 진행되기 때문에, 학생들이 자신의 감정과 생각을 자유롭게 표현할 수 있다는 장점이 있다. 따라서 평소 학급 분위기를 개방적이고 허용적인 방향으로 형성하는 것이 중요하다. 또한 역할놀이에 익숙하지 않은 학생들을 위해 사전 연습을 제공하는 것도 좋은 방법이다. 예를 들어, 미리 간단한 대본을 만들어 연습한 후 역할놀이를 진행하거나, 학생들이 부담을 덜 느끼도록 영상 자료를 활용하는 방법도 고려할 수 있다(유병열, 2011: 445).

둘째, 역할놀이 도중 예상치 못한 상황이 발생할 수 있음을 인지하고, 활동 중간에 적절히 개입하는 것이 필요하다. 역할놀이가 진행되는 과정에서 학생은 자신의 역할을 잊거나, 당황하여 상황을 제대로 이어가지 못할 수 있다. 이럴 경우, 교사는 즉각적으로 개입하여 학생이 다시 역할에 몰입할 수 있도록 도와주어야 한다. 또한, 학생이 지나치게 비현실적인 행동을 하거나 활동이 본래의 취지에서 벗어날 경우, 놀이를 잠시 중단하고 필요한 조언을 제공하는 것이 바람직하다(유병열, 2011: 445).

셋째, 청중의 반응을 적절히 통제하여 역할놀이의 몰입도를 유지해야 한다. 역할놀이 수업 모형에서는 청중의 역할도 중요한데, 만약 청중이 지나치게 소란스럽거나 과도하게 개입을 할 경우 연기자들이 집중력을 잃을 수 있다. 반면, 청중이 무관심하거나 소극적으로 관찰할 경우에는 역할놀이의 효과가 반감될 수 있다. 더불어, 교사는 역할놀이를 참관하는 학생들에게 역할놀이 시연 결과를 평가할 수 있는 적절한 기준을 안내함으로써, 학생들이 단순히 '목소리가 작았다', '표정이 재미있었다'와 같이 도덕적인 측면 외의 것들에 중점을 두어 평가하지 않도록 유의해야 할 것이다. 또한 교사는 '참여적 관찰자로서의 청중의 준비' 단계에서 학생들에게 어떤 점에 중점을 두면서 역할놀이를 평가해야 하는지에 대한 나름의 기준(예: 상황을 잘 이해하고 연기했나요? 문제 해결을 위한 대화와 태도가 적절했나요? 상대방의 입장을 배려하면서 행동했나요? 역할자의 행동은 문제 해결에 도움이 되는 적절한 행동이었나요? 등)을 제시해야 한다(정창우 외, 2020: 100).

7 집단 탐구 수업 모형

1) 이론적 배경 및 기대 효과

사고하고 질문하는 탐구의 과정은 인간 고유의 특성을 나타내는 중요한 행위 양식이다. 그러나 교육 외적인 요인에 의해 학생의 성취가 강조되는 학습 풍토에서는 시험 기술의 습득을 통해 더 높은 점수를 획득하는 것으로 교육의 방향이 전도되곤 한다. 평가를 통해 학습 결과를 점검하는 것은 학생에게 외재적 동기를 부여할 수 있지만, 개개인의 고유한 장점을 개발하는 데에는 한계가 있다(Thelen, 1960a: 192-193). 더욱이 성취 중심의 학습 환경에서 학생들은 타인과의 상호작용을 통해 협동심을 기르기보다는, 자신의 학습 성과에 집중하며 좋은 결과를 내야 하는 개별적인 존재로 고립될 위험이 더 크다.

'집단 탐구 수업 모형'은 이러한 문제의식을 바탕으로 학습에서 집단의 탐구 과정을 강조하는 교수·학습 모형이다. 집단 탐구 수업 모형은 글자 그대로 '집단 과정'과 '탐구 과정'이 결합된 수업의 한 형태이다. 여기서 '집단 과정'은 아이디어 생성과 지각의 상호 교환, 집단 조직, 과업을 결정한 이후 작업의 분담, 의견 교환, 갈등 해결, 책임 분담, 지도자/기록자/요약자 등과 같은 역할 분담, 각 집단이 발견한 것을 상호 교환하는 방법의 결정 등으로 구성된다. 한편 '탐구 과정'은 중요한 문제 또는 가설의 설정, 문제 해결에 필요한 정보 및 그 정보를 획득하기 위한 방법 결정, 정보 수집 및 기록, 정보 분석, 결론 도출, 새로 발견한 것에 비추어 문제를 재구성, 탐구의 강점과 약점에 대한 토의 등이 포함된다(송용의, 배호순, 1985: 218, 유병열, 2011: 476에서 재인용).

집단 탐구 수업 모형은 크게 두 부류의 학자들이 이론적 기초를 제공하였다. 먼저 학습에서 집단 과정의 교육적 가능성을 강조한 학자들이 있다. 대표적으로 시카고 대학교의 셀렌Thelen 등이 이에 해당한다. 셀렌이 제시한 집단 탐구 수업 모형의 핵심은 민주적인 소집단을 구성하여 사회의 중요한 문제를 규명하고 탐구하도록 하는 것이다. 셀렌은 ① 하위 주제 결정 및 소집단 조직으로 시작하여, ② 소집단별 탐구 계획 수립, ③ 탐구의 실시, ④ 결과 발표 계획 수립, ⑤ 발표 실시, ⑥

평가로 이어지는 6단계의 절차를 제안하였다(조강모·최종호, 2001: 51-52). 그는 학생들이 소집단 탐구를 통해 (그 대상이 무엇이든) 탐구하고자 하는 문제를 해결하는 데 도움을 받을 수 있으며, 교과의 내용뿐만 아니라 협동적인 학습 태도도 배울 수 있을 것이라고 전망했다(교육부, 2025: 56). 다음으로 사회과학적 연구 방법을 탐구의 과정으로 도입할 것을 주장한 학자들이 있다. 미시간 대학교의 리피트[Lippitt] 등이 이에 해당하는 대표적인 학자이다. 리피트는 학생들이 과학자가 연구를 수행하는 방법을 사용하여 정보를 처리할 수 있어야 한다고 생각했다. 동시에 과학자의 방법을 활용한 경험을 통해, 학생들은 정보를 수집, 분석, 종합, 일반화함으로써 지식이 도출된다는 것을 알게 된다고 믿었다(교육부, 2025: 56).

요컨대 집단 탐구 수업 모형은 교수·학습에 대한 구성주의적 관점이 강하게 전제되어 있다(고대만, 2002: 255; 조강모·최종호, 2001: 51). 즉 집단 탐구 수업 모형은 사회적 상호작용을 통해 개인이 능동적으로 의미를 구성해 가는, 지식의 구성 과정을 강조한다. 따라서 이 모형에서 지식은 사회적 상호작용의 산물이며, 지식을 얻는 과정 역시 사회적 상호작용의 과정으로 간주된다. 이러한 관점에서 셀렌은 교사의 임무란 다름 아닌 교실을 탐구의 방향으로 돌리기 위해 학생들로 하여금 각 지식 분야의 방법과 태도를 개발하는 활동에 참여하도록 하는 것이라고 설명한다(고대만, 2002: 258).

원래 집단 탐구 수업 모형은 사회 교과, 과학 교과와 같이 '사실'을 다루는 학습 활동을 염두에 두고 고안된 것이지만, 도덕 교과의 다양한 수업에도 유용하게 활용될 수 있다. 집단 탐구의 과정은 학급 구성원들 간의 경쟁적 태도보다는 협동적 태도를 요구하기 때문이다(고대만, 2002: 267). 또한 학생들은 '가치 탐구'의 과정에 참여함으로써, 도덕적 가치의 진정한 의미를 찾기 위해 서로의 관점을 조정해 가면서 보다 '참된' 도덕적 믿음을 형성하게 된다. 이렇듯 집단 탐구 수업 모형은 학생들이 집단 내에서, 공유된 목표에 대해 함께 논의하고 문제를 해결해 가면서 보다 합리적인 도덕적 관점을 획득하고, 사회적 상호작용에 필요한 기능을 습득하는 데 도움을 준다(교육부, 2025: 56).

2) 교수·학습 모형의 단계

탐구 문제의 설정 → 탐구 계획의 수립 → 탐구의 실시 → 탐구 결과 발표 및 논의 → 종합 정리 및 평가

그림 4-7 집단 탐구 수업 모형의 단계(교육부, 2025: 56)

① 탐구 문제의 설정

집단 탐구의 첫 단계는 문제 상황을 제시하는 것이다. 교사는 학생들에게 탐구 주제와 관련된 읽기 자료나 사진, 시청각 자료 등을 제공하고, 탐구해야 할 문제가 무엇인지 인식하도록 유도한다. 탐구 문제는 이후에 집단 탐구의 과제가 되기 때문에, 해당 도덕 수업을 통해 학습되어야 할 내용 등을 고려하여 주의 깊게 설정해야 한다(교육부, 2025: 56).

② 탐구 계획의 수립

탐구 문제를 설정하였다면, 이제 탐구를 위한 '집단'을 조직하고 탐구 문제를 구체화하는 작업을 진행한다. 즉 집단 구성원들은 앞서 설정한 탐구 문제를 해결하기 위해 어떤 방법으로 탐구할지, 과제 수행을 위해 역할을 어떻게 분배할지, 탐구 결과는 어떤 방식으로 정리하고 발표할 것인지에 대한 계획을 세운다(교육부, 2025: 56). 탐구 집단은 관심사가 비슷한 학생들로 구성하는 것이 바람직하지만, 학생의 능력이나 성향 등을 세심하게 살펴 소외되는 학생이 없도록 해야 한다.

③ 탐구의 실시

이 단계는 탐구 계획에 따라 실제로 탐구를 수행하는 단계이다. 집단 탐구는 탐구 과제의 성격과 계획에 따라 장기간에 걸친 탐구가 될 수도 있고, 단기 탐구가 될 수도 있다. 탐구는 학생이 주도성을 발휘하여 자유롭게 실시되어야 한다. 하지만 이와 같은 탐구의 본성이 교사의 안내가 전혀 필요하지 않다는 것을 의미하지

는 않는다. 교사는 각 집단이 탐구 과제를 해결하기 위해 적절히 탐구를 수행하는지 살펴보고, 탐구의 방향이 학습 목표에서 벗어나지 않도록 안내해야 한다(교육부, 2025: 56). 또한 집단 탐구의 과정에서 집단 구성원 간 의사소통에 어려움을 겪는 경우, 협동에 어려움을 겪는 경우 등을 살펴보고 적절한 격려와 지원을 제공해야 한다. 무엇보다 집단 탐구의 결과를 정리하여 발표하는 단계를 염두에 두면서, 탐구의 주요 국면을 기록할 수 있도록 안내한다.

④ 탐구 결과 발표 및 논의

집단 탐구 활동이 끝나면, 이제 그 결과를 발표하고 논의해야 한다. 이 단계는 경험의 정련화와 공유, 일반화를 위해 필수적이다. 각 집단은 그들이 탐구한 내용을 요약, 정리하고 해석하여 결론을 내린다. 이때 결론에 도달한 근거와 이유를 설명하도록 함으로써, 탐구 결과가 일반화되는 과정이 합리적으로 진행될 수 있도록 안내한다. 발표가 끝난 후 다른 집단의 구성원은 탐구의 과정과 결과에 대해 질의할 수 있으며, 발표한 집단은 질문에 적절히 응답해야 한다. 이러한 질의응답 과정은 탐구 결과를 정련하고 새로운 문제의식을 갖도록 한다(교육부, 2025: 56).

⑤ 종합 정리 및 평가

마지막 단계에서는 탐구의 과정과 결과를 종합 및 정리하고, 평가하는 활동을 진행한다. 또한, 종합한 결과를 게시하거나 학급 또는 학교 신문에 실는 등 다양한 방식으로 집단 탐구를 마무리한다(유병열, 2011: 478-479). 이 단계에서는 지금까지의 집단 탐구를 평가하는 활동도 진행해야 한다. 탐구 과정에서 새로 알게 된 점, 느끼고 생각한 점, 잘하거나 보완이 필요한 점 등에 대해 다각적으로 성찰함으로써, 학생들은 더 나은 탐구를 위해 필요한 능력과 자질을 기를 수 있다(교육부, 2025: 57).

3) 교수·학습 모형을 활용한 도덕 수업의 실제

<table>
<tr><td>학년군</td><td>5~6학년군</td><td>성취기준</td><td colspan="2">[6도03-04] 다른 나라 사람들이 처한 여러 가지 상황을 종합적으로 이해하고 해결 방안을 탐구하며 인류애를 기른다.</td></tr>
<tr><td>학습 목표</td><td colspan="4">다른 나라 사람들이 처한 어려운 상황을 해결하기 위한 방안을 탐구할 수 있다.</td></tr>
<tr><td>단계</td><td colspan="3">교수 · 학습 과정 및 활동</td><td>유의점</td></tr>
<tr><td>도입</td><td colspan="3">■ 탐구 문제의 설정

• 다른 나라에서 일어나는 다양한 상황 파악하기
T: 세계 여러 나라에서 일어나는 굶주림, 자연재해, 전쟁 등의 소식에 대해 듣거나 본 경험이 있나요?
S1: 동영상 광고에서 아프리카 지역에 최근 홍수가 심하다는 내용을 보았습니다.
S2: 사회 시간에 우크라이나 지역에 전쟁이 일어나고 있다는 점을 알게 되었습니다.
T: 만약 우리나라가 어려움을 겪고 있을 때 아무도 관심이나 도움을 보이지 않는다면 어떤 마음이 들까요?
S: 답답하고 슬플 것 같습니다.

■ 학습 목표 확인하기

다른 나라 사람들이 처한 어려운 상황을 해결하기 위한 방안을 탐구할 수 있다.</td><td>문제 상황에 대한 영상, 사진, 이야기 등 학습자의 관심에 맞춰 다양한 방식으로 제시할 수 있다.</td></tr>
<tr><td>전개</td><td colspan="3">■ 탐구 계획의 수립

• 다른 나라에서 일어나는 문제와 해결 방안 탐구 계획 세우기
T: 모둠을 나눠 각 나라에서 일어나는 문제와 이를 해결하기 위한 방안을 마련해 봅시다. 탐구 문제를 어떻게 설정할까요?
S: 나라가 겹치지 않게 대륙별로 구분하고, 그 안에서 주제를 나눠 보고 싶습니다.</td><td>학습 수준에 따라 사실적 정보가 부족한 경우가 있으므로 태블릿을 제공하여 예비조사를 하며 탐구 계획을 세울 수 있도록 지원한다.</td></tr>
</table>

T: 그러면 모둠별로 어떤 나라를 중심으로 탐구하고 싶은지 계획을 세워 봅시다.

S: 저희 모둠은 아프리카 지역을 탐구해 보고 싶습니다.

T: 어떤 주제에 대해 다뤄 볼 예정인가요?

S: 광고에서 요즘 홍수가 나서 아픈 사람들이 많고 굶주리는 아이가 늘어났다고 하는데 어떤 나라의 일인지, 또 이 문제를 어떻게 해결할 수 있는지 자세히 살펴보고 싶습니다.

T: 모둠원의 역할을 나눠 봅시다.

S: 자료 조사는 같이 하고, 정리, 자료 제작, 발표 원고 작성은 역할을 나누어 수행하려고 합니다.

■ **탐구의 실시**

• **다른 나라의 문제와 해결 방안 탐구하기**

T: 그럼 계획에 따라 탐구를 해 봅시다. 어떤 탐구 질문을 중심으로 탐구 하고 있나요?

S: 저희는 아직도 전쟁이 지속되고 있는 아시아 지역에 대해 조사하고 있습니다. 전쟁을 하면 안 된다는 것을 알면서도, 왜 전쟁을 계속하는지 이야기 나눠 보고 있습니다.

T: 탐구하면서 새롭게 발견한 사실은 무엇입니까?

S: 베트남 전쟁에 참여한 사람들이 우리나라에도 많다는 것을 알았고, 전쟁이 끝나도 사람들의 삶이 원래대로 돌아오는 데에는 오랜 시간이 걸린다는 것을 알았습니다.

T: 발표를 위한 준비는 어떻게 하고 있습니까?

S: 과정을 기록하면서 자료를 따로 만들고 있습니다.

교사는 각 모둠의 탐구 상황을 확인하면서 대주제와 관련 있는 탐구가 지속되도록 지원한다.

■ **탐구 결과 발표 및 논의**

• **모둠에서 탐구한 결과 발표 및 논의하기**

T: 모둠의 탐구 결과를 전체 학생 앞에서 발표해 봅시다.

S: 저희 모둠은 유럽에 대해 조사했는데 프랑스, 영국 등 선진국으로 불리는 나라에서 종교 갈등, 인종 차별 문제가 심하다는 점을 알게 되었습니다.

탐구 결과를 논의하면서 자신이 가진 편견에 대해서도 성찰할 수 있도록 안내한다.

	T: 이런 문제를 어떻게 해결하고 있었나요? S: 서로를 편견 없이 대하기 위해서 아이들을 교육하고 있었습니다. 또 상대방의 문화를 존중하는 태도가 있어야 한다는 점을 가르치고 있었습니다. 그러나 시위를 하면서 상대방을 비난하거나 보복하는 모습도 보였습니다. T: 어떤 해결 방법이 바람직하다고 생각했나요? S: 폭력적인 방법은 피해야 한다고 생각했습니다. 왜냐하면 폭력은 또 다른 문제를 일으키기 때문입니다.	
정리	■ **종합 정리 및 평가** • **탐구 종합 정리 및 평가하기** T: 그럼 전체 탐구 결과를 정리해 봅시다. S: 오늘 수업을 통해 아시아, 아프리카, 아메리카, 오세아니아, 유럽 등지의 여러 나라에서 일어나고 있는 문제들을 들어 볼 수 있었습니다. T: 탐구를 통해 새롭게 알게 되거나 깨닫게 된 것은 무엇입니까? S: 환경 오염이 우리나라만이 아니라 여러 나라가 관심을 갖고 있는 문제라는 점을 알았습니다. 과학적 탐구와 함께 일상에서 자원을 아껴 쓰는 태도를 길러야 할 것 같습니다. T: 탐구 과정에서 긍정적으로 평가할 수 있던 부분은 무엇인가요? S: 서로 역할을 나누어 하다 보니 혼자 탐구할 때보다 덜 힘들고, 더 많은 내용을 알 수 있었습니다. T: 더 나은 탐구를 위해 노력해야 할 부분이 있었다면 무엇입니까? S: 정리하는 데 생각보다 오래 걸렸는데 시간을 잘 나누어 쓰면 좋을 것 같습니다. T: 탐구 과정을 통해 깨달은 점을 일상에서 꾸준히 실천해 봅시다. ■ **차시 학습 예고**	탐구 과정에서 얻은 산출물은 평가의 자료로 활용하거나 교실에 게시하여 지속적인 학습이 이뤄지게 할 수 있다.

4) 활용상의 유의점

집단 탐구 수업 모형은 학생들이 집단적 협력을 통해 사회적 상호작용 기술을 배우고, 탐구의 과정을 통해 참된 도덕적 지식을 획득하는 합리적인 과정을 배우도록 한다는 이점을 가지고 있다. 하지만 집단 탐구 과정이 원만히 운영되지 못했을 경우, 집단 간 학습 결과의 격차가 생길 수 있으며 주제를 벗어난 탐구로 이어질 개연성이 있다. 이에 집단 탐구 수업 모형을 활용하는 과정에서는 다음과 같은 점을 유의해야 한다.

첫째, 교사는 도전적이고, 지적인 자극을 주며, 탐구할 만한 가치가 있는 탐구 문제를 발굴해야 한다(고대만, 2002: 266). 집단 탐구 수업 모형이 궁극적으로 추구하는 바는 학생 자신이 탐구하고 싶은 문제를 스스로 발견하는 것이다. 하지만 실질적으로 학교 수업에서는 가르쳐야 할 성취기준과 내용 요소가 정해져 있기 때문에, 교사는 교육과정의 범위 내에서 탐구 문제를 선택하고 학생들에게 제시하게 된다. 따라서 교사는 학생이 관심을 갖고 탐구에 몰입할 수 있는 좋은 탐구 문제를 발굴하기 위해 항상 노력해야 한다.

둘째, 집단 탐구를 본격적으로 진행하기 전, 집단 탐구에 참여하는 학생들의 능력을 점검할 필요가 있다. 집단 탐구 수업 모형을 원활하게 실행하기 위해서는 자료를 조사하는 능력, 조사한 자료를 해석하고 정리하는 능력 등과 같은 기초 탐구 능력을 학생들이 미리 갖추고 있어야 한다(고대만, 2002: 268). 또한 집단 내 의사소통 능력 및 집단 간 의사소통 능력에 따라 탐구의 질이 달라질 수 있다. 따라서 교사는 사전에 학생들의 능력을 면밀히 평가하여 집단 탐구의 수준과 범위를 기획할 필요가 있다. 특히 최근 교육공학 기술의 발달은 학생들로 하여금 자료를 보다 손쉽게 조사하고 정리 및 편집하며 공유할 수 있게끔 만들었다. 따라서 교사는 기초 탐구 능력, 사회적 의사소통 능력은 물론, 온라인 학습 도구 활용 능력도 함께 점검해 볼 필요가 있다. 더 나아가 점검한 내용을 토대로 탐구 집단을 균형 있게 조직해야 한다.

셋째, 좁은 의미에서의 탐구 그 자체, 즉 객관적 사실의 수집만을 수업의 목표로 삼지 않도록 유의해야 한다. 지식은 사실들의 집합이 아니다. 개인의 정서적 반응을 고려하지 않은 채 객관적 사실만 수집하는 것은 진정한 의미에서의 학습이라고 말하기 어렵다. 또한 단순히 타인의 말을 인용하면서 문제 풀이에만 집중하는 것 역시, 건설적인 탐구 결과를 도출하지 못한다(Thelen, 1960b: 147). 문제 해결에만 배타적으로 집중하는 것은 학습을 형식화시키고 개인적 감정과 의미 부여의 과정을 생략시키기 때문이다(Thelen, 1960b: 150). 교육은 개인적 믿음, 정서 반응, 자기 인식 등을 포괄하여 사고할 수 있는 전인적인 인간을 기르는 일이다. 특히 도덕 수업의 경우, 도덕적 사고와 함께 도덕적 정서를 적극적으로 고려한다는 점에서 학생들이 탐구 문제(예: 빈곤 문제)에 대해 어떤 생각(예: 최소 수혜자를 적극적으로 도와주어야 한다)을 가지고 있는지 뿐만 아니라, 어떤 감정(예: 빈자들에 대한 연민, 불의한 상황에 대한 분노와 실망 등)을 느끼는지도 두루 살피며 탐구 과정을 안내해야 한다.

8 경험 학습 수업 모형

1) 이론적 배경 및 기대 효과

경험 학습이란 학생들이 학습 대상인 실재에 대해 읽거나 말하거나 듣거나 쓰는 정도에 그치지 않고, 그것을 직접 접하면서 체험을 통해 배우는 학습 형태를 말한다. 경험 학습은 19세기 중반 미국의 형식적·추상적 교육에서 벗어나기 위한 움직임으로부터 시작되었다. 기존의 형식적 교육은 교사가 학생에게 정보를 보여 주면 나중에 학생이 그것을 적용할 것으로 기대했다. 그러다 20세기 초, 듀이Dewey는 자신의 책 『경험과 교육』Experience and Education에서 '행함으로서의 학습Learning by Doing'을 정당화하고자 하였다. 듀이는 단지 무언가를 어떻게 하는지 배우는 것보다 더 근본적인 것은, 새로운 역할을 직접 해 봄으로써 지식을 창조하거나 자신을 변화시키는 것이라고 설명했다(Lewis & Williams, 1994: 6).

듀이는 '경험'이란 무엇인가를 해 보는 '능동적 측면'과 경험을 통해 결과를 겪게 되는 '수동적 측면'이 특수하게 결합되어 있는 것으로 보았다. 경험의 성과는 이 두 가지 측면이 어떻게 연결되어 있느냐에 따라 가치가 결정된다(이홍우 역, 2010: 227). 즉 경험이 의미를 갖기 위해서는 우리가 하고자 하는 것과 그 결과로 일어난 것 사이의 관계를 파악하는 '사고'가 필요하다. 이때 사고는 경험과 괴리된 별개의 활동이 아니라, "우리가 하는 일과 그 결과 사이의 관련성을 구체적으로 파악해 연속성을 추구하는 의도적 노력"이라 할 수 있다(이홍우 역, 2010: 224-236). 이러한 관점은 학습을 현실과 괴리된 지식을 머리에 저장하는 과정이 아닌, 경험을 통해서 새롭게 지식을 구성하는 것으로 바라보도록 하는 계기가 되었다.

경험 학습의 중요성은 피아제Piaget의 지적 전통에서도 잘 나타난다. 각 개인에게 유의미한 경험이란 기존의 정신 구조와 현재의 경험 간의 불일치 혹은 모순을 발견하는 것이다. 피아제에 따르면, 개인은 비평형 상태를 경험할 때 평형을 다시 유지하고자 하는 동기를 갖게 되는데 인지 발달은 비평형 상태에서 다시 평형 상태로 균형을 맞추고자 하는 과정, 즉 평형화 과정에서 일어난다(정창우, 2020: 255). 아동의 발달을 위해서는 인지적 비평형을 유발하는 경험이 제공되어야 한다는 점을 고려해 볼 때, 결국 경험 학습이란 인지구조를 변화시키기 위해 안내된 경험을 제공하는 것으로 이해할 수 있다.

경험 학습은 학습이 개인과 환경의 상호작용을 통해 이루어지는 것이라는 구성주의적 관점을 전제하고 있다. 따라서 경험 학습은 다음과 같은 두 가지 특징을 지니고 있다. 첫째, 경험 학습은 교사를 통해 지식을 전수하는 수업이 아니라, 학생 자신이 경험을 통해 무엇인가를 알아 갈 수 있도록 지원하는 반구조화된 수업을 의미한다. 이는 교사 중심의 수업으로부터 학생 중심의 수업으로의 전환을 뜻한다. 둘째, 경험 학습은 학습을 결과가 아닌 과정으로 간주한다. 경험 학습에서 아이디어는 고정된 어떤 생각의 요소가 아니라, 경험을 통해 형성 및 재형성되는 것이다. 동일한 아이디어라고 해도 결코 같은 것이라고 할 수 없는데, 그 이유는 늘 경험에 영향을 받기 때문이다(Kolb, 1984: 26).

경험 학습의 과정은 크게 '구체적 경험'concrete experience, '반성적 관찰'reflective observation, '추상적 개념화'abstract conceptualisation, '능동적 실험'active experimentation의 과정으로 이루어진다. 구체적인 경험이란 구체적이고 실질적인 경험을 통해 세계에 대해 지각하는 것을 의미한다. 반성적 관찰은 구체적 경험을 해석하고 성찰하는 것을 뜻한다. 추상적 개념화는 구체적 경험에 대한 성찰을 통해 얻은 의미를 추상적 지식이나 원리로 정립하는 것을 말한다. 능동적 실험은 새롭게 형성한 지식을 적용하면서 실천하는 것을 의미한다(Kolb, 1984, 최서현·주재홍·신윤희, 2022: 468에서 재인용).

이러한 과정을 토대로, 도덕 교과에서의 '경험 학습 수업 모형' 역시 도덕적인 경험을 할 수 있는 주제를 선정하고, 직접 경험하며, 경험을 반성적으로 해석하고, 일반화할 수 있도록 학생을 안내한다. 이러한 과정을 통해 학생은 도덕적 경험과 이를 해석하는 자신의 도덕적 지식 간의 불균형을 깨닫고, 새로운 도덕적 지식을 능동적으로 구성해간다(서강식·강지윤, 2022: 87). 원래 경험 학습 수업 모형은 인지 능력의 발달에 초점을 맞추고 있는 수학 교과, 과학 교과, 사회 교과 등에서 주로 활용되어 왔다. 하지만 도덕 교과 역시 도덕 판단과 추론과 같은 인지적 변화는 물론, 직접적인 실천과 경험을 통해 획득할 수 있는 도덕적 정서나 의지, 행동 경향의 변화를 위해 경험 학습 수업 모형을 도덕 수업에 유용하게 활용하고 있다(교육부, 2025: 60). 무엇보다 우리나라 도덕과 교육이 윤리학적 지식의 습득이나 철학적 사유 그 자체를 지향하기보다는 학생들이 도덕적인 삶을 살아가도록 이끈다는 점에서, 경험 학습 수업 모형이 갖는 도덕교육적 가치는 크다고 하겠다.

2) 교수·학습 모형의 단계

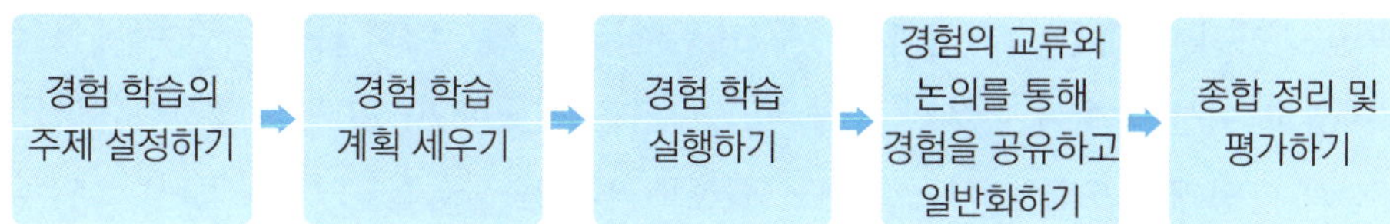

그림 4-8 경험 학습 수업 모형 단계(교육부, 2025: 60-61)

① 경험 학습의 주제 설정하기

첫 번째 단계는 도덕적 문제 사태를 제시하고, 학생이 경험을 통해 학습할 주제를 설정하는 것이다. 학습 주제는 학생들의 이해 수준에 적절한 것이어야 하며, 그들이 몰입하여 경험할 수 있도록 관심과 흥미를 유발하는 것이어야 한다. 또한 학생들이 도덕적 문제 사태의 개요를 파악하면서 스스로 학습 주제를 설정할 수도 있다(교육부, 2025: 60). 예를 들어 창의적인 방법으로 타인에게 도움을 준 도덕적 귀감의 이야기를 살펴본 후, 학생들은 '자신과 이웃을 위한 창의적 발명대회'라는 경험 학습 주제를 스스로 설정할 수 있다.

② 경험 학습 계획 세우기

이 단계에서 학생은 학습 주제를 어떻게 수행하고 경험할지에 대한 구체적인 계획을 세운다. 계획은 교사가 주도하여 제시할 수도 있고, 학생들이 서로 논의하여 세울 수도 있다. 다만 후자의 경우, 교사는 학생이 세운 계획이 해당 도덕 수업에서 다루고자 하는 도덕적 가치와 연관되도록 안내해야 한다. 또한 경험하고자 하는 내용을 구체화하는 것에서 멈추는 것이 아니라, 특히 중점을 두어야 할 경험이 무엇인지에 대해 살펴보고, 경험한 내용을 정리하여 발표하는 방법 등을 포함한 종합적인 계획을 세우도록 한다(교육부, 2025: 61).

③ 경험 학습 실행하기

이 단계는 실제로 경험 학습을 실행하는 단계이다. 즉 관찰, 행동, 인터뷰 등의 활동을 통해 궁금한 점에 대한 대답을 구하는 것이 바로 '경험 학습 실행하기' 단계이다. 이전 단계에서 '자신과 이웃을 위한 창의적 발명대회'라는 학습 주제를 설정하였고 이를 수행하기 위한 구체적인 계획을 세웠다면, 이 단계에서는 실제로 자신과 타인에게 도움이 되는 물건을 실제로 만드는 활동을 수행하게 된다. 이 과정에서 교사는 계획한 대로 경험 학습이 진행되고 있는지 지속적으로 점검한다. 또한 도덕 수업을 통해 가르치고자 하는 도덕적 가치와 관련하여 아동들이 중요한 경험을 하고 있는지 주의 깊게 살펴보면서 시의적절한 지도와 조언을 제공해야 한다. 그리고 경험 학습의 실행 과정에서 학습한 내용을 잘 기록하고 발표 자료를 준비해 나가도록 안내한다(교육부, 2025: 61). 필요에 따라서는 학생의 경험 활동과 관련이 있는 유의미한 자료를 제공하여 학생들의 경험 학습 과정을 지원할 수도 있다(Bartle, 2015: 7)

④ 경험의 교류와 논의를 통해 경험을 공유하고 일반화하기

이 단계는 경험 학습 수업 모형의 가장 중요한 활동이라 할 수 있는, 자신의 경험을 다른 사람과 공유하고 배운 것을 일반화하는 단계이다. 이 단계에서 학생들은 자신의 경험을 공유하고, 타인의 경험에 공감하거나 혹은 그것을 비판적으로 수용한다. 이 과정에서 학생들은 경험을 통해 배운 것을 정련·심화·확대하는 동시에 일반화하게 된다. 하지만 항상 염두에 두어야 할 것은 경험의 교류와 논의가 도덕 수업에서 가르치고자 하는 도덕적 가치와 관련되어야 한다는 것이다. 만약 '자신과 이웃을 위한 창의적 발명대회'라는 경험 학습 주제를 운영했다면, 교사는 그 과정에서 얻은 경험을 '창의적인 생활의 의미와 중요성', '타인을 돕고 배려하는 삶의 자세', '이웃에게 봉사하는 생활 태도' 등과 관련하여 교류하고 논의할 수 있도록 이끌어야 한다(교육부, 2025: 61).

⑤ 종합 정리 및 평가하기

마지막 단계에서는 경험의 과정과 결과를 종합하여 정리하고 평가하는 활동이 이루어진다. 종합 정리 및 평가 역시 도덕 수업에서 다루는 도덕적 가치와 관련지어 이루어져야 한다. 그리고 경험 학습이 충실히 이뤄졌는지를 비롯해 잘못된 점, 유념할 점 등에 관한 논의를 진행하면서, 학습 과정과 결과에 대한 반성적 성찰이 이루어지도록 한다(교육부, 2025: 61).

3) 교수·학습 모형을 활용한 도덕 수업의 실제

<table>
<tr><td>학년군</td><td>5~6학년군</td><td>성취기준</td><td colspan="2">[6도02-01] 봉사의 의미와 중요성을 이해하고, 타인이 처한 상황과 환경에 대한 주의 깊은 관심을 바탕으로 봉사를 실천한다.</td></tr>
<tr><td>학습 목표</td><td colspan="4">타인이 처한 상황과 환경에 적절한 봉사를 실천할 수 있다.</td></tr>
<tr><td>단계</td><td colspan="3">교수 · 학습 과정 및 활동</td><td>유의점</td></tr>
<tr><td>도입</td><td colspan="3">■ 경험 학습의 주제 설정하기
• 문제 사태 제시하기
T: 만약에 학교에서 아무도 봉사를 하려고 하지 않는다면 어떤 문제가 있을까요?
S: 급식을 먹을 때 각자 받아야 돼서 시간이 오래 걸릴 수 있습니다. 내가 도움이 필요할 때 도움을 받기가 어렵습니다. 교실도 더러워질 수 있습니다. 등
• 경험을 통해 학습할 문제 설정하기
T: 우리가 학교에서 함께 생활하는 타인을 위해 할 수 있는 봉사활동에는 무엇이 있을까요?
S1: 새로 온 전학생을 위해 특별 교실을 안내하는 도우미가 되겠습니다.
S2: 함께 생활하는 공간이 깨끗하게 유지될 수 있도록 청소를 하겠습니다.</td><td>학생들의 경험을 토대로 학습 문제를 설정할 수 있도록 지원한다.</td></tr>
</table>

<table>
<tr><td></td><td>

■ **학습 목표 확인하기**

타인이 처한 상황과 환경에 적절한 봉사를 실천할 수 있다.

</td><td></td></tr>
<tr><td>전개</td><td>

■ **경험 학습 계획 세우기**

• **모둠별로 봉사 관련 경험 학습 계획 구체화하기**

T: 모둠원과 함께 어떤 봉사를 왜 하고 싶은지 생각하며 계획을 세워 봅시다.

S: 저희 모둠은 학교 분실물 센터에 놓인 물건을 찾아 주는 활동을 하고자 합니다. 자신의 물건을 미처 찾지 못한 사람에게 도움이 될 수 있다고 생각하기 때문입니다.

T: 어떤 방법으로 실행할 수 있을까요?

S: 먼저 분실물에 이름이 적힌 물건이 있는지 확인하여 주인을 찾아 주겠습니다.

T: 만약 잃어버린 것을 미처 모르고, 이름이 없는 물건이 있다면 어떻게 학생들이 물건을 찾을 수 있도록 도울 수 있을까요?

S: 이름이 없는 물건은 사진을 찍어서 한눈에 알아볼 수 있도록 온라인 게시물을 만들겠습니다. 등

■ **경험 학습 실행하기**

• **계획한 봉사 활동 실행하기**

T: 주어진 시간 동안 봉사 계획에 따라 모둠원과 함께 봉사를 실천해 봅시다. 활동하는 모습은 사진, 기록으로 남겨 발표 자료를 준비할 수 있도록 합시다.

S: (일상생활에서 봉사를 실천하고 그 결과를 기록한다.)

■ **경험의 교류와 논의를 통해 경험을 공유하고 일반화하기**

• **각 모둠에서 실천한 봉사활동의 경험을 공유하고 일반화하기**

T: 그럼 각 모둠의 봉사활동 경험을 들어 볼까요?

</td><td>

모둠별로 세운 계획이 양질의 경험이 될 수 있도록 발문을 통해 계획을 구체화하도록 한다.

활동지, 태블릿 등을 제공하여 경험의 과정을 기록할 수 있도록 지원한다.

경험 학습 활동의 내용을 공유하는 과정에서 도덕규범이 일반화될 수 있도록 안내한다.

</td></tr>
</table>

A 모둠: 청소가 안 되어 있던 멀티미디어실을 정돈하였습니다. 학교에서 우리가 생활하는 공간이 교실 말고 다른 곳도 있었다는 것을 새롭게 느끼게 되었습니다. 이왕이면 함께 쓰는 공간이 깨끗할 수 있도록 함부로 쓰레기를 버리지 말아야겠다고 생각했습니다.

B 모둠: 얼마 전 전학 온 친구와 함께 학교 건물을 다니며 보건실, 도서관, 특별교실, 자료실 등을 설명해 주었습니다. 봉사는 멀리 있는 사람에게 하는 것이라고 생각했는데 평소에도 실천할 수 있는 것이라는 점을 느끼게 되었습니다.

C 모둠: 저희는 잃어버린 물건을 주인에게 찾아 주는 활동을 했습니다. 무심코 지나쳤던 곳인데 모둠원이 힘을 합치니까 이름이 써 있는 대부분의 물건의 주인을 찾아 줄 수 있었습니다. 분실물 찾는 곳과 교실이 멀어서 잃어버린 물건이 이곳에 있는지 모르고 지내던 학생이 우리가 만든 온라인 게시물을 보고 찾으러 온 경우가 있어서 뿌듯했습니다.

T: 각 모둠에서 한 경험 학습의 공통점은 무엇일까요?

S: 다른 사람을 돕고자 하는 마음에서 한 활동이었습니다. 우리가 지내는 학교에 대해 관심을 가지고 행동을 하였습니다.

T: 지난 시간에 우리는 봉사란 '타인이 처한 상황이나 환경에 관심을 갖고 돕는 것'이라고 배웠습니다. 학교 이외에 봉사가 또 필요한 상황은 무엇이 있을까요?

S: 집 앞의 눈을 치우거나 놀이터의 쓰레기를 줍는 것 등이 있습니다.

정리	■ **종합 정리 및 평가하기** • **경험 학습 정리 및 평가하기** T: 우리의 경험을 바탕으로 봉사에 대해 새롭게 배우거나 느낀 점은 무엇이 있는지 이야기해 볼까요? S: 그동안 봉사는 아픈 사람을 돕거나 쓰레기 줍는 것만 있는 줄 알았는데 새로운 방법으로 실천할 수 있다는 것을 알게 되었습니다. T: 봉사를 실천하기 위해 우리가 한 활동 과정이 충실히 이뤄졌는지 평가해 볼까요? S: 남을 돕기 위해 계획을 세워 직접 실천해 보고, 결과도 정리했다는 점에서 잘한 것 같습니다. T: 보완해야 할 점은 무엇이 있었습니까? S: 길 찾기 하는데 모둠원이 모두 동시에 할 필요는 없다는 생각이 들었습니다. 팀원의 역할을 안내자, 사진 촬영으로 나누고, 전학생만이 아니라 저학년 동생들을 돕는 것으로 봉사를 확대하면 더 좋을 것 같습니다. ■ **차시 학습 예고**	경험의 교류와 논의, 공유, 일반화 과정을 떠올리면서 봉사 활동의 필요성에 대해 생각해 볼 수 있도록 한다.

4) 활용상의 유의점

경험 학습은 학습자가 직접적인 경험을 통해 도덕적 가치를 학습할 수 있다는 점에서 여타의 다른 교수·학습 모형과 차별점을 갖는다. 하지만 경험 학습 수업 모형을 도덕 수업에 적용할 때는 학교 및 학급의 상황을 충분히 고려할 필요가 있다. 더 나아가 경험 학습이 도덕적으로 유의미한 경험이 되기 위해서는 아래의 내용을 반드시 고려해야 한다.

첫째, '경험' 그 자체에 집중하여, 해당 도덕 수업에서 다루고자 하는 도덕적 가치가 무엇인지 놓치지 않도록 유의해야 한다. 이를 위해 교사는 학생들에게 경험 학습의 목적을 지속적으로 상기시켜야 한다(Wurdinger & Carlson, 2010). 또한 학습 과정에서 학생이 양질의 경험을 할 수 있도록 도덕 교과의 특수성을 반영한 학습 환경을 제공하고, 그 경험을 도덕적 가치와 관련하여 해석할 수 있도록 지도해야 한다.

둘째, 교사는 교수·학습 과정에서 학생 중심의 수업을 운영해야 한다. 즉 경험 학습의 활동 내용은 학생의 흥미와 경험을 토대로 구성되어야 한다. 또한 학생들이 공동으로 작업할 수 있도록 돕는 다양한 교수·학습 자료를 제공해야 한다(교육부, 2025: 60). 이를 위해서는 경험 학습을 수행하기 전에, 학생들의 학습 수준, 흥미와 관심, 요구 등을 분석할 필요가 있다.

셋째, 경험 학습이 유의미하게 이루어질 수 있도록 충분한 활동 시간을 확보해야 한다. 경험 학습 수업 모형의 전 단계는 1차시 단위 수업에서 모두 수행할 수 없다. 따라서 경험의 성격과 유형, 학생의 학습 수준 등을 고려해, 도덕 수업을 탄력적으로 운영해야 한다. 즉 실질적인 활동 시간을 확보할 수 있도록 교과 융합 수업이나 블록 타임, 프로젝트 수업 등 다양한 방법을 활용할 필요가 있다.

넷째, 경험의 범위를 확장하기 위해 다양한 교육공학 기술을 활용해야 한다. 과학 기술의 발전은 인간의 생활 양식은 물론, 경험과 학습의 범위를 크게 확장시켰다. 따라서 교사는 가르치고자 하는 도덕 수업의 성격을 고려하면서, 메타버스, AR·VR 등 다양한 교육공학 기술을 활용하여 경험의 장을 넓히기 위해 노력해야 한다.

9 가치명료화 수업 모형

1) 이론적 배경 및 기대 효과

도덕과 교육에서 가치를 가르치는 것은 매우 중요한 목표 중의 하나이다. 과거에 가치교육은 사회적으로 바람직하다고 여겨지는 가치를 학생들에게 전달하는 것을 목표로 삼았다. 그러나 전통적 방식의 가치교육은 가치 전수의 과정에서 학생들의 자유로운 분석과 선택을 존중하지 않는다는 점에서 비판의 대상이 되었다(노희정, 2009: 90). 이에 래스Raths 등은 그 대안으로 교화의 위험을 피해 자신의 가치를 명료화하게 드러낼 수 있도록 도와주는 가치화valuing의 방법을 제시하였다. 그들은 1960년대 전후 미국 사회가 급속도로 변화하면서 사람들이 불확실성과 모순의 상황에 노출되고 이로 인한 가치 혼란에 빠져 있음에 주목했다(옹진환 외, 2023: 182). 즉 많은 사람이 무엇이 바람직한 행위인지를 심사숙고해 보지도 않은 채, 단순한 충동이나 감각적 선택에 의해 삶을 살아가고 있다고 진단한 것이다.

예를 들어, 가정의 모습은 맞벌이 부부와 이혼 가정의 증가로 크게 변화하였고, 미디어의 발달과 새로운 매체의 출현으로 인해 학생들은 다양한 생활 양식에 노출되었다. 게다가 국제사회의 오랜 전쟁 및 이념 갈등과 더불어, 기존에 중요하게 여겨지던 사회적 가치가 무너지는 모습은 과거에 비해 선택할 수 있는 가치의 폭을 훨씬 더 넓혔다(정선심·조성민 역, 1994: 33-40). 이는 아이들이 편협함에서 벗어날 수 있는 기회로 작용할 수 있지만, 오히려 지나치게 복잡해진 선택으로 인해 가치에 대한 무관심을 초래할 수도 있다.

이와 같은 상황에서 사람들은 가치에 무관심하거나, 변덕을 보이거나, 극도로 자신감이 없는 모습, 매우 일관성이 없는 모습, 방황하는 모습, 지나치게 순응하는 모습, 지나치게 반대하는 모습, 가식적인 성향을 나타낸다. 이 8가지 범주에 해당하는 사람은 공통적으로 사려 깊거나 자기 결정적인 생활을 하는데, 즉 가치의 문제를 다루는 데 어려움을 보인다(정선심·조성민 역, 1994: 21-23). 이러한 문제를 극복하기 위해서는 특정 가치를 강조하여 가르치는 대신, 학생들로 하여금 가치에 대해 숙고해 보도록 하는 '가치화 과정process of valuing'을 제공할 필요가 있다. 즉 깊은 자기 성찰을 토대로 가치를 스스로 선택하고, 선택한 것을 소중히 여기고 존중하면서, 생활 속에서 능동적으로 실천할 수 있는 능력을 길러 주어야 한다는 것이다(교육부, 2025: 55).

따라서 가치화의 과정은 선택choosing, 존중prizing, 행동acting이라는 주요 측면으로 구성된다. 그리고 각 측면은 7가지 조건으로 구체화된다(정선심·조성민 역, 1994: 45-48). 가치화의 과정에 대해 간단하게 살펴보면, 먼저 학생은 자신이 추구하고자 하는 가치를 자유로이 선택한다. 어떤 선택이 강압적으로 이루어지면, 그 선택은 오래 지속되기 어렵기 때문이다. 다음은 여러 가지 대안 중에서 선택한다. 이는 가치에 대한 규정이 개개인의 선택에 근거를 두고 있다는 점에서 그러한데, 만일 선택할 여지가 없는 상태에서는 (개인이 추구해야 할 것으로서의) 가치가 큰 의미를 지닐 수 없기 때문이다. 또한 선택 가능한 여러 가지 가치를 탐색하는 과정에서 자신이 진정으로 추구하고자 하는 가치를 선택할 가능성이 더 커지기 때문이다. 세 번째는 각 대안의 결과를 신중히 고려한 뒤에 선택한다. 각 대안의 결과를 알고 선택할 때만 충동적인 선택을 막을 수 있기 때문에, 인지적인 과정을 통해 결과를 생각할 수 있도록 해야 한다. 네 번째는 선택한 것을 존중하고 소중히 여긴다. 때론 내가 선택한 것이더라도 기쁘지 않을 수 있다. 하지만 가치화 과정에서는 가치에 대한 긍정적인 태도를 갖도록 하는 것을 중요하게 생각하는데, 가치는 우리가 기쁘게 선택한 것으로부터 나오고, 그것을 존중하고 소중히 여기는 것을 포함하기 때문이다. 다섯 번째는 선택한 것을 공언한다. 이는 다른 사람에게 자신의 가치를 기꺼이 알리고, 반대에 직면할지라도 그 가치를 옹호하는 것을 말한다. 여섯 번째, 선택한 가치에 따라 행동한다. 가치를 갖게 된다는 것은 일상생활에서 그 가치를 행동으로 나타낸다는 것을 말한다. 일곱 번째는 가치를 반복적으로 실천함으로써 하나의 '생활 양식'으로 자리 잡도록 한다. 이러한 가치화 과정의 결과, 즉 '개인이 무엇인가를 소중히 여기는 태도가 일관되게 나타나 생활 양식으로 자리 잡은 것'을 우리는 '가치'라고 부를 수 있다.

이상의 7단계를 근간으로 하여 도덕 수업에 적용 가능한 교수·학습 모형으로 구성한 것이 바로 '가치명료화 수업 모형'이다(유병열, 2011: 466). 이 모형의 특징은 자신이 추구하고자 하는 도덕적 가치에 대한 명료한 인식과 이성적·합리적 선택,

선택에 대한 정서적 애착과 존중, 그리고 이를 바탕으로 자기 주도적인 삶을 영위해 나갈 수 있는 개인의 능력을 강조한다는 점에 있다(교육부, 2025: 54). 하지만 이 교수·학습 모형은 그간 윤리적 상대주의로부터 자유롭지 못하다는 비판을 받아왔다(정선심·조성민 역, 1994: 393). 즉 자신이 추구하고자 하는 가치를 스스로 발견하고 선택하는 가치화 과정은 "자신이 선택한 것은 좋은 것이며, 누구나 자신의 가치를 선택할 동등한 권리를 가지고 있기에 모든 가치는 동등하게 좋다"라는 윤리적 상대주의 관점에 입각해 있다는 것이다. 그럼에도 불구하고 도덕적 가치의 합리적인 선택에 초점을 맞추어 실행되는 가치명료화 수업 모형은 신중하게 선택한 '도덕적 가치'를 개인의 도덕적 신념으로 삼아 도덕적 행동의 실천으로 연결시키는 데 도움을 줄 수 있는 교수·학습 모형이라고 말할 수 있다.

2) 교수·학습 모형의 단계

그림 4-9 가치명료화 수업 모형 단계(교육부, 2025: 54)

① 도덕적 문제 사태의 제시

첫 단계는 도덕적 문제를 제시하는 것이다. 사실 사람들이 추구하는 가치는 도덕적 가치(예: 성실, 배려, 정의, 책임 등)는 물론, 도덕과 무관한 가치(예: 명예, 학업적 성취 등)도 있다. 하지만 가치명료화 수업 모형을 활용한 도덕 수업에서 다루는 가치는 '도덕적 가치'이다. 따라서 먼저 첫 번째 단계에서는 학생들이 일상에서 직면할 수 있는 문제 사태 중, 도덕적 가치들이 내포되어 있거나, 혹은 도덕적 가치와 도덕과 무관한 가치가 갈등을 일으키거나, 다양한 행동 방안이 강구될 수 있는 문제 사태를 제시해야 한다. 또한 순수하게 윤리학적 가치 갈등의 문제를 제시하여 사변적인 탐구가 이뤄지지 않도록 가급적 학생의 흥미와 학습 수준을 고려하고, 일상생활과 관련 있는 주제를 선정하여 의미있는 학습이 되도록 한다(교육부, 2025: 54). 예를 들어 친구와의 관계에서 중요한 도덕적 가치가 무엇인가와 관련하여, 정직과 배려가 충돌하는 상황을 제시할 수 있다. 이와 같은 도덕적 문제 사태는 초등학생들의 주요 관심사(또래와의 긍정적인 관계 맺기)를 반영하고 있는 주제이자, 동시에 도덕적 가치인 정직과 배려에 대해 진지하게 생각해 볼 수 있는 주제이기도 하다.

② 선택

이 단계는 가치명료화 모형의 특징적인 부분이라 할 수 있다. 왜냐하면 누군가의 가치를 주입하는 것이 아니라 학생이 스스로 가치를 탐색하여 선택할 수 있도록 이끄는 단계이기 때문이다. 이 단계에서 교사는 학생이 문제 사태에서 어떤 행동 방안을 선택할 것인지, 그 기저에 놓인 도덕적 가치는 무엇이며 그렇게 해야 한다고 생각한 이유는 무엇인지 등 자신의 입장을 선택하고 그것을 정당화하도록 유도한다(교육부, 2025: 54).

앞서 살펴본 바와 같이, 선택은 ① '자유롭게 선택하기', ② '여러 가지 대안 중에서 선택하기', ③ '각 대안의 결과를 심사숙고하여 선택하기'라는 일련의 과정으로 구체화된다. 이러한 선택의 과정을 통해 학생들은 자신이 추구하고자 하는 가치 혹은 행동 방식이 자기 마음대로 선택되는 것이 아니라 충분한 숙고를 통해 선택되어야 함을 깨닫게 된다. 좀 더 구체적으로 살펴보자면, 먼저 학생은 특정 도덕적 가치를 선택하도록 강요받지 않은 상태에서 ① 자유롭게 선택할 수 있어야 한다. 즉 학생은 자신이 추구하고자 하는 도덕적 가치나 행동 방식은 무엇이며, 왜 그것들을 선택했는지 자유롭게 이야기할 수 있어야 한다. 이후 학생은 자신이 최초에 선택한 도덕적 가치 혹은 행동 방식 외에 ② 또 다른 대안들은 없는지 탐색하고, 탐색한 여러 대안 중에서 선택하게 된다. 만일 대안이 하나밖에 없다면 진정한 의미에서 해당 가치를 선택했다고 보기 어렵기 때문이다. 끝으로 학생은 앞서 자신이 탐색한 대안들을 일상생활에서 실제로 실천했을 때, ③ 어떠한 결과가 나타날지 예상하고, 예상한 결과들을 고려하면서 자신이 추구하고자 하는 도덕적 가치와 행동 방식을 사려 깊게 선택한다. 가치화 과정은 즉흥적인 의사결정이 아니라, 사려 깊은 숙고를 통해 자신이 선택한 도덕적 가치를 소중히 여기고 행동으로 표현하는 것까지를 포함한다. 따라서 학생은 선택의 단계에서 단순한 선호나 욕구가 아닌, 여러 대안 중 하나를 선택하였을 때 나타날 수 있는 결과까지 예상하면서 도덕적 가치를 선택해야 한다.

③ 존중

이 단계에서는 선택한 바를 받아들이고 소중히 하면서, 기꺼이 실행하고자 하는 활동, 그리고 자신이 선택한 도덕적 가치를 타인에게 공언함으로써 정당성과 수용 여부를 성찰하는 활동이 진행된다. 만약 자신이 선택한 도덕적 가치를 정서적으로 수용할 수 없다면 그 선택은 진정한 의미에서 자신의 가치라고 보기 어렵다. 따라서 자신이 선택한 것을 스스로 받아들일 수 있고 공적으로 선언할 수 있는지를 생각해 보는 활동은 가치명료화 수업 모형의 필요조건이라고 말할 수 있다. 선택 단계와 마찬가지로 존중 단계 역시 ① '선택한 것을 존중하고 소중하게 여기기', ② '선택한 것을 사람들에게 기꺼이 공언하기' 활동으로 세분화된다.

이 단계에서는 먼저 선택한 도덕적 가치 및 행동 방침과 어떤 것을 추구하고자 하는 주관적 욕망을 일치시키는 작업이 이루어진다. 즉 학생들은 가치 선택의 정서적 측면을 고려하여 ① 선택한 바를 소중히 하고, 선택한 것이 만족스러운지 검토한다. 이때 교사는 '선택한 것은 만족스럽나요? 얼마나 소중하고 중요하나요?', '자신이 선택한 가치에 대해 어떤 느낌이 드나요?', '지금의 선택이 내가 존중할 수 있는 것인가요?' 등의 명료화 발문을 던지면서, 학생들이 스스로 선택한 것을 긍정적으로 수용하고 있는지 점검해야 한다.

이후 학생들은 ② 자신이 선택한 바를 다른 사람들에게 공개적으로 확언하게 된다(교육부, 2025: 54). 일반적으로 가치명료화 과정은 자신의 가치를 탐색하는 개인에게 초점이 맞추어져 있지만, 선택 이후에는 자신의 선택을 타인에게 공언함으로써 선택한 가치의 도덕적 정당성을 점검하게 한다. 다시 말해서 만약 자신이 선택한 가치가 비합리적이라면, 그 사람은 자신이 선택한 가치를 타인에게 공언할 수 없을 것이다. 뿐만 아니라 자신이 선택한 가치가 타인에게 기꺼이 수용된다면, 그 가치는 도덕적 정당성을 확보하게 되고, 만약 그렇지 않다면, 선택한 가치의 정당성을 재고해야 한다.

④ 행동

마지막 단계에서 학생은 선택하고 소중히 여긴 것을 일상생활에서 행동으로 옮기면서 삶을 영위하는 활동을 진행하게 된다. 진정한 가치는 생활 속에서 지속적으로 실천되어야 하기 때문이다(교육부, 2025: 54). 이 단계 역시 ① '선택한 것을 행동으로 옮기기', ② '선택한 것을 생활 속에서 반복적으로 실천하여 습관화하기'라는 두 가지 활동으로 세분화된다. 먼저 학생들은 ① 자신이 선택한 도덕적 가치를 일상생활에서 어떻게 실천할지 구체적인 계획을 세운다. 그 후 학생들은 자신이 수립한 계획을 ② 일상생활 속에서 지속적으로 실천하는데, 이때 교사는 학생들로 하여금 꾸준히 자기 평가표를 작성하도록 함으로써 그 행동을 습관화시키도록 노력해야 한다.

3) 교수·학습 모형을 활용한 도덕 수업의 실제

<table>
<tr><th>학년군</th><td>3~4학년군</td><th>성취기준</th><td colspan="2">[4도01-04] 다른 사람의 관점을 수용할 수 있는지를 도덕적으로 검토하고 도덕규범을 내면화하여 도덕적으로 행동할 수 있는 자세를 기른다.</td></tr>
<tr><th>학습 목표</th><td colspan="4">도덕적인 사람이 되기 위해 가져야 할 도덕적 가치를 탐색할 수 있다.</td></tr>
<tr><th>단계</th><th colspan="3">교수 · 학습 과정 및 활동</th><th>유의점</th></tr>
<tr><td></td><td colspan="3">■ 도덕적 문제 사태의 제시
• '좋은 친구란 누구일까' 읽기
덕이는 친한 두 명의 친구 윤리와 기쁨이가 있다. 덕이는 부끄러움을 많이 타서 평소에 여러 사람이 모이면 자신 있게 이야기를 하지 못하는 편이다. 또 외모에도 자신감이 없어서 다른 사람을 부러워하는 말을 자주 한다. 윤리는 그러한 모습이 덕이에게 큰 도움이 되지 않는다고 생각한다. 왜냐하면 수업에서 발표를 하지 못할 정도로 부끄러움을 느끼는 것은 문제가 있다고 생각하기 때문이다. 그래서 덕이에게 솔직히 이건 노력이 필요한 부분이라고 이야기를 해 주려고 한다. 또 다른</td><td>학생의 생활과 관련 있는 사례를 제시하여 흥미를 가질 수 있도록 안내한다.</td></tr>
</table>

도입	사람의 외모가 부럽다면 자신의 외모를 마음에 들도록 가꾸는 것이 필요하다고 말하고 싶다. 별다른 노력 없이 남을 부러워하기만 해서 자신감이 생기는 것은 아니기 때문이다. 하지만 기쁨이는 윤리가 덕이에게 그렇게 말하는 것이 도움이 된다고 할지라도, 덕이의 마음을 생각하지 않는 것이기 때문에 좋지 않다고 생각한다. 과연 누가 좋은 친구일까? • **이야기의 핵심 내용 파악하기** T: 기쁨이는 좋은 친구로서 덕이에게 어떻게 행동하려고 하나요? S: 친구의 마음을 살펴 말해 주려고 합니다. T: 윤리는 좋은 친구란 어떻게 해야 한다고 생각하나요? S: 도움이 되는 행동을 솔직하게 말해 줘야 한다고 생각합니다. • **도덕적 가치 확인하기** T: 좋은 친구 관계에서 기쁨이가 중요하게 생각하는 도덕적 가치는 무엇일까요? S: 배려입니다. T: 좋은 친구 관계에서 윤리가 중요하게 생각하는 도덕적 가치는 무엇일까요? S: 정직입니다. ■ **학습 목표 확인하기** 도덕적인 사람이 되기 위해 가져야 할 도덕적 가치를 탐색할 수 있다.	도덕적 가치를 학생 스스로 표현하기 어려울 수 있으므로 가치 카드 등을 제공해서 배려, 정직 등의 도덕적 가치를 파악하도록 안내한다.
전개	■ **선택** • **여러 대안 중, 자신이 원하는 대안을, 심사숙고하여 선택하기** T: 우리는 어떤 친구를 좋은 친구라고 말하나요? S: 나를 아껴 주는 사람입니다. 내게 긍정적인 영향을 주는 사람입니다. 등	

	교수·학습 활동	비고
	T: 기쁨이는 윤리처럼 행동하면 어떤 결과가 나타날 것이라고 생각하나요? S: 솔직하게 말하려고 하다가 친구의 기분을 상하게 할 수 있다고 생각하는 것 같습니다. 등 T: 만약 기쁨이처럼 행동하면 어떤 결과가 나타날까요? S: 덕이가 발전할 수 있는 기회를 놓칠 수도 있을 것 같습니다. T: 나는 어떤 친구가 되고 싶은가요? S1: 저는 기쁨이 같은 친구가 되고 싶습니다. 왜냐하면 친구의 마음을 배려하는 것이 좋은 친구라고 생각하기 때문입니다. S2: 저는 윤리 같은 친구가 되고 싶습니다. 왜냐하면 솔직하게 말해서 친구가 성장할 수 있도록 도울 수 있기 때문입니다. 등	
	■ **존중** • **내가 선택한 것을 다른 사람 앞에서 공언하기** T: 자신이 선택한 것이 마음에 드는지 점검해 봅시다. S: 저는 제 선택에 별 다섯 개 중 네 개를 주고 싶습니다. T: 그럼 자신이 선택한 내용을 친구들 앞에서 발표해 봅시다. S: 저는 솔직하게 충고하는 친구가 좋은 친구라고 생각합니다. 왜냐하면 좋은 친구는 기분을 좋게 해주는 사람이 아닌, 친구의 성장과 발전을 돕는 사람이기 때문입니다. 등	자신이 선택한 대안에 대해 만족하는 정도를 쉽게 점검해볼 수 있도록 발문한다.
	■ **행동** • **자신이 선택한 대안을 행동으로 표현하기** T: 내 선택을 떠올리며 좋은 친구가 되기 위한 나의 다짐을 글로 표현해 봅시다. S: 저는 진정한 친구란 배려하는 친구라고 생각합니다. 그렇기 때문에 설령 내가 원하는 모습이 아닐지라도, 친구의 모습 그 자체를 존중하는 사람이 되고 싶습니다.	

정리	■ 수업 내용 정리 및 평가 • **생활 속에서 지속적인 실천 다짐하기** T: 자신이 선택한 것을 일주일 동안 잘 실천하고, 그 결과를 점검해 봅시다. S: 다짐한 글을 잘 보이는 곳에 붙여 두고 실천하겠습니다. ■ **차시 학습 예고**	

4) 활용상의 유의점

가치명료화 수업 모형은 학생들로 하여금 자신이 진정으로 추구하고자 하는 가치를 이해하도록 도와줌으로써 궁극적으로는 자신을 이해하는 데에도 도움을 줄 수 있다는 장점이 있다. 이 교수·학습 모형을 활용할 때 교사는 다음과 같은 점을 유의해야 한다.

첫째, 가치명료화 수업 모형을 도덕 수업에 활용할 때에는 도덕 교과의 특성을 반영한 발문을 사용해야 한다. 가치명료화 수업 모형은 도덕 수업에서뿐 아니라 국어과나 사회과 등 다양한 교과에서 활용할 수 있다. 기본적으로 이 모형은 자신의 가치를 선택하고 존중하며 그 가치에 따라 행동하도록 유도하는 과정으로 구성되어 있지만, 도덕과 수업에서는 특히 '도덕적 가치'를 중심으로 다룰 필요가 있다. 즉 교사는 학생들이 명예, 학업적 성취, 경제적 성취 등과 같은 도덕과 무관한 가치가 아닌, 도덕적 가치에 주목할 수 있도록 발문을 정교하게 구사할 필요가 있다.

둘째, 첫 번째 유의점의 연장선상에서 교사는 가치화의 과정이 윤리적 상대주의에 빠지지 않도록 세심하게 안내해야 한다. 이 교수·학습 모형은 가치의 다원성을 전제하고 있다는 점에서 자칫 수업의 맥락에 따라 도덕과 무관한 가치를 도덕적 가치보다 우선하여 선택하거나 심지어 부도덕한 가치를 선택할 잠재적 위험을 지니고 있다. 또한 자신이 선택한 가치가 사회적 규범과 다르더라도 가치화 과정을 거쳤다면 괜찮은 것으로 간주하는 문제가 발생할 수 있다. 그렇기 때문에 도덕 수업에 이 교수·학습 모형을 적용할 때에는 문제 사태를 제시하는 단계에서부터

'도덕적' 문제 사태를 제시하여 학생의 가치화 과정이 도덕적 가치를 중심으로 논의될 수 있도록 안내해야 한다. 또한 이 모형이 개인의 '도덕적 가치화의 과정'에 집중되어 있더라도 다양한 사회적 관점들에 대해 전혀 고려하지 않는 것을 의미하지 않는바, ('존중' 단계에서) 내가 공언한 가치가 타인으로부터 어떤 평가를 받을 수 있는지 확인하는 과정을 반드시 거쳐야 한다.

셋째, ('존중' 단계에서 이루어지는) 공언 활동에 대한 학생들의 심리적 부담을 고려해야 한다. 공언하기는 자신의 가치를 타인 앞에서 발표하는 과정으로, 자신이 선택한 가치에 대해 자랑스럽게 여기면서 확신을 갖는 과정이다. 그런데 학생에 따라 자신의 생각을 공개적으로 밝히는 것에 부담을 느껴 실제 생각과 다른 의견을 선택하여 발표하거나, 공언 활동 그 자체를 거부하는 문제가 생길 수 있다. 이에 대해 래스 등은 학생이 곤란해하거나 걱정스러워하는 신호를 보일 때는 즉시 가치명료화 활동을 중단하라고 조언한다(Raths, Harmin & Simon, 1978/1994: 332, 옹진환 외, 2023: 202에서 재인용). 따라서 이 단계를 진행하는 교사는 학급 전체를 대상으로 일괄적으로 공언하도록 강요하기보다는, 모둠에서 발표하기, 짝에게 말해보기, 학습지에 적고 혼자 소리 내어 말해 보기 등 학생의 성향과 상황을 고려하면서 융통성 있게 운영해야 한다.

10 도덕 이야기 수업 모형

1) 이론적 배경 및 기대 효과

아동의 일상에서 이야기는 친숙한 대상이다. 아동들은 옛날이야기를 통해 문화적 정서를 익히기도 하고 창작 이야기를 통해 상상의 나래를 펼치기도 한다. 또한 이야기는 다소 딱딱한 도덕적 성찰의 과정을 친숙하게 만들어 주는 좋은 소재이기도 하다. '도덕 이야기 수업 모형'은 도덕적인 이야기를 활용해 옳고 좋은 삶에 관해 탐구하는 도덕과 교수·학습 모형의 한 유형이다. 이 교수·학습 모형의 주안점은 도덕 이야기를 통해 도덕적 가치와 규범에 대해 이해하고 도덕적 사고력과 판단력을 높이는 동시에, 이야기 속 도덕적 모범을 보면서 도덕적 심정을 깊게 하고 실천하고자 하는 의지와 행동 성향을 기르는 것이다(교육부, 2025: 59).

도덕 이야기 수업 모형은 내러티브 접근법[Narrative Approach]에 이론적 근거를 두고 있다(교육부, 2025: 58). 여기서 내러티브[narrative]란 서사 또는 이야기를 뜻한다. 서사는 사건을 기술하거나 묘사하는 것을 말하며 이야기는 대화를 주고받는 것을 의미하는데, 이것들의 기저에는 정서의 표현이 반영되어 있다(이재호, 2017: 178-179). 그간 도덕 이야기는 다양한 방식으로 도덕교육에 활용되어왔다. 훌륭한 도덕적 귀감의 영웅적인 행동과 헌신이 담긴 이야기를 들려 주는 활동은 도덕교육에서 전통적으로 사용되어 오던 방법이었다.

그러나 보다 근본적인 층위에서 도덕 이야기는 인간의 본질, 존재 양식과 밀접한 관련이 있다. 덕 윤리학자 맥킨타이어[MacIntyre]가 적시하듯 인간은 본질적으로 이야기하는 동물이며, 인간은 이야기를 매개로 인간의 삶과 행위를 이해할 뿐 아니라 역사와 공동체 속에서 자신의 정체성을 형성한다(MacIntyre, 1984: 211-220, 유병열, 2011: 486에서 재인용). 이러한 관점에 볼 때, 도덕 이야기는 단지 흥미로운 도덕 수업의 소재일 뿐 아니라 인간이 살아가는 존재 양식이며, 자신의 존재 양식을 다듬어 나가기 위한 필수적인 수단이다.

내러티브 접근에 대한 이론적 정교화는 태펀[Tappan]과 브라운[Brown]의 연구에서 살펴볼 수 있다. 그들은 내러티브가 도덕성 발달, 그리고 도덕교육에서 어떤 역할을 하는지 보여 주기 위해 도덕적 경험moral expreince의 심리적 측면을 설명한다. 도덕적 경험이란 '도덕적 의사결정과 행동을 요구받는 상황, 갈등, 딜레마 등에서 비롯된 개인의 삶의 경험'으로, 무엇이 옳거나 도덕적인지에 대한 물음에 직면했던 경험이라 말할 수 있다(Tappan & Brown, 1989: 186). 사람들은 자신의 도덕적 경험에 대해 이야기를 함으로써 도덕적 선택과 의사결정을 내리고, 그것에 '의미'를 부여하게 된다. 이러한 측면에서 내러티브는 도덕적 경험과 도덕 발달을 이해하는 데 매우 중요한 수단이 된다(Tappan & Brown, 1989: 187). 또한 내러티브는 인간의 인지, 정서, 행동을 통합적으로 다루기 때문에 이를 통해 사람의 경험을 통합적으로 이해하도록 한다. 즉 도덕적 선택과 의사결정에 대한 내러티브는 도덕적 경험의 인지, 정서, 행동적 측면의 상호작용 관계를 반영하고 있어 사람의 경험을 심층적으로 이해하도록 한다(Tappan & Brown, 1989: 188).

특히, 이야기의 저자는 그 이야기의 중요한 부분에 의미를 부여하고 실제 일어났던 사건들을 구성하는 과정에서 자연스럽게 도덕적인 측면을 고려하게 된다. 즉, 자신의 도덕 이야기의 저자가 되는 과정Authoring에서 그 사람은 도덕적으로 발달하게 되는 것이다(Tappan & Brown, 1989: 188-190). 그리고 자신의 이야기story를 말하고, 내러티브를 구성하고, 도덕적인 가치를 부여하는 과정에서 생겨난 저자의식authorship을 통해, 그 사람은 자신의 삶과 도덕적 행위에 대한 책임감을 갖게 된다(Tappan & Brown, 1989: 190-191).

도덕 이야기 수업 모형을 도덕 수업에 활용함에 있어, 교사는 구두로 학생들을 인터뷰하거나, 자신의 삶에서 도덕적 결정을 내린 경험을 이야기로 써 보게 하거나, 이야기를 극화해서 표현해 보도록 하는 등의 여러 방법을 통해 학생들이 자신의 내러티브를 만들도록 안내할 수 있다. 이때 '그 상황에서 느꼈던 갈등은 무엇인가', '옳다고 생각한 것은 무엇이며 왜 그러한가', '지난 상황을 되돌아볼 때, 무언가 배웠다고 생각하는가?', '내가 느끼는 도덕성이란 어떤 것인가?' 등의 질문은 학생들이 내러티브를 구성하는 데 도움을 줄 수 있다(Tappan & Brown, 1989: 194-196).

따라서 내러티브 접근은 기존의 문학작품 등을 활용해 감동 감화를 주는 전통적인 이야기 수업과는 질적인 차이를 갖는다(신현우, 2011: 264; 이재호, 2017: 182).

전자는 주로 학생을 교사 중심의 수업에서 교화되어야 하는 대상으로 전제한다면, 후자는 학생을 도덕성 발달의 능동적인 주체로 바라보면서 수업의 중심에 두고 있기 때문이다. 그러나 실제로 초등학교 도덕 수업에 활용하는 도덕 이야기 수업 모형은 학생의 '도덕적 저자 의식'을 기르는 과정은 물론, 도덕적 귀감들의 모범적인 행동들을 보여주면서 도덕적 가치와 규범들에 대한 이해를 돕고 그것들을 일상생활에서 실천하도록 감동과 감화를 주는 활동도 함께 포함하고 있다.

2) 교수·학습 모형의 단계

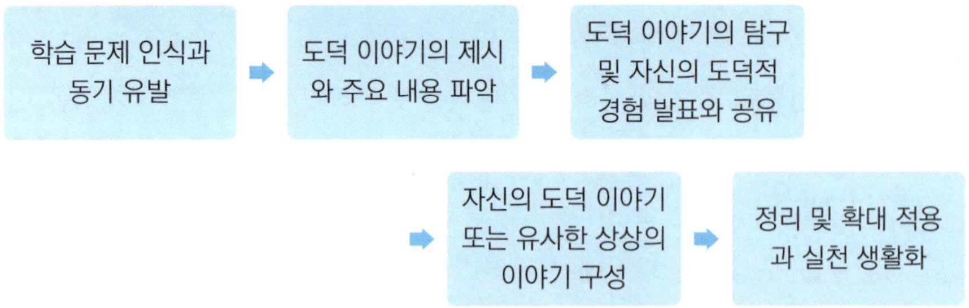

그림 4-10 도덕 이야기 수업 모형 단계(교육부, 2025: 58-59)

① 학습 문제 인식과 동기 유발

첫 번째 단계에서는 일반적인 도덕 수업과 유사하게 해당 차시에서 다루고자 하는 도덕적 가치와 연관된 생활 속의 사례 혹은 있을 법한 가상의 사례를 제시한다. 또는 깊이 생각해 볼 만한 거리가 담긴 짧은 사례를 활용해 문제의식을 느끼도록 할 수도 있다(교육부, 2025: 58). 예컨대 '인권 존중'과 관련된 수업의 경우, 교사는 학생들에게 인권이 침해된 사례 등을 제시하고 비슷한 경우를 보거나 경험한 적이 있는지 묻는다. 또한 정서적 측면에서 어떤 느낌이나 마음이 들었는지 회상하고, 문제의 원인이나 배경 등에 대해 짧게 논의하도록 이끌 수 있다. 이러한 활동은 학생들로 하여금 특정 도덕적 가치와 관련하여 문제의식을 느끼고, 학습 동기를 갖도록 유도한다.

② 도덕 이야기의 제시와 주요 내용 파악

다음은 도덕 이야기를 본격적으로 제시하고, 이야기의 주요 내용을 파악하는 단계이다. 이야기는 읽기 자료, 듣기 자료, 만화, 시청각 매체, 정보통신기술(ICT) 자료 등 다양한 형태로 제시할 수 있다. 그리고 이야기를 제시하는 방식도 교사가 말하기, 학생이 말하기, 이야기를 읽어 주기, 학생들이 직접 읽기, 시청각 매체로 로 제시하기 등 여러 가지 방법을 활용할 수 있다(교육부, 2025: 59). 가장 중요한 것은 제시할 이야기 자체가 좋아야 한다는 점이다. 좋은 이야기란 학생들의 호기심을 자극하고 흥미를 유발하는 것, 갈등이나 극적인 요소가 있는 것, 깊은 감명을 줄 수 있고 도덕적 모범이 되는 것, 이야기의 전개가 짜임새 있고 흥미진진한 것, 학생들의 실제 삶과 연계성이 높은 것 등이다. 물론 학생들의 발달 수준에 따라 적절하게 이야기의 길이를 조절하여 제시하는 것도 필요하다(유병열, 2011: 489).

학생들은 교사가 제시한 이야기를 듣거나 읽고 난 후, 이야기의 주요 내용을 파악해야 한다. 즉 이야기 속에서 일어난 일이 무엇이며 사건이 어떻게 전개되었는지, 등장인물은 누구이고 어떤 말과 행동을 했는지 등을 파악해야 한다. 더 나아가 이야기의 주요 문제와 원인, 주요하게 논의해야 할 점들을 생각해 봐야 한다. 이 단계는 이야기의 화자가 주로 교사라는 점에서 전통적인 도덕 이야기 수업에 가깝다(정창우 외, 2020: 105).

③ 도덕 이야기의 탐구 및 자신의 도덕적 경험 발표와 공유

도덕 이야기의 전개 과정을 파악하였다면, 이제 본격적으로 도덕 이야기와 관련된 도덕적 가치에 대해 탐구하고, 그것을 자신의 삶과 연결시키는 작업을 수행해야 한다(유병열, 2011: 489). 도덕적 가치를 자신의 삶과 연결시키는 작업이 중요한 이유는 자신을 정의할 때 도덕적 가치를 중요하게 고려하는 사람들은 그러한 정의 방식과 일관되게 행동하려는 경향에 의해 보다 도덕적으로 행동하기 때문이다.

이 단계에서 학생들은 이야기 속 등장 인물들에 대한 자신의 생각과 감정을 확인하고, 이 이야기 속에 내포된 도덕 원리나 도덕적 가치를 탐구하며, 이야기와 관련된 자신의 도덕적 경험을 회상 및 공유하는 활동을 진행하게 된다. 이때 교사는 학생들로 하여금 무엇이 옳고 좋은 것인지, 어떤 도덕 원리를 따르고 도덕적 가치를 추구하면서 살아야 하는지, 어떤 삶의 모습을 본받아야 하는지 등을 탐구하도록 하기 위해, '여러분이 생각할 때, 주인공의 행동은 바람직한가요? 그 이유는 무엇인가요?', '주인공의 선택과 행동 속에는 어떤 교훈이 담겨 있나요?', '주인공의 선택과 행동 속에서 우리가 본받아야 할 점은 무엇인가요?'와 같은 질문을 던질 수 있다. 더 나아가 교사는 탐구한 도덕 원리나 가치와 관련된 학생 자신의 도덕적 경험을 회상하도록 하기 위해, '이야기 속 주인공이 겪은 일과 유사한 자신의 경험을 떠올려 봅시다', '어떤 선택을 했고, 왜 그런 선택을 했나요?', '여러분의 선택은 옳은 선택이었나요?', '여러분의 행동은 도덕적으로 어떤 가치를 갖나요?'와 같은 발문을 활용할 수 있다.

④ 자신의 도덕 이야기 또는 유사한 상상의 이야기 구성

네 번째 단계는 자신의 도덕 이야기 또는 유사한 상상의 이야기를 구성하는 단계이다. 태펀에 따르면 학생들은 자신의 도덕적 경험을 이야기로 구성하여 말할 때, 자신의 행위에 대한 책임감을 형성하게 된다(교육부, 2025: 59). 따라서 이 단계에서 학생들은 도덕 수업에서 다룬 도덕적 가치와 관련하여 자신의 도덕 이야기를 만들거나 유사한 상상의 이야기를 만드는 활동을 하게 된다.

이 단계의 명칭에서 볼 수 있는 것처럼, 학생들은 크게 두 가지 활동 중 하나를 선택하여 수행하게 되는데, 하나는 그 수업에서 다루는 도덕적 가치와 관련하여 자신이 '실제로 경험한 것'을 이야기로 구성하는 활동이고, 또 다른 하나는 자신이 직접 경험하기는 않았지만 도덕적 가치와 관련하여 자신이 느끼고 생각한 바를 '유사한 상상의 이야기'로 구성하는 활동이다. 어떠한 경우이든, 학생들은 이 두 가지 활동을 통해 인간의 바람직한 삶과 관련하여 자신에 대해 깊게 성찰하게 되고 어떻게 행동할 것인지에 대한 나름의 관점을 가지게 된다. 도덕 이야기는 말과 글로 표현할 수도 있지만, 만화나 그림, 교육 연극, 역할놀이 등 다양한 방식으로 나타낼 수 있다(교육부, 2025: 60).

⑤ 정리 및 확대 적용과 실천 생활화

정리 단계는 일반적인 도덕 수업과 비슷하게, 해당 차시에서 다룬 도덕 원리나 도덕적 가치와 관련하여 학습한 내용을 전체적으로 종합하고 정리하면서 지식과 앎의 구성을 시도한다. 더 나아가 학습한 내용을 일상생활에서 확대 적용할 수 있도록 계획을 세우고, 이를 발표하면서 실천 의지를 다지도록 한다. 또한 수행평가 학습지, 실천 기록장 또는 실천 점검표, 가정과의 연계 지도 등을 활용하여 그 시간에 배운 도덕적 가치를 실제로 실천해 갈 수 있도록 권장하고 독려한다.

3) 교수·학습 모형을 활용한 도덕 수업의 실제

<table>
<tr><td>학년군</td><td>3~4학년군</td><td>성취기준</td><td>[4도01-03] 성실한 생활의 모범 사례를 탐색하고 시간 관리를 위한 생활을 계획하여 지속적인 자기 성장을 모색한다.</td></tr>
<tr><td>학습 목표</td><td colspan="3">성실한 생활의 모범 사례를 탐색하여 삶의 목표로 삼을 수 있다.</td></tr>
<tr><td>단계</td><td colspan="2">교수 · 학습 과정 및 활동</td><td>유의점</td></tr>
<tr><td>도입</td><td colspan="2">■ 학습 문제 인식과 동기 유발

• 우리 주변의 성실한 사람 찾아보기
T: 내 주변에 성실한 사람이 있나요?
S: 저희 누나는 정말 성실합니다.
T: 어떤 점에서 그렇게 생각하나요?
S: 매일 아침 스스로 일어나서 자기 할 일을 하고 학교에 갑니다.

■ 학습 목표 확인하기

성실한 생활의 모범 사례를 탐색하여 삶의 목표로 삼을 수 있다.</td><td>본격적인 학습에 앞서 자신의 경험을 간단히 말할 수 있도록 안내한다.</td></tr>
</table>

<table>
<tr>
<td rowspan="2">전개</td>
<td>

■ **도덕적 이야기의 제시와 주요 내용 파악**

• **‘어느 목수 이야기’를 읽고 모범 사례 탐색하기**

> 어느 마을에 성실한 목수가 살았습니다. 그 마을의 다른 목수들은 물건을 빠르게 많이 만들었지만, 이 목수는 항상 시간을 들여 정성을 다해 물건을 만들었습니다. 어느 날 이 목수는 특별한 의자를 만들기로 결심했습니다. 그는 특별한 의자를 만들면서 의자의 작은 부분 하나하나에도 정성을 다했습니다. 마을 사람들은 그가 일하는 속도가 느린 것을 보고 수군거렸습니다. 하지만 목수는 아무렇지 않았습니다. 만드는 과정에서 느낀 행복, 즐거움, 성취감으로 가득찼기 때문입니다. 시간이 한참 흘러 의자를 완성했을 때, 수군거렸던 마을 사람들은 감탄했습니다. 이 의자가 목수에게 엄청난 상이나 명성을 가져다주어서가 아닙니다. 자신이 사랑하는 일을 하고 그 과정에서 매일 행복을 느꼈기 때문입니다.

T: 목수의 행동이나 모습에서 어떤 점을 성실하다고 할 수 있을까요?
S: 시간을 들여 정성을 다해 의자를 만든 모습입니다.
T: 성실하게 사는 태도를 통해 목수는 무엇을 느끼게 되었나요?
S: 행복을 느끼게 되었습니다.

</td>
<td></td>
</tr>
<tr>
<td>

■ **도덕 이야기의 탐구 및 자신의 도덕적 경험 발표와 공유**

• 이야기를 바탕으로 성실한 삶과 관련된 자신의 경험 나누기

T: 자신의 과거 경험을 돌아봅시다. 여러분은 성실하게 행동했던 경험이 있나요?
S1: 저는 급식 봉사할 때 누가 알아주지 않아도 정성스럽게 국을 담으려고 노력했습니다.
S2: 저는 매일 계획을 세워 스스로 정해진 양만큼 공부를 합니다.

</td>
<td>성실한 삶의 관점에서 자신의 삶을 성찰하도록 안내한다</td>
</tr>
</table>

	■ **자신의 도덕 이야기 또는 유사한 상상의 이야기 구성** • **성실한 생활과 관련하여 자신의 '도덕 이야기' 만들기** T: 나의 생활 중, 성실하지 못한 부분이 있나요? 무엇인가요? S: 저는 아침에 시간을 맞춰 일어나는 일을 잘하지 못했습니다. T: 자신의 경험을 되돌아보면서, 성실한 삶을 살아가는 나의 모습을 도덕 이야기로 만들어 봅시다. 나는 예전엔 종종 수업에 늦는 아이였다. 나름대로 일찍 일어난다고 생각했지만, 눈을 떠보면 언제나 학교 갈 시간이 지나 있었다. 그런데도 나는 어차피 학교에 갈테니까 조금 늦는 것은 상관이 없다고 생각했다. 그러다가 도덕 시간에 성실에 대해 배웠는데 아무리 작은 일이더라도 정성을 다해야 한다는 것을 알게 되었다. 그래서 뭔가 달라져야겠다고 결심을 하고 알람을 여러 개 맞춰 놓고 잠을 자기 시작했다. 그래도 처음에는 눈뜨기가 힘들었는데 점점 일찍 일어나는 것이 쉬워졌다. 그래서 학교도 늦지 않게 되었고, 먼저 가서 수업을 준비할 수 있게 되었다. 책도 미리 꺼내 두고 연필도 챙겨 놓았더니 수업 시간 준비를 잘했다는 칭찬도 받았다. 작은 일에도 정성을 다해 생활하니, 왜 성실하게 생활하면 행복해진다고 하는지 알 것 같다. T: 여러분은 어떤 마음으로 이야기를 만들었나요? S: 저는 학교에 지각하는 것이 성실하지 못한 모습 같아서 이 부분을 고친 저의 모습을 상상하며 이야기를 써 보았습니다.	도덕적 상상을 통해 자신의 생활이 개선된 모습을 이야기로 작성해 보도록 안내한다.
정리	■ **정리 및 확대 적용과 실천 생활화** • 성실한 생활을 실천할 수 있는 생활 계획 세우기 T: 한 주간 성실한 생활을 실천하기 위한 계획을 세워 봅시다.	구체적인 행동 계획을 세워 일상생활에서 꾸준히 실천하도록 격려한다.

	S: 아침에 일찍 일어나기 위해 알람 맞추기, 요일별 로 무엇을 해야 할지 적어 두고 미리 기억하기를 실천하고자 합니다. T: 실천 계획을 발표하며 성실한 생활을 다짐해 봅시다. S: 저는 매일 줄넘기를 50번씩 하면서 내 몸을 성실하게 가꿀 수 있도록 노력하겠습니다. ■ **차시 학습 예고**	

4) 활용상의 유의점

이야기를 활용하는 전통적인 도덕 수업과 유사하게, 도덕 이야기 수업 모형 역시 도덕 이야기를 통해 도덕적 가치에 대한 학생들의 이해를 돕고, 그들에게 감동·감화를 주어 도덕적으로 행동하고자 하는 의지를 길러 주고자 한다. 하지만 이야기의 화자 혹은 저자가 '교사나 부모'가 아닌 '학생' 자신이라는 점에서 양자는 근본적인 차이를 지니고 있다. 특히 도덕 이야기의 저자로서 학생이 자신의 삶과 도덕적 경험을 이야기의 소재로 직접 활용한다는 점, 그리하여 자신을 도덕적인 측면에서 바라보도록 한다는 점에서 도덕 이야기 수업 모형은 학생들의 '도덕적 자아' 혹은 '도덕적 정체성'을 형성하는 데 기여한다. 다시 말해서 도덕 이야기 수업을 통해 학생들은 자신의 모습을 도덕적인 인간의 모습으로 정의하고 설명하게 된다. 더 나아가 학생들이 자신의 도덕적 경험을 회상하고, 그 경험을 도덕적 준거(도덕적 가치나 도덕 원리 등)에 의해 평가하며, 앞으로의 행동 방침을 마련해 보도록 수업이 구조화되어 있다는 점에서 도덕 이야기 수업 모형은 '윤리적 성찰' 능력을 키워 주는 데도 유용하게 활용될 수 있다(정창우 외, 2020: 103-104). 이러한 도덕 이야기 수업 모형을 효과적으로 활용하기 위해 교사는 다음과 같은 점들을 유의해야 한다.

첫째, 교사는 학생이 자신의 내러티브를 보다 효과적으로 구성해 가도록 사진, 영상, 작품 등 다양한 자료를 활용해야 한다(Cook-Cootine & Beck, 2007: 194-195, 윤영돈, 2012: 149에서 재인용). 학생은 동화, 옛날이야기 등을 들을 기회는 많지만, 자신의 이야기를 도덕적인 관점에서 구성해 볼 수 있는 기회는 상대적으로 적다. 따라서 그들은 자신의 이야기를 하고 싶은 마음을 가지고 있더라도, 어떻게 해야 할지 막막해 할 수 있다. 따라서 교사는 이야기 구성의 비계 역할을 할 수 있는 다각적인 지원을 마련할 필요가 있다.

둘째, 학생이 자신의 이야기를 공유하고 구성하는 과정에서, 교사는 학생과 충분히 상호작용해야 한다(이재호, 2017: 190). 도덕 이야기 수업 모형의 핵심은 학생이 저자 의식을 갖고 자신의 이야기를 스스로 구성하는 것이다. 하지만 이야기의 구성은 학생 홀로 해내야 하는 것이 아니라, 타자와의 상호작용 가운데 의미를 만들어가는 사회적 행위이다. 따라서 교사는 학생들이 자신의 이야기를 편하게 할 수 있도록 그들과 정서적 유대감을 형성해야 하며, 자신의 이야기를 사회적·도덕적인 관점에서 성찰할 수 있도록 격려해야 한다.

셋째, 자신의 도덕적 경험을 공유하는 것에 부담을 느끼는 학생의 경우, 무리하게 자신의 이야기를 개방하도록 하기보다는 타인의 이야기를 경청하면서 그들의 도덕적 경험을 간접적으로 학습하도록 안내한다(정창우 외, 2020: 109). 도덕적 경험에 관한 이야기를 나눌 때, 학생들은 아직 자신의 모습에 직면할 만한 마음의 준비가 되어 있지 않을 수 있다. 또한 학급의 다른 학생에게 내면을 공유할 만큼 충분한 관계 형성이 되어 있지 않을 경우, 그들에게 자신의 이야기를 들려주는 것, 특히 자신의 부도덕한 경험을 들려주는 것은 매우 부담스러운 일이 될 수 있다. 이때 교사는 학생이 즉각적으로 자신의 이야기를 개방할 것을 기대하기보다는, 타인이 들려 주는 이야기를 듣고 다른 사람들도 자신과 비슷한 도덕적 실패를 경험하고 있으며 이를 극복하기 위해 노력하고 있음을 배울 수 있도록 한다.

11 철학적 탐구 공동체 수업 모형

1) 이론적 배경 및 기대 효과

철학적 탐구 공동체 수업 모형은 미국에서 어린이 철학을 창안한 매튜 립맨Matthew Lipman이 제안한 것으로, 교실 공동체가 함께 철학적 질문을 만들어 내고 탐구하는 수업 방식이다. 이 교수·학습 모형의 목표는 절대적인 의미에서의 진리를 만들어 내는 것이 아니다. 오히려 우리의 지식이 주관적으로 구성되며 오류 가능성을 지니고 있음을 인식하고, 가장 좋은 이유에 근거한 지식을 탐구하는 데 그 목적이 있다. 요컨대 철학적 탐구 공동체 수업 모형은 지속적인 탐구와 성찰을 통해 지식과 진리의 특성, 자신의 관점, 믿음과 신념을 수정하면서, 학생들로 하여금 더 나은 삶을 살아갈 수 있도록 돕는 수업 방식이라고 할 수 있다(교육부, 2025: 61).

립맨은 1970년대까지의 미국 공교육을 분석하면서 다음과 같은 문제점을 발견한다. ① 교육 내용이 어떻게 해서 도출되는지를 온전하게 보여 주기보다는, 이를 단순화하여 암기할 수 있는 지식 형태로 바꾸어 제시한다. ② 너무 추상적이어서 다른 교육 내용에 적용하기 어려울 정도로 일반화된 논리적 사고 구조를 제시한다. ③ 어떻게 사고해야 하는지에 대한 절차적 과정을 제시하지 않은 채, 특정 주제에 대해 사고하라고 요구한다. ④ 논리 구조를 정확하게 포함한 것처럼 보이지만 실제로는 여러 해석이 가능한 내용을 교사가 원하는 방식대로 해석한 후, 학생들이 그 방식대로 의미를 파악하기를 요구한다(Lipman, 1976: 19-21).

립맨이 보기에 위와 같은 문제점을 해결하기 위한 방향은 크게 3가지이다. 하나는 교육 내용의 형성 과정을 온전하게 보여 줄 수 있는 교육 방법을 제시하는 것이고, 또 다른 하나는 교육 내용 도출까지 도움을 줄 수 있는 교육 방법을 제시하는 것이며, 마지막으로는 다양한 해석을 허용하고 격려할 수 있는 분위기를 조성하는 것이다. 립맨은 이러한 해결 방향을 구체화한 '철학적 탐구 공동체'를 제안하면서, 다음과 같은 6가지 수업 방안을 제시하였는데, ① 자연스럽게 생기는 의문 허용, ② 지적 충격이나 놀라움을 주는 소재를 활용한 질문의 활성화, ③ 직접적인 정답을 제시하기보다는 이야기를 통한 간접 경험 제공, ④ 적절한 발문을 통한 잘못된 사고방식의 수정, ⑤ 학습의 결과물 산출에 대한 부담 완화, ⑥ 다른 사람과의 협력을 강조함으로써 개인의 사고 능력 향상에 대한 부담 완화가 바로 그것이다(Lipman, 1976: 17-32).

'철학적 탐구 공동체 수업 모형'을 이해하기 위해서는 이 개념을 구성하고 있는 '철학'과 '탐구 공동체'가 무엇인지를 이해할 필요가 있다(한국 철학적 탐구 공동체 연구회, 2019: 23-42). 우선 '철학'은 지혜에 대한 사랑이고, 세상과 삶의 의미나 가치에 대해 끊임없이 질문하고 음미하며 성찰하는 것이다. 일반적으로 철학은 다음과 같은 특징을 지니고 있다. 첫째, 철학은 호기심, 혼란, 당황스러움에 의한 질문으로부터 시작된다. 둘째, 철학은 "이것은 무엇인가?" 혹은 "이것의 의미는 무엇인가?"와 같이 중요한 개념에 대해 질문한다. 여기서 중요한 개념이란 삶, 죽음, 용기, 옳음, 행복, 국가, 아름다움 등 삶의 바탕을 이루고 있는 것들이다. 우리가 이러한 개념들을 어떻게 정의하느냐에 따라, 우리의 판단과 행동이 달라진다. 셋째, 철학은 중요한 개념의 의미는 물론, 이와 관련된 문제의 근원이나 핵심은 무엇인지, 우리의 경험에 숨겨져 있는 의미는 무엇인지, 우리가 제시한 답의 전제는 무엇인지에 대해 질문한다.

위와 같은 존재론적 질문과 더불어, 넷째, 철학은 무엇이 옳고 그른 것인지, 혹은 좋고 나쁜 것인지에 관한 가치론적 질문을 던진다. 다섯째, 철학은 탐구와 숙고의 과정이 정당한지, 즉 지식을 갖게 된 사고의 과정이 타당한지에 대해 질문한다. 여섯째, 철학은 질문에 대한 우리의 답을 성찰한다. 존재의 의미, 본질, 근원, 가치 등에 대한 질문의 답을 절대적인 것으로 여기지 않으며, 그 답의 오류 가능성을 염두에 두고 다시 질문하고 또 질문한다. 이때 답에 숨겨진 전제를 찾아 다시 검토하기도 하고 맥락에 따른 차이의 가능성을 염두에 두기도 한다. 마지막으로 철학의 질문은 열린 질문이고 철학의 답 역시 열린 답이다. 따라서 철학은 여러 가능한 답 중, 맥락에 가장 적절하고 가장 좋은 이유를 갖는 것을 찾아가는 과정이다.

다음으로 '탐구 공동체'의 필요성에 대해 살펴보면 다음과 같다. 첫째, 우리는 모두 인지적, 심리적 한계를 지니고 있다. 우리의 기억 용량은 극히 한정되어 있고, 장기 기억 역시 안정적이지 못하다. 또한 우리는 자신의 관점을 지지하는 근거만을 찾고, 자신의 관점과 상반되는 관점을 기각시키려는 근거만 찾는 인지적 편향성을 가지고 있다. 따라서 나의 인지적 한계와 편향성을 극복하기 위해서는 나의 관점을 수정하고 확장해 줄 타인들, 즉 공동체가 필요하다.

둘째, 탐구 공동체에서의 활동은 개인의 사고력과 판단력을 길러 준다. 탐구 공동체에서 사람들은 자신이 옳다고 생각하는 대안을 적극적으로 만들어 낸다. 하지만 자신이 만들어 낸 대안은 다른 사람의 평가를 통해서만 그들에게 수용될 수 있다. 이와 같은 논거 생성과 논거 평가의 과정을 통해 사람들의 관점은 더 좋은 관점으로 조정되어 가며, 따라서 사람들은 더 좋은 판단을 하게 된다.

셋째, 공동체에서 타인과 함께 탐구하면서 사람들은 자연스럽게 지식의 구성 과정을 경험하게 된다. 자연스러운 대화나 토론의 과정에서 세상의 표준이나 기준, 그리고 다양한 관점들을 접하면서, 사람들은 그것들을 검토하고 내 생각을 성찰하면서 새로운 깨달음을 얻는다. 즉 사람들은 스스로 판단하고 수용하는 인식 주체로서 자발성을 유지하면서 지식의 합리적인 구성 과정을 경험하게 된다.

넷째, 탐구 공동체는 도덕적 · 윤리적 경험의 장이 된다. 탐구 공동체에서 사람들은 진솔하게 자신의 생각과 감정을 표현한다. 이 과정에서 사람들은 나의 선택과 행동에 누가 영향을 받고 어떤 영향을 받는지에 대한 감각, 즉 도덕적 민감성을 키우게 된다. 즉 탐구 공동체는 단순히 논거의 교환을 넘어 타인의 관점을 존중하는 도덕적 태도를 기를 수 있는 장이 된다. 또한 한 개인은 집단지성의 한 몫을 담당하는 공동체적 존재이기 때문에, 모든 사람에게는 탐구 공동체가 필요하다.

철학, 그리고 탐구 공동체의 특징으로 미루어 볼 때, 철학적 탐구 공동체 수업 모형을 도덕 수업에 적용함으로써 기대되는 효과는 다음과 같다. 첫째, 철학적 탐구 공동체 수업 모형은 도덕적 지식에 대한 우리의 지식, 즉 도덕적 지식은 어떤 특성을 가지며 도덕적 주장은 어떻게 정당화되는지에 대한 우리의 이해를 발달시킨다. 앞서 살펴본 바와 같이, 철학적 탐구 공동체는 절대적인 의미에서의 도덕적 진리를 가정하지 않으며, 가장 합리적인 도덕적 지식을 탐구해 가는 과정을 중요하게 생각한다. 따라서 철학적 탐구 공동체 활동에 참여시킴으로써, 객관적인 실체이자 궁극적인 도덕적 진리가 있다고 믿는 도덕적 지식에 대한 '객관주의적 인식론'에서, 도덕적 지식은 인식하는 사람의 주관적 관점에 의해 결정된다는 '주관주의적 인식론', 그리고 절대적인 의미에서 도덕적 진리를 알 수는 없지만 더 좋은 이유에 입각하여 도덕적 지식을 비교 및 평가할 수 있다고 믿는 '합리주의적 인식론'으로 도덕적 지식에 대한 학생들의 이해를 발달시켜 갈 수 있다. 즉 철학적 탐구 공동체 수업 모형은 도덕과 교육에서 다루는 많은 성취기준 중, (도덕적 지식의 특성, 조건, 형식 등과 관련된) '메타윤리'를 다루는 도덕 수업의 주요한 교수·학습 활동으로 활용할 수 있다(이인태, 2025: 1-29).

둘째, 참인 결론, 적어도 정당화될 수 있는 결론에 도달하고자 하는 우리의 추론 능력을 발달시킨다. 일반적으로 우리는 타인을 설득하기 위해 논증을 생성할 때 '편향'되어 있고 또 '게으르다.' 즉 사람들은 논쟁의 과정에서 보통 자신의 판단과 주장을 지지하는 논거만을 탐색하거나 혹은 타인의 판단과 주장을 거부하는 논거만을 찾고자 하지, 예상할 수 있는 모든 대안을 꼼꼼하게 검토하면서 최고의 논증을 만들어 내지는 않는다(Mercier, 2016: 689-691). 따라서 우리가 참인 결론, 혹은 정당화될 수 있는 도덕적 결론에 도달하기 위해서는, 자신의 판단과 관점을 지지하는 논거를 생성하는 것은 물론, 자신과 타인이 생성한 논거를 꼼꼼하게 평가하는 과정이 반드시 필요하다. 철학적 탐구 공동체 수업 모형은 공동의 질문에 대한 나름의 답을 공동체의 구성원들과 함께 찾아가도록 한다. 이 과정에서 학생들은 자신의 논거를 생성하는 활동, 그리고 다른 공동체 구성원이 생성한 논거를 평가하는 활동에 반복적으로 참여하게 된다. 이러한 측면에서 볼 때, 이 교수·학습 모형은 학생들의 추론 능력을 발달시키는 데 크게 기여를 할 수 있다.

2) 교수·학습 모형의 단계

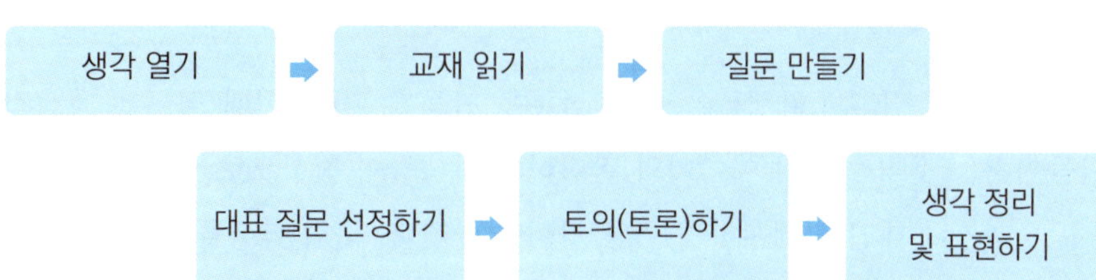

그림 4-11 철학적 탐구 공동체 수업 모형(교육부, 2025: 61-63)

① 생각 열기

이 단계에서는 2가지 방식으로 수업이 전개되는데, 하나는 학생들의 경험과 관련지어 수업 주제를 소개하는 것이고, 다른 하나는 서로 배려하고 협력하는 공동체를 만들어 가는 것이다. 전자에서 학생들은 수업 주제가 나와 관련 있음을 인식하고, 본인의 경험을 토대로 수업 주제를 이해하게 된다. 후자와 관련하여 교사는 수업 내용과 관련이 있는 공동체 놀이를 할 수 있다. 공동체 놀이는 2가지 목적을 지니고 있는데, 하나는 학생들이 자연스럽게 대화를 나눌 수 있도록 마음을 여는 역할이고, 다른 하나는 다양한 사고 기술을 연습하는 데 도움을 주는 역할이다.

② 교재 읽기

립맨은 스토리텔링 기법을 활용하여 학생들에게 이야기를 제시하는 방식으로 수업을 전개한다(Lipman, 1976: 27). 교재는 하나의 정답을 보여 주는 것이 아닌, 사고의 자극물로서 다양한 질문이나 생각을 불러일으킬 수 있는 것이 좋다. 립맨은 주로 철학적 쟁점이 담긴 소설을 교재로 사용했는데, 이야기 속 주인공은 학생들이 다룰 수 있는 정도의 논리적 사고를 수행하기도 하고 때로는 잘못된 논리적 사고를 수행하기도 한다. 학생들은 직접 이야기를 읽으면서 이야기에서 다루어진 논리적 사고를 실연하고 논리적 사고를 해야 하는 이유를 생각한다. 그리고 이야기에서 잘못된 부분을 발견하고 이를 수정하기 위한 방안을 생각한다(Lipman, 1976: 30-32). 소설이 아니더라도 사고의 자극물 역할만 할 수 있다면 그림책, 사진, 영화, 만화 영화, 그림 등을 교재로 활용할 수 있다.

③ 질문 만들기

교재를 읽고 난 후, 학생들은 각자 질문을 만들게 된다. 이때 질문은 형식적으로 만들어지는 것이 아니라 이야기와 관련하여 학생들이 진심으로 궁금하거나 이상하다고 느끼거나 대안을 제시하기 위한 것이어야 한다. 특히 학생들은 이야기 속 주인공의 생각과 감정, 그리고 이것들을 종합하여 내린 판단 및 실제 행동과 관련하여 의문을 가져야 한다. 질문을 만들 때 왜 그런 질문을 하게 되었는지 그 이유나 배경도 함께 적도록 하면 학생들이 형식적으로 질문을 만드는 것을 방지할 수 있다. 교사는 학생의 생각이나 질문을 가치 있게 다루어야 한다. 또한 질문이 명료하지 않을 경우, 학생의 의도를 확인하여 질문을 명료화할 수도 있다.

④ 대표 질문 선정하기

대표 질문은 철학적 탐구 공동체가 함께 의논하여 결정한 공동의 산물이자 집단지성을 발휘해야 하는 주제이다. 대표 질문을 선정하는 방법은 2가지인데, 하나는 모둠별로 질문 선정 과정을 거친 후 정하는 것이고, 다른 하나는 학급 전체가 함께 논의하여 정하는 것이다. 되도록 많은 학생이 호기심과 흥미를 가진 질문, 학생들의 고민이나 문제를 해결하는 데 실제로 도움을 줄 수 있는 질문을 대표 질문으로 선정하는 것이 중요하다.

⑤ 토의(토론)하기

대표 질문이 선정되었다면, 이제 본격적인 철학적 탐구로서 토의(토론)을 실시한다. 토의(토론)은 학생들의 흥미와 호기심에 따라 논의의 방향이 결정된다. 하지만 전체적인 과정은 교사가 조율한다. 즉 교사는 학생들의 흥미와 호기심이 어디에 머무는지 관심을 가지면서, 학생들의 발언과 주제가 자연스럽게 연결될 수 있도록 질문해야 한다. 이는 학생들 스스로 생각하면서 문제 해결에 중요한 지점을 찾을 수 있도록 이끌기 위함이다. 따라서 교사는 학생들이 편안하게 자신의 생각을 말할 수 있도록 격려하고, 질문을 던져 사고를 촉진하고 반론을 제기하며, 그들의 오류를 짚어 주면서 논의를 이끌어야 한다. 또한 교사는 구체적인 쟁점이나 경험에서 시작하여 추상적이고 철학적인 질문으로, 그리고 다시 구체적인 쟁점이나 경험으로 돌아오는 방향으로 논의를 이끌어야 한다. 이를 통해 학생들은 자신들의 현실적인 고민이나 문제에서 시작하여 그 바탕에 놓여있는 근본적인 문제나 전제를 검토하고, 그 후 검토한 결과를, 즉 개념이나 가치에 대한 깨달음을 다시 현실적인 고민이나 문제 해결에 적용하게 된다. 이 과정에서 교사는 학생들의 생각이 점차 확장되어 가도록 일련의 질문을 연속적으로 던질 필요가 있다. 토의(토론)의 유형별로 교사가 활용할 수 있는 연속 질문의 핵심 절차에 대해 살펴보면 [표 4-1]과 같다.

표 4-1 토의(토론) 주제의 유형에 따른 연속 질문의 핵심 절차

- **개념 탐구 유형: "친구 사이의 배려란 무엇일까요?"**

사례 찾기		공통점 찾기		정의하기
친구 사이의 배려를 보여 주는 전형적인 사례와 반대되는 사례는?	→	이 사례들의 공통적인 특징은?	→	친구 사이에서의 배려란?

- **대안 탐구 유형: "친구를 진정으로 배려하려면 어떻게 해야 할까요?"**

가능한 대안 찾기		장단점 비교하기		최선안 선택하기
어떻게 하면 될까요?	→	각각의 장점은? 각각의 단점은? 장점은 유지하고, 단점은 보완할 수 있는 방법은?	→	어떤 것이 가장 좋을까요?

- **가치 탐구 유형: "친구 사이에서는 항상 사실만을 말해야 할까요?"**

논증하기		논증 평가하기		입장 정리하기
어떻게 생각하나요? 왜 그렇게 생각하나요?	→	친구의 생각에 찬성하나요? 아니면 반대하나요? 그 이유는 무엇인가요?	→	결론적으로, 여러분은 어떤 결정을 내릴 건가요?

- **갈등 탐구 유형: 같이 놀자고 한 친구가 아프면, 나는 다른 친구와 놀아도 될까요? 놀지 말아야 할까요?**

각 의견의 정당화		검토		합의하기
각각이 옳은 이유는?	→	두 의견의 공통점은? 각각이 지니고 있는 문제점은?	→	여러분의 선택은? 두 주장은 어떻게 조정될 수 있을까요?

⑥ 생각 정리 및 표현하기

이 단계에서는 먼저 교사가 철학적 토의(토론)에서 얻은 중요한 내용들을 기록하고 정리하여 학생들이 이를 확인할 수 있도록 한다. 이때 교사는 토의(토론)에서 논의한 내용을 수렴하여 대표 질문에 대한 결론을 정리하되, 지식의 오류 가능성에 대한 강조, 즉 또 다른 대안이 있을 수 있음을 강조하고 현재의 결론이 잠정적 결론임을 분명히 한다. 학생들은 정리한 잠정적인 결론에 입각하여 자신의 일상을 되돌아보고, 토의(토론) 주제와 비슷한 사례를 탐색해 본다. 더 나아가 탐색한 사례에 대한 자신의 생각, 감정, 해답 등을 글쓰기, 시, 그림, 소설, 음악, 역할극 등 다양한 방식으로 표현해 보도록 한다.

3) 교수 · 학습 모형을 활용한 도덕 수업의 실제

<table>
<tr><td>학년군</td><td>3~4학년군</td><td>성취기준</td><td colspan="2">[4도01-02] 정직의 의미를 알고 모범적인 사례를 탐색하여 바르게 행동하려는 태도를 기른다.
[4도01-04] 다른 사람의 관점을 수용할 수 있는지를 도덕적으로 검토하고 도덕규범을 내면화하여 도덕적으로 행동할 수 있는 자세를 기른다.
[4도02-02] 친구 사이의 배려에 대한 올바른 이해를 바탕으로 일상생활에서 배려에 기반한 도덕적 관계를 맺을 수 있는 방안을 탐색한다.</td></tr>
<tr><td>학습 목표</td><td colspan="4">일상생활 속에서 직면한 도덕 문제를 해결하기 위해 질문을 만들어 탐구할 수 있다.</td></tr>
<tr><td>단계</td><td colspan="3">교수 · 학습 과정 및 활동</td><td>유의점</td></tr>
<tr><td></td><td colspan="3">■ 생각 열기
• 친구의 소중함을 알면서도 갈등했던 경험 이야기하기
〈활동 방법〉
1. 친구의 소중함을 알면서도 갈등했던 경험과 관련된 단어를 포스트잇에 적는다. 한 장당 한 단어씩 적고 최대 3장까지 가능하다.</td><td>친구와의 관계에서 정직하게 행동했던 경험, 친구를 배려했던 경험을 자유롭게 떠올도록 유도한다</td></tr>
</table>

<table>
<tr><td>도입</td><td>
2. 포스트잇을 칠판에 붙인다.
3. 자신이 쓴 것을 제외하고, 친구의 소중함을 알면서도 갈등했던 경험을 말할 때 활용하고 싶은 포스트잇 하나를 가져온다.
4. 포스트잇을 든 채 자리에서 일어나 돌아다니면서 친구를 만나 포스트잇에 적힌 단어와 관련된 경험을 말한다.

T: 포스트잇에 적힌 단어를 활용하여 친구의 소중함을 알면서도 갈등했던 경험을 말해 봅시다.
S: ('선물' 포스트잇을 가져온 학생) 친구가 깜박하고 제 생일을 잊어버려서 친구에게서 선물을 받지 못했습니다.

■ 학습 목표 확인하기

일상생활 속에서 직면한 도덕 문제를 해결하기 위해 질문을 만들어 탐구할 수 있다.
</td><td></td></tr>
<tr><td>전개</td><td>
■ 교재 읽기

• '도덕 4' 56~57쪽에 있는 '태오네 반의 고민 상담소 이야기' 읽기

태오네 반에서 고민 상담소를 운영하고 있습니다. 얼마 전 고민 상담소에 소희와 은채의 고민 쪽지가 왔습니다. 쪽지를 읽어 보니 친구 사이에서 정직과 배려를 고민하는 내용이었습니다. 그래서 태오네 반 친구들은 이 고민을 어떻게 해결하면 좋을지 함께 탐구해 보기로 했습니다
(소희의 고민) 저에게는 은채라는 단짝 친구가 있어요. 그런데 며칠 전에 은채가 다른 친구들과 놀이터에 갔다는 말을 지석이한테 들었어요. 분명히 그날 제가 아파서 못 논다고 했고, 은채도 집으로 간다고 했는데 말이죠. 은채가 제게 거짓말을 한 것이 서운하고 속상해요. 지석이는 아픈 저를 배려해서 그런 거 아니냐고 하는데, 그게 정말 배려일까요? 친구끼리 거짓말을 하면 안 되는 거 아닌가요?
</td><td>다양한 질문을 불러일으킬 수 있는 이야기, 학생의 경험과 관련이 깊은 이야기를 제시한다.</td></tr>
</table>

(은채의 고민) 저에게는 소희라는 단짝 친구가 있는데 소희가 갑자기 저와 말을 하지 않아요. 며칠 전에 소희에게 말하지 않고 다른 친구들과 놀이터에 가서 그런 것 같아요. 그날 저는 놀이터에 가지 않으려고 했는데 친구들이 자꾸 가자고 졸랐어요. 친구들이 계속 부탁하는데 안 들어줄 수가 없었어요. 그런데 제가 다른 친구들과 논 것을 알면 소희가 속상해 할 것 같아 소희를 배려해서 집에 간다고 말했어요. 소희가 제 마음을 몰라줘서 속상해요. 소희와 계속 친구 관계를 이어 가고 싶은데, 저는 어떻게 해야 할까요?

T: 이야기를 읽으면서 주인공의 말 중 이상한 점, 전체적인 상황과 관련하여 궁금한 점, 해결하고 싶은 문제가 무엇인지 생각해 봅시다.

■ **질문 만들기 및 대표 질문 선정하기**

- **토의(토론) 주제 정하기**

〈활동 방법〉
1. 4명으로 모둠을 구성한다.
2. 화이트보드를 모둠 책상 가운데에 놓고 친구들과 의논하고 싶은 내용을 질문 형식으로 포스트잇에 적어 화이트보드에 붙인다.
3. 한 명씩 돌아가면서 왜 이 질문을 생각해 냈는지 말한다.
4. 다수결에 의해 다수가 흥미와 관심을 가지면서 위 이야기에 있는 고민을 해결하는 데 도움이 되는 질문을 대표 질문으로 선정한다.

T: 친구들과 의논하고 싶은 내용을 질문으로 만들어 봅시다.

S: 은채의 거짓말을 단지 거짓말이라고만 생각해야 할까?

질문 만들기를 어려워하는 학생이 있으면 교과서의 질문, 다른 친구들이 만든 질문을 참고할 수 있도록 한다.

<table>
<tr><td></td><td>

■ **토의(토론)하기**

• **대표 질문에 대해 의견 교환하기**

〈활동 방법〉
① 제한된 시간 동안 자신의 생각에 대한 근거를 최대한 많이 생각해 내도록 한다. 처음에는 각자 생각하도록 하며, 일정 시간이 지난 후에는 같은 입장인 친구들과 모여 근거를 보충하도록 한다.
② 자신이 찬성인지 반대인지 이름표를 이용하여 표현한다. 그 후 교실을 자유롭게 돌아다니면서, 나와 반대편 입장에 있는 친구를 만난다.
③ 가위바위보를 통해 누가 먼저 이야기할지를 정한 후, 자신이 찾은 근거를 하나씩 말한다.
④ 근거가 다 떨어진 쪽이 상대편의 의견에 따른다. 근거가 이상하다고 생각되는 경우, 심판에게 판단을 맡길 수 있다. 이때 심판은 학생들의 의견에 따라 교사 혹은 학생이 한다.

T: 대표 질문(예: '은채의 거짓말을 단지 거짓말이라고만 생각해야 할까?')에 대한 내 생각을 정리 후 토론해 봅시다.
S1: (찬성) 아무리 배려한다고 할지라도, 거짓말은 상대방을 속이려는 의도가 있기 때문에 잘못된 것입니다.
S2: (반대) 거짓말이 나쁘기는 하지만, 거짓말을 한 이유가 '친구가 속상할까 봐'이기 때문에 꼭 나쁘다고 볼 수 없습니다.

</td><td>학생들의 흥미와 호기심을 고려하되, 스스로 생각하면서 문제를 해결할 수 있는 중요한 지점을 찾을 수 있도록 한다.</td></tr>
<tr><td>정리</td><td>

■ **생각 정리 및 표현하기**

• **대표 질문에 대한 결론 정리 후, 일상생활에 적용하기**

T: 토론했던 내용을 정리해 봅시다.
S: '친구를 배려하는 것은 중요하다. 하지만 거짓말은 오해를 가지고 올 수 있으므로 솔직하게 말하자.'
T: 일상생활에서 이와 비슷한 경험을 하게 되면 어떻게 해야 할지 픽토그램으로 표현해 봅시다.

</td><td>토론 내용을 수렴하여 결론으로 정리하되 또 다른 탐구 가능성을 생각하여 잠정적 결론을 내린다.</td></tr>
</table>

<table>
<tr><td></td><td>S:

■ 차시 학습 예고</td><td></td></tr>
</table>

4) 활용상의 유의점

철학적 탐구 공동체 수업 모형에서 교사는 어떤 정답을 염두에 두면서, 학생에게 특정 내용이나 절차를 일방적으로 밀어붙여서는 안 된다. 오히려 교사는 학생의 비판적 사고를 촉진하기 위해 절차적 안내를 제공하는 사람이어야 한다. 교사가 제공하는 절차적 안내를 통해, 학생은 특정 주제에 대한 보다 진보된 이해를 갖게 된다. 요컨대 교사는 공동체의 철학적 탐구를 돕는 산파라 할 수 있다. 철학적 탐구 공동체 수업 모형을 도덕 수업에 보다 잘 적용하기 위해 교사와 학생은 [표 4-2]와 같은 특징을 지향해야 한다(교육부, 2025: 355-356).

표 4-2 철학적 탐구 공동체의 특징

철학적 측면	탐구 공동체적 측면
• 질문을 중시한다. • 중요한 개념의 근원적 의미를 탐구한다. • 문제의 본질이나 답에 숨겨진 전제를 찾아 해결하려고 한다. • 가치의 문제에 관심을 가진다. • 생각의 과정, 특히 추론의 과정을 중시한다. • 다양한 생각을 주고받는 과정에서, 비판적이고 창의적이며 배려적인 사고를 지향한다.	• 공동체 탐구의 가치를 소중히 여긴다. • 서로의 생각은 물론, 인격을 존중한다. • 정답이 아닌 '더 좋은 답'을 찾기 위해 서로를 돕고, 서로의 사고력을 향상시키는 데 기여한다. • 교사는 공동체 사고와 추론의 진전을 돕는다. • 주입과 교화를 배제한다.

• 수업의 결과는 항상 열려 있어야 하며, 수업을 통해 도출한 답은 다시 성찰의 대상이 되어야 한다.	• 교사는 학생들의 생각을 존중하고 확장해 주며, 사고력 향상을 위한 징검다리를 놓아 준다. • 학생들은 교사의 질문을 토대로 열심히 추론하고 탐구한다.

철학적 탐구 공동체는 두 명 이상의 개인이 참인 결론에 도달하고자 하는 공유된 목적을 위해, 또는 적어도 자신이 지닌 초기 입장과는 다를 수 있는 가장 정당한 결론에 도달하기 위해 신중하고 의도적으로 서로의 사고를 조정한다는 점에서 일종의 '협력적 추론' 활동이라고 볼 수 있다. 협력적 추론을 활용하고자 하는 교사는 논증을 생성하고 평가하는 학생들의 능력에 대한 높은 기대를 토대로, 다음과 같은 기본적인 원칙을 염두에 두면서 도덕 수업을 설계 및 실행할 필요가 있다(이인태, 2024: 66-75).

첫째, 학생들에게 협력적 추론은 상대방을 논리적으로 굴복시키기 위한 것이 아님을 강조한다. 즉 도덕 개념이나 원리에 대한 이해 수준을 높이고 직면한 쟁점에 대한 새로운 관점을 구성하며 보다 객관적이고 합리적인 방안을 함께 마련해 가는 과정임을 협력적 추론의 시작 단계는 물론, 협력적 추론의 전 과정에서 지속적으로 환기시킨다.

둘째, 특정 이슈에 대한 자신의 도덕적 견해를 명확히 하고, 그것을 정당화하기 위한 논증을 생성할 수 있는 개별적 기회를 제공한다. 이러한 기회는 특정 학생의 견해를 무비판적으로 수용하거나 다수의 견해에 일방적으로 동조하려는 경향을 방지하고, 보다 높은 수준의 도덕적 이해를 공동으로 구성해 가는 토대가 된다.

셋째, 서로의 도덕적 견해에 도전하는 4~5명 이하의 소집단을 구성한다. 이렇게 구성된 소집단은 학생들로 하여금 하나의 쟁점에 대해 다양한 견해가 있고 양립 가능한 여러 도덕 원리가 적용될 수 있음을 인식하도록 하며, 제시된 논증들을 검토 및 평가하면서 자신과 타인의 견해를 합리적인 방향으로 조정해 가도록 하는 구조적 환경으로 기능한다.

넷째, 철학적 탐구 공동체 구성원 모두에게 발언 기회를 동등하게 부여하되, 논증과 반론이 지속적으로 교환될 수 있도록 한다. 이를 위해 상이한 견해를 가진 구성원들이 순차적으로 자신의 생각을 표명할 수 있도록 발언 순서를 의도적으로 조정할 수 있다.

다섯째, 직면한 이슈 혹은 해결해야 하는 과업과 관련된 것이라면 어떠한 발언이라도 허용한다. 다만 도덕 원리의 타당성, 논증 과정의 질, 논거의 신뢰성에만 집중하도록 강조해야 하며, 단순히 논쟁에서 이기기 위해 상대가 지닌 약점, 신념이나 정체성, 소속된 집단 등을 들추어내는 발언은 제한해야 한다.

제5장

도덕과 교육에서 평가의 실제

1 | 교육평가와 도덕과 평가

2 | 도덕과 평가의 주요 개념들

3 | 도덕과 평가를 위한 다양한 방법들

4 | 2022 개정 교육과정에 따른 성취평가의 실제

5장 도덕과 교육에서 평가의 실제

1 교육평가와 도덕과 평가

1) 교육평가를 바라보는 관점의 변화

교육평가educational evaluation란 교육과 관련하여 나타나는 현상이나 활동 등에 대해 가치를 판단하는 것이다. 즉 교육을 통해 어떤 변화를 불러왔는가를 판단하는 행위이다. 사회변화에 따라 교육평가를 바라보는 관점 또한 변화한다.

① 미래교육과 역량 함양

교육의 중요한 목적 중 하나는 학생들이 과거와 현재를 공부하여 미래를 준비하도록 돕는 것이다. 미래 사회는 어떻게 변화할까? 그 변화에 대응하기 위해 학교 교육은 어떠해야 하는가? 2022 개정 교육과정의 개정 배경에서 밝히고 있듯이, 저출산과 고령화로 인한 인구구조 변화, 빅데이터 기반 지식정보화 사회의 도래, 소득 양극화로 인한 불평등의 심화 등은 미래 사회와 학생들의 삶에 어떤 영향을 미치게 될까? 우리는 교육을 통해 불확실한 미래 사회를 살아갈 학생들에게 어떤 역량을 길러 줘야 할까?

OECD는 'DeSeCo 프로젝트'에서 학생들이 미래 사회를 준비하는 데 필요한 핵심역량으로 '상호교감적으로 도구를 사용하기'using tools interactively, '이질적인 집단에서 상호작용하기'joining and functioning in socially heterogeneous groups, '자율적으로 행동하기'acting autonomously and reflectively를 제시하였다(OECD, 2003: 3).

OECD는 DeSeCo 프로젝트의 후속 연구로 2019년에 '교육 및 기술의 미래 2030 프로젝트'OECD future of Education and Skills 2030에서 '학습 나침반 2030'OECD Learning Compass 2030을 제시하였다. 학습 나침반 2030에서는 특히 '변혁적 역량'을 강조하였는데, '새로운 가치를 창출하기'creating new value, '긴장과 딜레마를 조정하기'reconciling tensions and dilemmas, '책임감 있게 행동하기'taking responsibility 등이 그것이다(OECD, 2019: 20). 아울러, 학습 나침반 2030에서는 학습자가 목표를 설정하고, 성찰하며, 책임감 있게 행동하여 변화를 이루는 능력인 학습자 주도성student agency과 학생, 교사, 학부모 및 지역 사회가 협력하여 학생들이 공유된 목표를 향해 나아가도록 도와야 함을 의미하는 협력적 주도성co-agency을 강조하였다(OECD, 2019: 60). 2015 개정 교육과정과 2022 개정 교육과정은 모두 미래 사회를 살아가기 위해 필요한 역량의 함양을 강조하고 있다.

② 교육평가 패러다임의 변화

전통적으로 우리 학교 교육은 인지적 영역의 평가에 초점을 두면서 주로 선택형 문항 중심의 지필평가를 활용해 왔다. 하지만 이러한 방법으로는 문제 해결력, 비판적 사고력 등의 고차원적 사고기능을 신장시키기 어렵고, 정의적·행동적 영역을 포함하는 학생의 전인적인 발달을 평가할 수 없다(정창우 외, 2020: 434). 학교 교육은 인구구조의 변화, 지식정보화 사회로의 전환, 미래에 대한 불확실성 증가, 기후 위기의 심화, 제4차 산업혁명의 도래 등에 관한 대응을 요구받고 있다. 교육평가는 이제 교수·학습의 전 과정과 유기적으로 연계되어야 하는 것으로 인식되고 있다. 교육평가 패러다임은 [표 5-1]과 같이 변화하고 있다(박일수, 2022: 36).

표 5-1 교육평가 패러다임의 변화

구분	종래의 평가 방식	새로운 평가 방식
평가체제	• 상대평가 • 양적평가	• 절대평가 • 질적평가
평가목적	• 선발 · 분류 · 배치 • 한 줄 세우기	• 지도 · 조언 · 개선 • 여러 줄 세우기
평가내용	• 학습의 결과 중시 • 학문적 지능의 구성요소	• 학습의 결과 및 과정 중시 • 실천적 지능의 구성요소
평가방법	• 선택형 문항을 사용한 지필평가 중심 • 일회적 평가 • 객관성 · 일관성 · 공정성 강조	• 다양한 평가방법 고려 • 지속적 · 종합적 평가 • 전문성 · 타당성 · 적합성 강조
평가시기	• 학습활동이 종료되는 시점 • 교수 · 학습과 평가 분리	• 학습활동의 모든 과정 • 교수 · 학습과 평가 통합
교사역할	• 지식의 전달자	• 학습의 안내자 · 촉진자
학생역할	• 수동적인 학습자 • 지식의 재생산자	• 능동적인 학습자 • 지식의 창조자
교수 · 학습	• 교사 중심 • 인지적 영역 중심 • 암기 위주 • 기본 학습능력 강조	• 학생 중심 • 인지적 · 정의적 · 행동적 영역 강조 • 탐구 위주 • 창의성 등 고등 사고 기능 강조

평가체제는 절대평가와 질적평가를 중시하는 방향으로 변화하고 있다. 평가의 목적은 한 줄 세우기를 통한 선발, 분류, 배치에서 지도와 조언, 개선을 위한 여러 줄 세우기로 바뀌고 있다. 평가내용은 학습의 결과와 과정을 함께 중시하는 방향으로 변화하고 있으며, 객관성, 일관성, 공정성을 강조하는 선택형 중심의 지필평가 방법에서 전문성, 타당성, 적합성을 강조하며 다양한 평가 방법을 고려할 것을 권장하고 있다. 아울러, 교수·학습과 평가가 분리되는 것이 아니라 교수·학습활동의 모든 과정에서 평가가 이루어질 수 있음을 강조한다. 교사의 역할은 단순

히 지식의 전달자가 아니라 학습의 안내자, 촉진자가 되어야 함을 강조하고 학습자 역시 능동적인 지식의 창조자로 인식되고 있다. 이러한 배경 속에서 교수·학습 전반에서 학생 중심의 탐구를 강조하고 있고, 인지적 영역과 더불어 정의적·행동적 영역을 통합적으로 평가할 것을 요구하고 있으며, 고등 사고 기능의 함양을 주된 목표로 삼고 있다.

2) 교육평가의 유형

교육평가의 유형은 다양한 기준에 따라 분류될 수 있는데, 가장 넓게는 규준참조평가와 준거참조평가로 구분할 수 있다.

① 규준참조평가

규준참조평가norm-referenced evaluation는 우리에게 매우 익숙한 평가 유형이다. 규준참조평가는 개인이 얻은 점수나 측정치를 비교 집단의 규준과 비교하여 상대적인 위치나 서열을 확인하는 평가 유형이다(박일수, 2022: 76). 중·고등학교에서 학기 단위로 평가를 진행하여 내신성적을 산출하는 방식이 바로 규준참조평가의 대표적인 예이다. 즉 절대적 관점에서 성적의 높고 낮음을 평가하는 것이 아니라, 상대적 관점에서 비교 집단 내 특정 학생의 수준을 확인하는 데 초점을 둔다.

② 준거참조평가

준거참조평가criterion-referenced evaluation는 준거에 비추어 학습자들이 무엇을 얼마만큼 알고 있느냐에 관심을 두는 평가이다. 준거참조평가에서 가장 중요한 요소는 과제의 영역과 준거이다. '영역'은 교육내용으로서의 평가내용을 말하며, '준거'는 교육목표 도달 여부를 판단하는 최저 기준을 의미한다(박일수, 2022: 78). 준거참조평가의 대표적인 예로는 성취평가제가 있다. 성취평가제는 성취기준에 도달한 정도를 의미하는 '성취수준'을 3수준 또는 5수준으로 설정해 놓고, 특정 학생이 어느 수준에 해당하는가를 살펴보는 방법이다.

최근 학교에서는 준거지향평가를 확대하고 있다. 고등학교에서도 상대평가를 통해 내신성적을 산출하는 과목의 수를 줄이고 있는 추세이며, 준거지향평가 또는 준거지향평가와 규준지향평가를 함께 시행하는 방식으로 변화하고 있다.

3) 도덕과 평가의 의미와 쟁점

① 도덕과 교육에서 평가의 의미

도덕과 교육에서 평가는 어떤 의미를 가질까? 좁은 의미에서 도덕과 평가는 도덕 수업을 받은 학생들의 '학업성취 수준'을 확인하는 것이다. 도덕적 개념의 의미, 도덕적 쟁점에 대한 판단과 추론, 도덕적 문제 상황을 해결하기 위한 방안 도출 등을 확인하는 것이 대표적이다. 넓은 의미에서 도덕과 평가는 학업성취 결과를 토대로 학생과 교사 모두의 변화와 발전을 꾀하고 수업의 질을 개선하는 것이다. 도덕 수업에서 배운 내용을 단순히 이해하는 데 머물지 않고, 학생들이 자신의 삶과 연계하여 사고하고 성찰하면서 의미 있는 삶을 살도록 이끄는 것이 도덕과 평가의 역할이라는 것이다. 또한 교사는 평가를 통해 자신의 도덕 수업을 되돌아보고, 더 좋은 도덕 수업을 위한 개선 방안을 도출할 수 있는 기회를 얻게 된다.

즉 넓은 의미에서 볼 때, 도덕과 평가는 학생들의 도덕적 성장에 도움을 줄 수 있도록 교수·학습의 '결과'뿐만 아니라 '과정'을 함께 중시하면서 '지속적' 혹은 '과정중심'(예: 도덕성 발달 수준에 대한 진단, 수업이 진행되는 동안 도덕성이 변화되어 가는 과정, 수업 후 변화된 도덕성을 일관성 있게 지속적으로 확인하는 것)으로 이루어져야 하고, 학생 개개인의 도덕적 변화와 발달 과정을 온전히 평가하기 위해 '통합적'(예: 도덕성의 인지적·정의적·행동적 측면의 통합 혹은 도덕과 내용 체계의 지식·이해, 과정·기능, 가치·태도의 통합 등)으로 이루어져야 한다. 이러한 측면에서 볼 때, 도덕과 평가는 교수·학습 과정의 질적인 측면을 평가하고 그 과정의 개선을 도와 궁극적으로 학생의 도덕적 성장을 돕고 교사의 자질을 향상시키는 '수행평가' 방식을 활용하는 것이 바람직하다고 볼 수 있다(정창우 외, 2020: 431).

② 도덕과 평가에서 쟁점

도덕과 평가의 시행과 관련하여, 학자들 간 이견을 보이는 몇 가지 쟁점이 있다. 이들 중 대표적인 두 가지 쟁점을 제시하면 다음과 같다. 첫 번째 쟁점은 '무엇'을 평가할 것인가이다(서강식, 2012: 124). 도덕과 평가는 학생들의 실제 삶에서 나타나는 도덕성의 발달을 평가해야 하는가? 아니면 도덕 수업을 통해 학습한 것들, 즉 도덕적 삶에 대한 이해 여부를 평가해야 하는가? 전자는 학생의 학업성취뿐만 아니라, 일상적인 삶에 대한 평가를 의미한다. 이러한 관점을 전제할 경우, 교사는 교실 안팎의 생활 장면에서 도덕적인 칭찬과 비난의 대상이 되는 그들의 삶 자체를 평가해야 한다. 반면에 후자는 도덕 수업에서 설정한 학습 목표 달성 정도 혹은 성취수준 도달 정도에 초점을 맞춘다. 이 관점에서 교사는 도덕 수업의 목표로 설정된 것들, 도덕적 이해, 도덕적 판단과 추론, 도덕적·사회적 기술들의 숙달 여부, 친사회적 행동 혹은 봉사활동 참여 여부 들을 평가하게 된다.

가장 바람직한 도덕과 평가는 학생의 도덕성 발달 전반을 통합적으로 평가하는 작업일 것이다. 그러나 도덕성 전반을 평가의 대상으로 삼을 경우, 교수·학습 내용과 평가의 불일치 문제가 필연적으로 나타날 수밖에 없다. 초등학교의 경우 일주일에 1시간 정도 도덕 수업을 하게 되는데, 도덕성 전반을 평가의 대상으로 삼게 되면 도덕 수업 시간에 가르치지 않은 것을 평가하게 되는 문제가 발생한다는 것이다.

두 번째 쟁점은 도덕과 평가에서 '객관성'과 '공정성'을 어떻게 확보할 것인가이다. 도덕 교과는 학생들의 도덕적 성장을 돕고 그들의 도덕성을 보다 온전히 확인하기 위해 수행평가 방식을 주로 사용한다. 그런데 상당수의 교사가 수행평가 방식이 평가의 객관성과 공정성 측면에서 문제가 있을 수 있다고 지적한다(정창우, 2006: 3). 물론 도덕성의 인지적 측면의 일부, 즉 도덕적 지식에 대한 이해 정도를 평가하는 선택형 방식의 지필평가는 객관성과 공정성을 어느 정도 확보할 수는 있다. 그러나 이러한 평가 방식만으로 도덕성의 정의적 측면과 행동적 측면을 온전히 확인할 수 있는가? 따라서 교사는 도덕성을 통합적으로 확인할 수 있는 수행평가 방식을 활용하되, 객관성과 공정성을 최대한 확보하기 위해 명확한 평가의 기준을 설정하고자 노력해야 한다. 그렇지 않으면 객관성과 공정성 문제가 제기되었을 때, 피평가자인 학생들을 설득하기 어렵다.

이 책에서는 주로 첫 번째 쟁점 중 후자, 즉 '도덕 수업에서 설정한 학습 목표 달성 정도 혹은 성취수준 도달 정도에 대한 평가'에 초점을 맞출 것이다. 물론 이러한 초점화가 학생들의 도덕성 발달에 대한 평가를 포기한다는 것을 의미하지는 않는다. 오히려 도덕 수업을 통한 성취수준의 향상이 우리나라 학생들의 도덕성을 발달시키는 데 필요조건이라는 관점을 전제한다. 따라서 이러한 관점에서 볼 때, 도덕과 성취수준에 대한 평가는 도덕성 발달 정도를 확인하는 최소한의 조건이다.

③ 2022 개정 도덕과 교육과정의 평가 방향

2022 개정 교육과정 총론은 학생 개개인의 교육목표 도달 정도를 확인하고, 학습의 부족한 부분을 보충하며, 교수·학습의 질을 개선하는 데 평가의 주안점을 두고 있다. 더 나아가 교육과정 성취기준을 토대로 교수·학습과 평가 활동의 일관성을 유지할 것, 학습자의 특성을 고려한 적절한 평가 방법을 활용할 것을 명시하고 있다(교육부, 2022a: 12). 이와 같은 교육과정 총론의 평가 방향은 2022 개정 도덕과 교육과정의 '평가 방향'에 다음과 같이 반영되어 있다(교육부, 2022b: 21-22).

첫째, 성취기준을 평가의 준거로 설정하고 지식·이해, 과정·기능, 가치·태도의 측면에서 학생의 도덕성 발달을 평가한다. 둘째, 도덕적 지식과 이해, 도덕적 사고 및 정서 기능, 도덕적 가치와 태도의 내면화 정도를 다양한 평가 방법을 활용하여 평가한다. 셋째, 일상에서 직면하는 도덕 문제를 해결할 수 있는 도덕적 문제 해결 능력을 평가하기 위해 비판적 사고, 창의적 사고, 배려적 사고, 공동체적 사고, 성찰적 사고 등을 평가한다. 넷째, 학습의 결과뿐만 아니라 학습의 과정을 평가할 수 있는 수행평가 방법을 활용한다. 다섯째, 평가의 과정 및 결과를 분석하여 교수·학습 과정, 평가 방법을 개선하고, 학생의 도덕적 성장을 위한 맞춤형 피드백을 제공한다. 여섯째, 초등학교 도덕과 평가는 담임교사가 중심이 되어 통합적으로 평가함으로써, 학생의 도덕성 형성 수준을 보다 균형 있고 종합적인 관점에서 확인하고, 도덕적 성장을 자극하고 돕는 방향으로 이루어지도록 한다.

2 도덕과 평가의 주요 개념들

1) 성취평가제

성취평가제는 "국가 교육과정에 근거하여 교과(목)별 성취기준과 성취수준에 따라 학생의 학업성취도를 평가하는 제도"이다. 성취평가제는 상대적 서열에 따라 '누가 더 잘했는지'를 평가하는 규준참조평가, 또는 상대평가가 아니라 '학생이 무엇을 어느 정도 성취하였는지'를 평가하는 준거참조평가이다(한국교육과정평가원, 2013: 17).

'성취기준'은 "각 교과(목)에서 학생들이 학습을 통해 성취하기를 기대하는 지식·이해, 과정·기능, 가치·태도 등의 능력과 특성을 진술한 것"을 의미한다. '성취수준'은 "학생들이 각 교과(목) 성취기준에 도달한 정도를 5개(A-B-C-D-E), 3개(A-B-C), P/F 등으로 수준을 구분하고, 각 수준에 속한 학생들이 무엇을 알고 할 수 있는지를 기술한 것"을 말한다(한국교육과정평가원, 2023: 54). 보통 초등학교의 경우 3수준(A-B-C)으로 성취수준을 개발하며, 각 수준의 일반적인 특성은 [표 5-2]와 같다(한국교육과정평가원, 2023: 57-58).

표 5-2 3단계 구분 성취수준의 일반적 특성

성취수준	일반적 특성	성취율
A	교과목의 교수 · 학습을 통해 기대하는 지식 · 이해, 과정 · 기능, 가치 · 태도에 도달한 능력 정도가 우수한 수준	80% 이상
B	교과목의 교수 · 학습을 통해 기대하는 지식 · 이해, 과정 · 기능, 가치 · 태도에 도달한 능력 정도가 보통 수준	60% 이상 80% 미만
C	교과목의 교수 · 학습을 통해 기대하는 지식 · 이해, 과정 · 기능, 가치 · 태도에 도달한 능력 정도가 제한된 수준	40% 이상 60% 미만

성취수준은 다시 '성취기준별 성취수준', '영역별 성취수준', '학기 단위 성취수준'으로 구분할 수 있다. 성취기준별 성취수준은 각 성취기준의 특성에 따라 3수

준으로 진술한 것을 말한다. 영역별 성취수준은 내용 영역 내 여러 성취기준들을 포괄하는 전반적인 특성을 3수준으로 구분하여 진술한 것을 의미한다(한국교육과정평가원, 2023: 54). 학기 단위 성취수준은 해당 학기에 다루는 성취기준들을 포괄하여 3수준으로 진술한 것이다. 이들 중 가장 기본이 되는 것은 성취기준별 성취수준이다. 성취기준별 성취수준은 ① 학기 단위 성취수준을 개발하는 근거로 활용되고, ② 학생들의 다양한 수준을 고려한 수업을 설계하는 데 활용된다. 또한 ③ 평가 도구 개발 및 구체적인 채점 기준 설정의 근거로 활용되며, ④ 성취 결과를 산출하고 기록하며 보고하는 근거로 활용된다(한국교육과정평가원, 2023: 147-169).

2) 과정중심평가

① 과정중심평가의 의미

과정중심평가process-oriented assessment는 "교육과정 성취기준에 기반한 평가계획에 따라 교수·학습 과정에서 학생의 변화와 성장에 대한 자료를 다각도로 수집하여 적절한 피드백을 제공하는 평가"를 말한다(교육부 외, 2020: 2). 즉 우리가 과거 평가라고 인지하지 못했던 교수·학습 과정에서 교사의 활동을 평가로 인지하고 그 평가 정보들을 학생의 학습을 위해 활용하는 일련의 수업 과정을 의미한다(박정, 2019: 427).

과정중심평가를 도식화하여 나타내면 [그림 5-1]과 같다(교육부·한국교육과정평가원, 2024: 5). 이 도식를 설명하자면, 첫째, 과정중심평가란 평가 패러다임의 확장을 의미한다. 즉 과정중심평가에서는 평가를 학습의 도구로 사용하며, 학생을 서열화하는 것에 그치지 않고 학습을 돕고 수업을 개선하는 데 활용한다. 둘째, 단지 학생이 무엇을 알고 있는지를 평가하는 결과 중심적 평가가 아닌, 학생이 수행의 과정에서 어떤 사고를 하였는지 또는 협업 상황에서 어떤 역할을 하였는지에 중점을 두고 관찰 및 기록하여 이를 평가 결과로 도출하는 것을 중요하게 여긴다. 셋째, 과정중심평가는 교육과정, 교수·학습, 평가의 연계를 중시한다. 즉 교육과정 성취기준을 기반으로 교수·학습과 평가계획을 세우고, 교수·학습의 과정에서 평가자료를 다각도로 수집하여 학생에게 적절한 피드백을 제공하고자 한다.

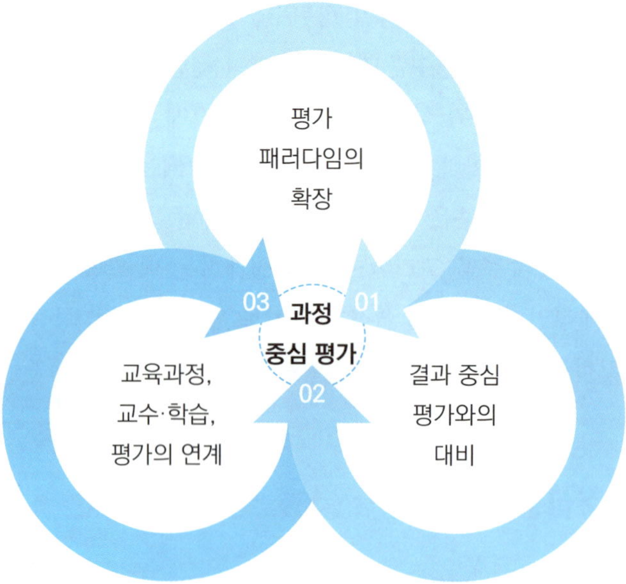

그림 5-1 과정중심평가의 의미

② 과정중심평가의 특징

과정중심평가는 다음과 같은 특징을 갖는다(교육부 · 한국교육과정평가원, 2017: 5). 첫째, 과정중심평가는 교과별 성취기준에 기반을 둔 평가이다. 둘째, 교육과정-교수 · 학습-평가 간 연계를 통해 수업 중에 평가를 실시한다. 셋째, 지식 · 이해, 과정 · 기능, 가치 · 태도가 어떻게 발달해 가고 있는지를 파악하기 위해 학습자의 수행과정을 평가 대상으로 한다. 넷째, 지식 · 이해, 과정 · 기능, 가치 · 태도의 인지적 · 정의적 영역까지 포함하여 종합적으로 평가하고자 한다. 다섯째, 학생의 다양한 측면을 파악하기 위하여 다양한 평가 방법을 활용한다. 여섯째, 학습자의 성장과 발달 과정을 관찰하여 학습자의 부족한 점을 채워 주고, 우수한 점을 심화 · 발전시킬 수 있도록 돕는다.

3) 교육과정-수업-평가-기록의 일체화

'교육과정-수업-평가-기록의 일체화'는 '교육과정', '수업', '평가', '기록', '일체화'를 조작적으로 결합한 용어이다. 즉 성취기준을 중심으로 교과 교육과정을 재구성하고, 재구성한 것을 중심으로 학생 중심 수업을 실천하며, 교수·학습 활동 과정을 관찰·평가·기록하고, 기록한 내용을 자연스럽게 진학 자료나 피드백 자료로 사용하는 것을 의미한다(김덕년, 2017; 김정민, 2018: 848에서 재인용).

카터[Carter]는 교사가 수업 시간에 가르친 내용과 교육과정, 평가가 일부만 일치하는 경우를 '총체적 수업 불일치'로 보았다. 그리고 총체적 수업 일치가 되기 위해서는 수업이 교육과정보다 광범위하여 교육과정의 어떤 부분도 수업에서 배제되지 않아야 한다고 보았다(Carter, 2007; 홍소영, 2021: 116에서 재인용). 그러나 학교 현장에서 생각하는 교육과정-수업-평가의 일체화는 교육과정의 큰 틀 속에서 수업과 평가가 순서대로 포함된 형태를 띠고 있다(홍소영, 2021: 116, [그림 5-2] 참고).

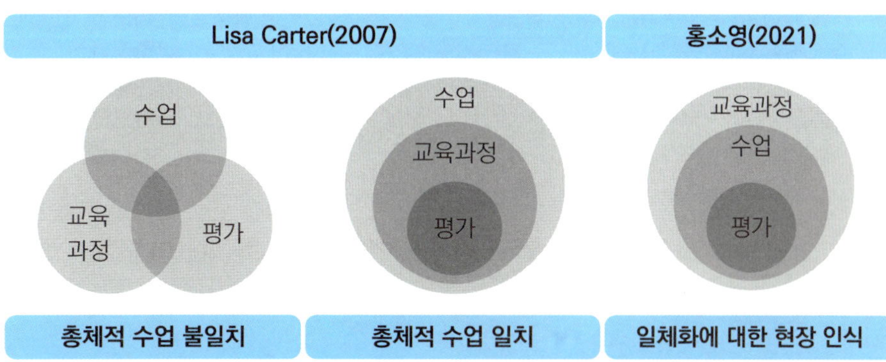

그림 5-2 교육과정 – 수업 – 평가의 일체화

한국의 경우 교육과정 문서가 추상적이고 포괄적으로 진술되어 있어 수업이 교육과정의 범위를 넘어서는 경우가 흔하지 않다. 교사들은 학생들이 교육과정에서 요구하는 성취기준에 도달하도록 수업을 계획하고 실행한다. 그러므로 홍소영(2021)이 도식화한 개념, 즉 교육과정 내에 수업과 평가가 순차적으로 포함된 개념이 우리나라 학교 상황에 보다 부합해 보인다.

교육과정-수업-평가-기록 일체화의 실천 단계는 [그림 5-3]과 같이 도식화할 수 있다(이명섭 외, 2017; 최미현, 2018: 361에서 재인용). 교사는 교과의 정체성을 확인하고 성취기준을 중심으로 교육과정을 재구성해야 한다. 그리고 교육과정 분석을 토대로 학생 참여 중심 수업을 설계하고 실행해야 한다. 더 나아가 교사는 학생 참여 중심 수업을 통해 학생의 성장을 관찰 및 기록하고, 그들의 성장을 돕는 적절한 피드백을 제공해야 한다. 여기서 피드백이란 학생에게 그들의 학습 상태나 발달 과정에 대한 정보를 제공하여 학생의 학습과 성장을 지원하는 전체적인 과정을 말한다(교육부 외, 2020: 25). 수행평가나 지필고사가 끝난 후 점수나 성취도를 알려 주는 것이 바로 전형적인 피드백의 예이다. 더 나아가 수업 중에 학생의 활동에 대하여 교사와 동료 학생이 반응하고 긍정적 평가를 덧붙이는 것도 유용한 피드백이라 할 수 있다. 특히 수행평가는 교수·학습 과정에서 피드백을 제공하여 과제 수행을 보다 나은 방향으로 수정하고 개선할 수 있다(교육부 외, 2020: 28).

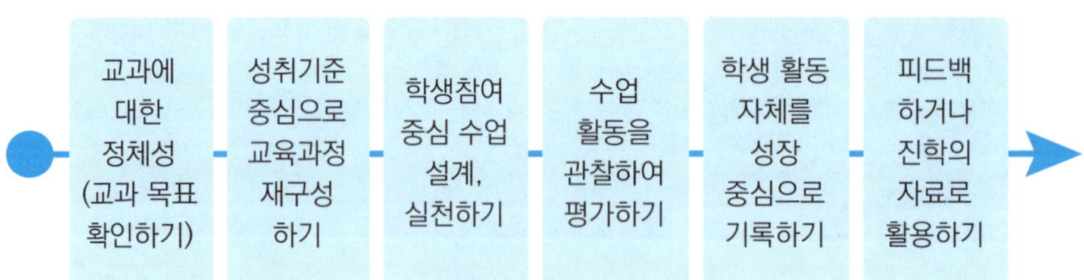

그림 5-3 교육과정 – 수업 – 평가 – 기록의 일체화 실천의 단계

4) 수행평가

① 수행평가의 정의와 의의

수행평가performance evaluation는 학생이 가지고 있는 지식·이해, 과정·기능, 가치·태도를 직접 수행으로 나타내 보이는 방식의 평가이다. 즉 수행평가는 지식·이해, 과정·기능, 가치·태도의 습득 여부를 나타내기 위해 학생이 만든 산출물이나 실제 수행 장면을 평가하는 것으로, 교수·학습의 결과뿐만 아니라 교수·학습의 과정을 중시하는 평가이다(교육부·한국교육과정평가원, 2017: 6).

수행평가의 의의는 다음과 같다(국립교육평가원, 1996: 32-35). 첫째, 수행평가는 학생이 인지적으로 아는 것은 물론, 그들이 아는 것을 실제로 적용할 수 있는지를 파악할 수 있다. 둘째, 획일적인 표준화 검사를 적용하기 어려운 상황에서 다양성 그 자체를 인정하면서 학생 개인에게 타당한 평가를 할 수 있다. 셋째, 여러 측면의 지식이나 능력을 지속해서 평가할 수 있다. 넷째, 학습자 개개인에게 의미 있는 학습 활동이 이루어지도록 도와준다. 다섯째, 교수·학습 목표와 평가내용을 더욱 직접적으로 관련지어 준다. 여섯째, 교육평가의 과정이 학생의 학습과 이해력을 직접적으로 촉진할 수 있도록 도와준다. 일곱째, 창의성이나 고등 사고 기능을 목표로 하는 학습 과정의 평가를 하기에 적합하다.

특히 도덕 교과에서 수행평가는 '전인교육'이라는 교육의 본질에 충실해야 한다는 인식을 바탕으로 기존 평가의 문제점을 해결하려고 시도하기 때문에, 도덕성의 인지적·정의적·행동적 영역을 통합적으로 평가하고자 하다. 도덕성 및 인격의 발달이라는 도덕과 교육의 본질을 구현하기 위해서는 가정과 사회의 공조 관계 형성이 중요한데, 수행평가는 도덕과 교육에 대한 학부모들의 관심과 참여를 높일 수 있다(정창우 외, 2020: 437)

② 과정중심 수행평가

과정중심평가는 수행평가의 특징 중 하나라고 할 수 있다. 원래 수행평가는 전통적인 선다형 시험에 대한 대안으로 대두되었다. 선다형 시험이 주로 결과만을 답으로 요구한다면, 수행평가는 결과와 결과에 도달하기까지의 과정을 평가한다는 점에서 과정중심평가의 속성을 갖는다. 그러나 과정중심평가는 수행평가와 동의어가 아니다(김정민, 2018: 839-840, [그림 5-4] 참고). 수행평가에는 과정중심평가뿐만 아니라 결과중심평가가 있을 수 있고, 과정중심평가가 모두 수행평가로 실시되는 것도 아니다. 예를 들어, 학습의 과정을 확인하여 피드백을 제공하는 선다형 시험 형식의 형성평가는 '과정중심평가'는 맞지만, '과정중심 수행평가'라고 할 수 없다.

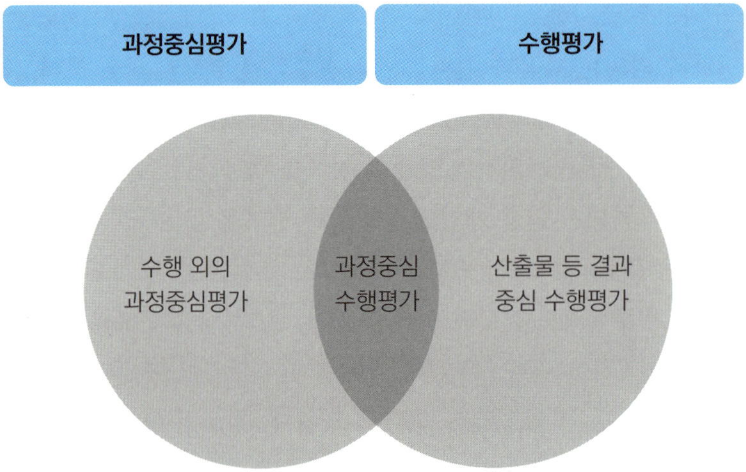

그림 5-4 과정중심평가와 수행평가의 관계

학습 과제를 해결하는 '과정'과 '결과'를 모두 평가한다는 점에서 정확하게는 수행평가가 과정중심평가의 특성을 포함하고 있는 것으로 보아야 한다(정창우 외, 2020: 432). 따라서 수행평가가 본래의 의도대로 시행된다면, 그것으로도 충분히 과정중심평가의 방향성을 담을 수 있다(교육부·한국교육과정평가원, 2017: 4).

5) 루브릭

① 루브릭의 의미

루브릭rubric은 학생의 수행과정 또는 결과를 평가할 때 사용되는 채점 도구의 한 형태를 의미한다(Mertler, 2000: 1). 루브릭의 일반적인 목적은 학생에게 교사의 기대치를 전달하여 교수·학습 및 평가의 방향을 제공하는 것이다(Andrade & Du, 2005: 3). 또한 루브릭은 학생에게 맞춤형 피드백을 제공하는 기준으로 기능하는데, 이 경우 루브릭은 교수·학습을 강화하는 역할을 수행한다. 뿐만 아니라 루브릭은 학생들이 자신의 수행을 스스로 모니터링하고 평가할 수 있는 자기 교정적 체제로도 활용될 수 있다(박일수, 2022: 38). 교사는 루브릭를 토대로 예시 답안을 만들어 봄으로써 평가 도구의 적절성을 검토할 수 있고, 이후 실제 채점의 과정에서 보다 타당하고 신뢰할 수 있으며 효율적인 채점을 진행할 수 있다. 만약 예시 답안 개발이 어려운 평가 문항의 경우, 루브릭을 최대한 상세하게 작성하면 수행평가의 타당성과 신뢰성을 확보할 수 있다.

② 루브릭의 종류와 특징

루브릭은 척도 수에 따라 크게 총체적 루브릭holistic rubric과 분석적 루브릭analytical rubric으로 나뉘고, 과제의 성격에 따라 일반적 루브릭general rubric과 과제특수적인 루브릭task rubric으로 구분된다.

총체적 루브릭은 교사가 구성요소를 개별적으로 판단하지 않고 전체 과정 또는 결과물 전체에 점수를 부여하는 것을 말한다(Nitko, 2001; Mertler, 2000: 1에서 재인용). 총체적 루브릭은 전반적인 성과 평가가 핵심적인 목적이기 때문에, 일반적으로 평가의 목적이 요약적일 때 사용된다. 그러나 이러한 방식으로 채점된 결과는 학생에게 제한된 피드백만을 제공하게 된다(Mertler, 2000: 1). 분석적 루브릭은 산출물이나 수행 결과의 개별 부분을 분리하여 채점한 후, 개별 점수를 합산하여 총점을 부여하는 방식을 의미한다. 즉 구성요소별로 서로 다른 기술 척도를 활용하여 점수를 부여하게 되며, 이를 활용하는 교사는 각 요소를 개별적으로 평가하게 된다(Brookhart, 1999; Moskal, 2000: 3에서 재인용). 분석적 루브릭은 구성요소별로 서로 다른 가중치를 할당할 수 있고, 각각에 대한 자세한 설명을 제시할 수 있다. 하지만 분석적 루브릭을 적용하면 여러 구성요소를 개별적으로 평가해야 하므로 채점 과정이 느려질 수 있다(Mertler, 2000: 1-2).

일반적 루브릭은 말 그대로 다양한 과제에 일반적으로 사용할 수 있는 채점 도구를 말하며, 한 과제에서 수행한 결과를 다른 과제로 일반화하거나 혹은 수행과제의 본질적 특성을 이해하도록 도울 때 주로 사용된다. 또한 학생 모두가 정확히 동일한 과제를 할 수 없을 때 혹은 교사들이 다른 수업이나 평가에서 다른 작품을 판단해야 할 경우 평가의 일관성을 유지하려고 노력할 때 사용할 수 있다. 하지만 채점에 시간이 오래 걸린다는 점, 그리고 특정한 지식을 평가할 경우 과제특수적인 특성이 추가되어야 하는 단점이 있다(박주만, 2012: 78-79). 과제특수적 루브릭이란 수행과제의 특성을 반영한 채점 도구를 의미한다. 따라서 한 과제에 대한 루브릭은 다른 과제에 사용할 수 없다. 과제특수적 루브릭은 특별한 사실이나 방정식, 방법 또는 절차를 알고 있는지 평가할 때, 빠른 채점이 필요할 때, 채점의 일관성이 가장 중요할 경우 사용한다(이재희, 2006; 박주만, 2012: 79에서 재인용).

지금까지 설명한 루브릭의 유형별 특징을 정리하여 제시하면 [표 5-3]과 같다(박주만, 2012: 78-79).

표 5-3 루브릭의 종류와 특징

구분	척도 수에 따른 루브릭		과제의 성격에 따른 루브릭	
	총체적 루브릭	분석적 루브릭	일반적 루브릭	과제특수적 루브릭
장점	• 전체 결과나 수행에 대한 하나의 득점 혹은 등급을 부여함.	• 산출물이나 전체 결과를 구성요소별로 분리하여 평가함. • 각 점수는 구성요소별 특징을 나타냄.	• 유사한 활동에 같은 루브릭을 이용함.	• 수행과제별로 각각의 루브릭을 필요로 함. • 한 과제에 대한 루브릭은 다른 과제에 이용될 수 없음.
단점	• 두 학생 간 큰 차이를 보임에도 같은 점수를 부여함. • 학생들이 활용하기에 유용성이 부족함.	• 평가의 속도가 느린 편임.	• 평가에 오랜 시간이 소요됨 • 특별한 지식을 평가할 경우, 과제특수적인 특성이 추가되어야 함.	• 학습에 대한 대답을 제공하는 것이기 때문에 서류에 보여 줄 수 없음. • 각각의 과제를 평가하기 위해 새로운 루브릭을 개발하여야 함.
활용 가능한 경우	• 전체적인 상태나 성취에 대한 평가가 빠르게 요구될 때 • 평가의 속도가 중요시될 때	• 상대적인 장점과 한계점을 파악하고자 할 때 • 결과의 특징을 학습자에게 지도해야 할 때	• 과제가 특별한 기술이나 능력을 보여 주기 위한 것일 때	• 어떤 것을 채점해야 하는지보다 점수 부여하는 속도가 더 중요할 때

3 도덕과 평가를 위한 다양한 방법들

1) 지필평가법

지필평가법은 학생들이 시험지에 답안을 작성하고 교사가 이를 채점하여 학업 성취도를 측정하는 방법이다. 우리에게 익숙한 중간고사, 기말고사 등 정기고사에서 주로 활용한다. 또한 수업 중에 디지털 도구를 활용하여 지필평가 형식으로 퀴즈를 진행하면, 형성평가의 기능과 함께 학생들의 수업 참여도를 높이는 효과를 가져올 수 있다. 지필평가의 유형에는 선택형과 서답형이 있다.

① 선택형

선택형은 둘 이상의 선택지를 주고 학생들이 정답을 고르도록 하는 평가 방법으로 도덕적 지식에 대한 이해 정도 및 도덕적 지식의 적용 능력을 평가하는 데 유용하다. 선택형에는 선다형, 진위형, 배합형이 있다. 선다형은 일반적으로 학생들에게 도덕 수업의 내용과 관련된 질문과 함께 4개 또는 5개의 선택지를 주고 그중 하나를 고르도록 한다. 초등학교 도덕과 평가에서는 선다형 문항을 거의 활용하지 않는다.

진위형의 대표적인 예로는 OX 퀴즈가 있다. 진위형 문항은 학생들에게 도덕 수업과 관련된 내용을 제시하고, 맞으면 'O' 틀리면 'X'로 답하도록 한다. 이때 제시하는 진술문은 정답이 명료해야 한다. 진위형은 상대적으로 개발이 용이하고 객관적이며 빠르게 채점할 수 있다는 장점이 있지만, 정답 확률이 50%가 되어 우연이나 추측을 통해 정답을 맞힐 가능성이 높아 깊이 있는 학습을 이끄는 데 한계가 있다.

배합형은 연결형 또는 결합형으로 불린다. 배합형은 일정한 관계가 성립하도록 정답을 서로 연결하도록 하는 문항 형식이다. 배합형 문항의 예는 [그림 5-5]와 같다.

1. 빈칸에 알맞은 말을 〈보기〉에서 찾아 쓰시오.

〈보기〉

정직, 성실, 효도, 우애, 공감, 우정

① 다른 사람이 처한 상황에 대해 (　　)의 자세가 필요하다.
② 부모님을 정성껏 잘 섬기는 것을 (　　)이/라고 한다.
③ 형제자매 사이의 감정적인 친밀감을 (　　)이/라고 한다.

그림 5-5 배합형 문항의 예

② 서답형

서답형은 학생들이 직접 답을 구성하여 작성하도록 하는 평가 방법이다. 서답형은 선택형보다 학생들의 고차원적인 사고를 확인하는 데 도움이 된다. 서답형의 유형에는 단답형, 완성형, 서술형, 논술형 등이 있다. 서답형을 주관식과 동일시하는 경우가 있는데 서답형 중 단답형과 완성형은 정답을 분명하게 제시한다는 점에서 객관식에 해당하고 서술형과 논술형은 주관식에 해당한다.

단답형은 질문에 대해 간단명료하게 단어나 숫자로 답하는 문항 형식을 말한다. 즉 단답형은 문항의 정답에 해당하는 단어, 어구, 숫자, 기호 등이 객관적으로 존재한다는 특징을 지니고 있다. 완성형은 문장의 일부를 비워 놓고 그 빈자리에 단어, 어구, 숫자, 기호 등을 써넣도록 하여 불완전한 문장을 완성하도록 하는 문항 형식을 의미한다. 완성형 문항은 도덕적 개념의 의미, 특정 상황에 적용되는 도덕적 개념에 대한 이해 여부 등을 확인할 때 사용된다. 완성형 문항의 예는 [그림 5-6]과 같다.

2. 일상생활에서 인권적인 요소들을 얼마나 민감하게 받아들이고 고려하는지를 나타내는 말을 (　　　　)이/라고 한다.

정답: 인권 감수성

그림 5-6 완성형 문항의 예

서·논술형 평가는 학생이 자신의 생각이나 의견을 직접 기술하도록 하기 때문에, 창의성, 문제 해결력, 비판적 사고력, 통합력, 정보 수집 및 분석력 등 고등 사고 능력을 평가하기에 적합하다. 특히 논술형 평가는 학생 나름의 생각이나 주장을 창의적이고 논리적이면서도 설득력 있게 조직하여 '한편의 완성된 글'로 작성하도록 한다는 점에서 서술형 평가와 다소 차이가 있다. 초등학교에서는 주로 서술형 평가를 많이 활용한다.

도덕 교과에서는 서술형 및 논술형 문항을 통해 도덕적 개념에 대한 이해, 도덕적 판단 및 추론, 어떤 상황에 도덕적으로 가장 적절한 행동을 탐색하는 실천적 지혜 등과 같은 도덕성의 인지적 측면에 대한 평가와 함께, 관점 채택 및 공감을 바탕으로 한 정의적 측면에 대한 평가, 확언 및 다짐을 통한 도덕적 실천 의지의 정도 등을 다양하게 평가할 수 있다(정창우 외, 2020: 440). 이때 채점의 객관성과 신뢰성을 확보하기 위해서는 미리 채점 기준을 세워 놓고 모범답안을 작성하는 것이 좋으며, 채점 시 편견이나 착오를 방지하기 위해 가급적 여럿이 채점하여 평균을 내는 방법을 사용하는 것도 고려해 볼 수 있다(유병열, 2003; 정창우 외, 2020: 441에서 재인용). 초등학교에서 활용할 수 있는 서술형 문항과 채점 기준을 제시하면 [그림 5-7]과 같다.

1-1. 〈보기〉의 인물들을 모두 포함하도록 오늘날 이웃의 의미를 쓰시오. (2점)

〈보기〉

동네 아기 엄마, (이란에서 온) 알리, 블로그 이웃

〈답란〉

오늘날 이웃은

____________________________ 을(를) 의미한다.

문항	척도/배점	예시 답안
서 1-1	2점	• 오늘날 이웃은 소통과 교류를 통해 기쁨과 슬픔을 나누거나, 도움을 주고받는 모든 사람을 의미한다.
	1점	• 오늘날에는 멀리 살아도 이웃이 될 수 있다.
	0점	• 오늘날 이웃은 같은 아파트에 사는 사람이다.

그림 5-7 서술형 문항의 예

2) 면접법

면접법interview methods이란 교사가 학생과의 대화를 통해 얻고자 하는 자료나 정보를 수집하여 평가하는 방법으로(백순근, 2002: 95) 면담법이라 불리기도 한다. 면접법은 학생들과의 직접적인 대화를 사용하기 때문에, 교과 학습에 대한 인지적, 정의적, 행동적 측면을 심도 있게 파악할 수 있다. 교사는 학생들의 의견을 경청하고, 존중하고, 따뜻한 분위기를 형성함으로써 면접의 신뢰도를 높일 수 있다. 면접법은 질문에 대한 응답을 점차 명료화해 가고, 반응의 진위를 확인할 수 있으며, 비언어적인 표현을 고려할 수 있다는 장점을 지니고 있다. 그러나 상호 신뢰 관계가 형성되지 않으면 면접을 진행하기 어려울 수 있다(박일수, 2022: 123). 면접법의 유형으로는 구조화된 면접, 비구조화된 면접, 반구조화된 면접이 있다. 도덕과 평가에서는 도덕성의 인지적·정의적·행동적 측면 모두를 평가하는 데 활용할 수 있으며, 특히 인지적 측면(예: 도덕적 개념이나 원리에 대한 이해 수준의 깊이 등)과 정의적 측면(예: 타인에 대한 공감 및 연민의 태도 등)의 특성을 파악하는 데 유용하게 활용할 수 있다.

① 구조화된 면접

구조화된 면접standardized interview은 질문의 내용, 순서 등을 사전에 구체적으로 계획한 다음 면접을 진행하는 방식을 말한다. 면접에 임하는 학생들은 모두 동일한 내용의 질문을 받게 된다. 이때 면접자에게 질문을 재구성하는 등의 재량은 허용되지 않는다. 정해진 내용과 순서에 따라, 면접자는 기계적으로 자료를 수집한다.

② 비구조화된 면접

비구조화된 면접unstandardized interview은 정해진 형식이나 순서 없이 면접자가 상황에 따라 자유롭게 면접을 진행하는 방식을 의미한다. 주제는 정해져 있지만, 질문은 상황 맥락을 고려하여 면접자가 자유롭게 제시하여 필요한 정보를 얻는다. 즉 구조화된 면접과 달리 면접자는 상당한 재량권을 가지고 있다. 따라서 면접자는 면접 참여 학생이 자연스럽게 말할 수 있도록 융통성 있게 상황을 이끌 수 있어야 한다.

③ 반구조화된 면접

반구조화된 면접semi-standardized interview은 구조화된 면접과 비구조화된 면접의 장단점을 보완한 형태이다. 일정한 수의 질문이 사전에 구조화되지만, 세부적인 질문 내용은 면접 당시의 상황과 학생의 반응을 고려하면서 적절하게 바뀐다. 즉 반구조화된 면접은 면접의 목적을 달성하기 위해 사전에 치밀하게 계획되지만, 실제 면접 장면에서는 면접자의 융통성이 적극적으로 허용된다.

면접을 진행할 때는 다음과 같은 사항에 유의할 필요가 있다. 첫째, 면접은 면접자와 피면접자가 서로 신뢰하는 관계 속에서 진행되어야 한다. 둘째, 면접을 통해 이루고자 하는 목적을 분명히 인식하고 면접 대상이나 여건, 준비물 등을 꼼꼼하게 챙겨야 한다. 셋째, '예' 혹은 '아니오'와 같은 단답형의 답이 나오는 질문보다는 학생이 자기 생각을 솔직하게 말할 수 있는 확산적인 질문을 활용해야 하며, 학생들의 반응을 충실하게 기록해야 한다.

3) 자기 보고법

자기 보고법(자기 평가법)은 교사가 평가하고자 하는 바를 학생이 스스로 보고(평가)하도록 하는 평가 방식이다. 자기 보고법의 가장 큰 장점은 학생 스스로 자신의 학습 과정이나 결과를 관찰하고 평가할 수 있는 기회를 제공한다는 것이다. 자기 보고법의 유형으로 자유 반응형, 체크리스트형 등이 있다. 도덕과 평가에서 자기 보고법은 '도덕적 자기평가'로 기능하면서 자신의 행동과 삶에 대한 윤리적 성찰의 기회를 제공할 수 있다는 장점을 지닌다. 그리고 이렇게 수집된 자료들은 학생들의 도덕성 발달에 관한 증거로 활용된다.

① 자유 반응형

자유 반응형은 교사가 제시한 질문에 대해 학생이 자신의 도덕적 경험 및 당시의 생각과 감정, 그 경험에 대한 반성적 성찰 등을 자유롭게 기록하도록 하는 것이다. 자유 반응형 문항의 예는 [그림 5-8]과 같다.

3. 생명 존중을 실천한 사례를 한 가지 적고, 그때 어떤 기분이 들었는지 적어 봅시다.

생명 존중을 실천한 사례	그 당시의 기분

그림 5-8 자유 반응형 문항의 예

② 체크리스트형

체크리스트형은 확인하고자 하는 도덕적 행동이나 도덕적 태도의 단위를 교사가 미리 상세하게 분류하여 제시한 후, 학생들이 자신의 행동이나 태도를 관찰하여 분류된 단위에 체크하거나 빈도로 표시하는 방법이다. 체크리스트형 문항의 예는 [그림 5-9]와 같다.

4. 지난 일주일간 자신이 실천했던 것을 되돌아보고 해당하는 칸에 √ 표시를 해 봅시다.

실천한 일	나의 평가		
	못함	보통	잘함
친구의 말에 귀를 기울여 들었다.			
친구의 말을 들을 때 고개를 끄덕였다.			
친구의 말을 듣고 "그랬구나!"하고 공감했다.			
……			

그림 5-9 체크리스트형 문항의 예

4) 평정척도법

평정척도법(평정법)은 어떤 척도상의 유목(상, 중, 하 등)이나 숫자(1, 2, 3, 4, 5 등)의 연속체를 제시한 후, 대상 학생이 보이는 정도나 수준을 측정하고자 할 때 사용하는 평가 방법이다. 평정법은 관찰법, 면접법, 자기 보고법(자기 평가법) 등과 같은 다른 평가 방법과 결합하여 사용할 수 있다. 평정법의 유형에는 유목 평정척, 숫자 평정척, 도식 평정척, 등위법 등이 있다.

① 유목 평정척

유목 평정척은 여러 개로 구분된 유목을 설정하고, 평정하려는 대상의 도덕적 행동이나 특성에 가장 잘 맞는다고 생각되는 유목에 표시하는 방법이다. 유목 평정척의 예는 [그림 5-10]과 같다.

5. 우리 학급 학생들의 수업 참여도를 평가하고자 합니다. 해당란에 생각나는 이름을 모두 적어 주세요.

수업 참여도	이름
최상	
상	
중	
하	
최하	

그림 5-10 유목 평정척의 예

② 숫자 평정척

숫자 평정척은 각 척도에 해당 점수를 숫자로 배정 및 제시하여 평가하는 방법이다. 숫자 평정척은 사용이 쉽고, 다양한 조건과 대상에 적용이 가능하며, 융통성이 높다는 잠정을 지닌다(박일수, 2022: 124). 숫자 평정척의 예는 [그림 5-11]과 같다.

측정 문항	전혀 아니다	아니다	보통이다	그렇다	매우 그렇다
1. 친구들에게 예의 바르게 행동한다.	1	2	3	4	5
2. 친구들과의 갈등을 대화로 해결한다.	1	2	3	4	5
……	1	2	3	4	5

그림 5-11 숫자 평정척의 예

③ 도식 평정척

도식 평정척은 평가자의 판단 및 이해를 돕기 위해 행동의 연속성을 가정하여 직선의 시각적 단서를 제공하고, 학생으로 하여금 자신 혹은 타인의 도덕적 행동이 어느 정도에 위치할 수 있는지 기록하도록 하는 평가 방법이다. 도식 평정척의 예는 [그림 5-12]와 같다.

친구와의 대화에 소극적이고 관심이 부족하다.	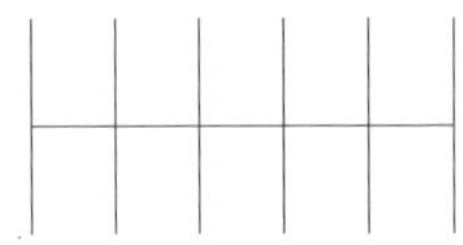	친구의 말에 귀 기울이고 공감하고자 노력한다.

그림 5-12 도식 평정척의 예

④ 등위법

등위법은 평가하려는 도덕적 행동 특성과 관련하여 평정 집단에 속한 학생들의 순위를 매기는 평가 방법을 말한다. 등위법의 예는 [그림 5-13]과 같다.

모둠원 중 자료 준비를 열심히 한 순서대로 ( ) 안에 번호를 적으세요.

ㅇ 김○○ ( )　ㅇ 박○○ ( )　ㅇ 이○○ ( )　ㅇ 여○○ ( )　ㅇ 최○○ ( )

그림 5-13 등위법의 예

5) 관찰법

관찰법은 학생을 이해하고 평가하기 위한 가장 보편적인 방법 중 하나다. 교사들은 늘 학생들을 접하고 있으며, 개별 학생 또는 집단을 항상 관찰한다(백순근, 2002: 98). 따라서 교사는 일정한 평가목적을 가지고 학생들의 행동을 주의 깊게 관찰하고, 관찰한 사실에 대한 구체적인 기록을 근거로 학생의 도덕적 성장과 변화 정도를 평가할 수 있다(유병렬, 2003; 정창우 외, 2020: 443에서 재인용). 관찰법은 자유 기록법, 체크리스트법, 평정 척도법 등의 방법과 결합되어 활용된다. 도덕과에서는 도덕적 행동의 실천 성향, 습관화 등과 같은 행동적 측면을 평가하는 데 유리하게 활용할 수 있다.

자유 기록법은 학생들의 도덕적 태도와 행위에 관한 사례를 될 수 있는 대로 상세하게 기록하는 것을 말한다. 구체적으로는 일화 기록표를 만들어서 한 학생 또는 모둠 수준에서 학생들의 태도나 행동 속에서 나타나는 도덕성이나 합리성에 대한 기록을 남길 수 있다. 체크리스트법은 관찰하려는 도덕적 태도와 행동의 단위를 미리 상세히 분류하고 그러한 태도와 행동이 나타날 때 체크하거나 빈도로 표시하게 하는 방법이다. 평정 척도법은 관찰하고자 하는 도덕적 행동의 수준이나 정도를 평정 척도로 설정해 놓고, 이 척도에 따라 관찰한 결과를 평정하는 기법이다(정창우 외, 2020: 443-444).

관찰법을 사용할 때에는 다음의 사항에 주의해야 한다(박일수, 2022: 118). 첫째, 관찰의 목적을 분명히 하고 체계적인 계획에 따라 이루어져야 한다. 둘째, 평가자의 주관이 개입되지 않고 객관적이고 분석적으로 관찰해야 한다. 셋째, 교사는 관찰 상황을 고려하여 학생들의 변화 추이를 관찰한다. 넷째, 교사는 편견이나 고정관념이 없어야 한다. 다섯째, 교사는 사전에 구체화한 관찰 행동 목록에 기초하여 자료를 기록해야 한다.

6) 학생 상호 평가법

학생 상호 평가법은 집단 구성원들 간의 상호작용 양상이나 특성, 구조, 의도성 등을 알아보기 위해 활용하는 평가 방법이다. 학생의 눈으로 동료 학생의 도덕적 특성을 평가하므로 평가의 신뢰도와 타당도를 확보하기 용이하다. 또한 학생 수가 많아 교사 혼자의 힘으로 모든 학생들을 제대로 평가하기 어려울 때, 효율적인 평가를 가능하게 한다. 학생 상호 평가법의 유형으로는 동료 평가법, 추인법, 지명법, 사회적 거리 척도법 등이 있다. 도덕과 평가에서 학생 상호 평가법은 학생들의 도덕적 대인관계 혹은 도덕적·사회적 유능성(예: 갈등을 평화적으로 해결하기 등) 등을 평가하는 데 유용하게 활용할 수 있을 뿐만 아니라, 자기 보고식 평가(자기 평가)의 한계인 '위장 가능성'과 '사회적 바람직성 편향'을 극복하는 데도 도움을 준다.

① 동료 평가법

동료 평가법은 평가하고자 하는 도덕적 특성을 동료 학생들이 서로 평가하도록 하는 방법이다. 이를 통해 교사는 교사와 학생 간의 관계에서는 알 수 없는 학생의 도덕적 행동 특성을 파악할 수 있다. 동료 평가법의 예는 [그림 5-14]와 같다.

친구들의 학급 생활 평가하기

평가 대상: 김○○

평가 내용	못함	보통	잘함
생각이 다른 친구들을 어느 정도 존중하고 있는가?			
……			

그림 5-14 동료 평정법의 예

② 추인법

추인법은 평가하고자 하는 특성이 담긴 진술문을 주고 가장 적합하다고 생각하는 학생의 이름을 적도록 하는 평가 방법이다. 학교 현장에서는 담임교사가 학급 학생들의 정의적, 행동적 특성을 파악하기 위해 추인법을 활용하여 자료를 수집하고 이를 학교생활기록부 작성에 참고하는 경우가 많다. 추인법은 짧은 시간에 실시할 수 있고 결과 확인이 간편하다는 장점이 있지만, 평소 친구들과 교류가 적은 소극적인 학생에 대한 정보를 얻기 어렵다는 단점도 있다. 또한 교사와 학생 간의 신뢰가 형성되지 않았을 경우, 부정적인 진술문을 활용한 추인법은 전체 집단의 사기를 떨어뜨리고 긴장감을 유발하며 구성원 간의 관계에 부정적인 영향을 줄 수 있다(서강식, 2022: 64). 추인법의 예는 [그림 5-15]와 같다.

모둠 활동에 대한 상호 평가

평가 요소	채점 기준	이름	그렇게 생각한 이유
참여도	모둠 활동에서 가장 적극적으로 참여한 친구는?		
	……		

그림 5-15 추인법의 예

③ 지명법

지명법은 추인법과 유사하지만, 질문 양식에서 다소 차이가 있다. 지명법은 특정한 상황 조건을 제시하고 그 상황 조건에 맞는 사람의 이름을 떠올려서 이름을 적게 하는 평가 방법이다. 지명법이나 사회적 거리 척도법과 같은 사회성 측정법sociometric technique은 어떤 집단 상황에서 함께 하고 싶은 사람이나, 함께 하고 싶지 않은 사람을 선정하게 한다. 즉 사회성 측정법은 집단 구성원들 사이에 형성된 상호관계를 알아보기 위한 것이며, 특히 지명법은 어떤 집단 상황이나 활동에 해당하는 사람을 지명하게 하고 그 결과를 분석하여 집단 간 상호관계를 파악할 때 사용한다(서강식, 2022: 66). 요컨대 지명법은 친구들로부터 지명을 받은 횟수에 따라 사회성 정도를 파악하는 방법이다. 지명법을 활용할 때는 지명할 근거가 되는 상황 조건을 명료하게 제시해야 한다. 지명법의 예는 [그림 5-16]과 같다.

친구를 추천해 주세요!

순서	지명 내용	이름
1	함께 있으면 마음이 편안해지는 우리 반 친구	
2	……	

그림 5-16 지명법의 예

④ 사회적 거리 척도법

사회적 거리 척도법은 집단 구성원들에게 집단 구성원 중 한 사람에 대한 자기 생각을 응답하도록 하여 집단 구성원들 사이의 상호관계를 파악하는 평가 방법이다. 사회적 거리 척도법의 예는 [그림 5-17]과 같다(서강식, 2022: 66).

※ 우리 학급 학생들에 대한 여러분의 생각을 알고 싶습니다. 먼저 ○○○에 대한 여러분의 생각을 해당하는 칸에 √표해 주세요!

순서	내용	예	아니오
1	그의 가장 친한 친구가 되고 싶다.		
2	가장 친한 친구는 아니지만 앞으로 친구가 되고 싶다.		
3	가끔 같이 있고 싶지만 오랫동안 같이 지내고 싶지는 않다.		
4			

그림 5-17 사회적 거리 척도법의 예

학생 상호 평가법을 실시할 때는 다음과 같은 사항에 유의해야 한다. 첫째, 어떤 도덕적 특성을 측정하려는 것인지 명확하게 해야 한다. 둘째, 질문의 내용은 쉽고 흥미롭게 제시해야 하고, 어떤 기준에 따라 판정 및 선택해야 하는지를 분명하게 설명해야 한다. 셋째, 특정 개인을 선택하도록 할 때는 선택의 수와 방법도 명확히 밝혀야 한다. 넷째, 상호 평가는 교사와 학생의 신뢰 관계 형성이 중요하므로 가급적 학급 담임이 시행하는 것이 바람직하다(교육부, 2025: 68). 끝으로 평가 결과를 학생들에게 알림에 있어 매우 신중해야 한다. 평가 결과가 공개되었을 때 긍정적인 결과가 예상되는 경우가 아니라면, 되도록 공개하지 않는 것이 바람직하다.

7) 기타 방법들

① 토론법

토론법이란 특정 주제에 대해 학생들이 서로 토론하는 장면을 관찰하고 평가하는 방법이다(백순근, 2002: 81). 토론법은 교수·학습 활동과 평가 활동이 동시에 일어나는 대표적인 평가 방법이다. 교사는 도덕적 쟁점에 대해 개인별로 찬반 토론을 벌이거나 소집단으로 나누어 서로의 의견을 교환하고 반박하는 과정에서 토론 내용에 대한 평가뿐 아니라, 주장의 합리성, 사고의 논리성, 타인의 관점에 대한 비판적 평가 능력 등과 같은 인지적 능력을 평가할 수 있다. 더 나아가 경청, 존중, 의사소통, 수용적 태도 등과 같은 정의적 태도도 동시에 파악할 수 있다. 그러나 학생 수가 많으면 충분히 발언할 기회를 줄 수 없으며, 따라서 다수의 인원을 동시에 효율적으로 평가할 수 없다는 단점을 지니고 있다(정창우 외, 2020: 442-443). 이러한 경우 구조화된 '토론 학습지'를 미리 준비하여 학생으로 하여금 토론의 과정과 결과를 작성하게 함으로써, 평가의 효율성을 높일 수 있다. 또한 평가자의 주관이 개입할 수밖에 없는 관찰 평가의 객관성을 확보하기 위해, 토론의 과정과 결과를 평가하기 위한 객관적인 채점 기준을 사전에 준비해야 한다.

② 연구 보고서법

연구 보고서법은 도덕 수업에서 다루었던 주제 중에서, 혹은 도덕 교과와 관련이 있는 주제 중에서 학생의 흥미와 관심, 수준에 적합한 주제를 스스로 선택하거나 혹은 교사가 제시하여, 자기 나름대로 자료를 수집하고 분석 및 종합하여 제출한 연구 보고서를 평가하는 방법이다. 학생들은 연구 수행 및 보고서 작성 과정에서 연구하는 방법, 정보 수집 방법, 다양한 자료를 종합, 분석하는 방법, 보고서 작성 방법 등을 익히게 되고, 보고서 발표와 청취를 통해 연구 주제와 관련하여 많은 것을 배우게 된다(정창우 외, 2020: 444-445).

도덕과에서 이 평가 방법은 도덕적 문제 사태에 대한 민감성, 문제를 해결하고자 하는 의지, 그리고 도덕적 현상에 대한 탐구와 합리적인 문제해결 능력을 평가하는 데 활용할 수 있다. 더 나아가 도덕적 문제를 해결하기 위해 협력적으로 숙고하고, 공유된 이해를 토대로 문제를 공동으로 해결하는 과정에서 타인과 의사소통하고 협업하는 능력을 평가할 수 있다(교육부, 2018: 255). [그림 5-18]은 '다문화 존중' 관련 도덕 수업을 받은 초등학생들에게 제시할 수 있는 연구 주제를 예시한 것이다(교육부, 2018: 255).

> 여러분은 ○○여행사의 직원입니다. 다가오는 여름 휴가 기간에 맞춰 해외에서 오는 관광객을 대상으로 여행 프로그램을 만들어야 합니다. 관광객들은 한국의 전통문화에 많은 관심을 가지고 있으며, 특히 한국과 자신들의 전통을 비교 체험하기 원합니다. 다만 관광객 전원은 이슬람교 신자라서 하루 다섯 번씩 메카를 향해 기도를 드려야 하며, 돼지고기처럼 종교적으로 금지된 음식을 먹어서는 안 됩니다.
>
> 이 여행에 소요되는 기간은 일주일이며, 비용은 한화로 약 200만 원 정도(항공료 제외)입니다. 하지만 선택 프로그램을 통해 추가로 약 100만 원 정도는 더 지출이 가능합니다. 이들에게 아름다운 추억을 선사할 수 있는 여행 상품을 만들어 보십시오.
>
> * 메카: 이슬람의 창시자인 무함마드가 태어난 곳으로 성지로 추앙받는 곳

그림 5-18 연구 보고서법 활용을 위한 연구 주제의 예

③ 프로젝트법

프로젝트법은 학생들에게 특정한 연구 과제나 개발 과제 등을 수행하도록 한 다음, 그 과제를 수행하기 위한 계획서 작성부터 결과물 완성에 이르기까지의 전 과정을 평가하는 방법을 말한다. 프로젝트법은 수행하는 과제가 연구 과제일 경우, 연구 보고서법이라고도 불린다. 하지만 이 평가 방법은 프로젝트 학습의 결과를 제시할 때 '연구 보고서'의 형태로 국한하지 않는다는 점에서, 연구 보고서법보다 결과 제시의 형태가 자유롭고 다양하다고 말할 수 있다. 더 나아가 최종 결과물과 함께, 계획서 작성 단계에서부터 결과물 완성 단계에 이르는 전 과정에 대한 평가도 함께 중시한다는 점에서 연구 보고서법과 약간의 차이가 있다(백순근, 2002: 105).

④ 포트폴리오법

포트폴리오는 장시간에 걸쳐 수집된 학생 작품 모음을 의미하며, 주로 총괄평가로 사용된다. 포트폴리오 평가를 통해 교사는 시간적 여유를 갖고 학생들의 노력, 발달, 성취를 꾸준히 관찰할 수 있다(박일수, 2022: 38). 그리하여 학생들의 과거와 현재의 상태를 쉽게 파악할 수 있을 뿐만 아니라 앞으로의 발전 방향에 대해 쉽게 조언할 수 있다. 또한 학생들은 자신의 변화 과정을 알 수 있고, 강점이나 약점, 성실성 여부, 잠재 가능성 등을 스스로 인식할 수 있다. 포트폴리오의 예로는 그림, 사진, 시, 소설, 독서장, 관찰기록, 일화 노트, 과목 과제물, 연구 보고서나 실험·실습의 결과 보고서 등을 정리한 자료집, 영상파일, 디지털 사진 등이 있다(백순근, 2002: 105-107). 도덕과 평가의 경우, 자신의 친사회적 행동 혹은 봉사활동에 대한 지속적인 기록, 도덕적 삶에 대한 지속적인 성찰 도구로 포트폴리오법을 활용할 수 있다.

⑤ 학생반응시스템

학생반응시스템student response system: SRS은 다양한 공학 기반의 형성평가 도구를 활용하여, 교실에서 학생의 자료를 즉각적으로 수집하는 것을 의미한다. SRS를 활용하는 교사는 교실 수업이 진행되는 동안 실시간으로 학생들의 학습 정보를 분석하여 교수·학습 전략을 수정하여 적용함으로써 학습 효과를 극대화할 수 있다. 더 나아가 SRS는 시험, 에세이 또는 프로젝트 결과를 즉각적으로 수집하고 제공함으로써, 모든 학생을 위한 맞춤형 교육내용과 수업 방법을 제공할 수 있다는 장점이 있다(박일수, 2022: 38). COVID-19 팬데믹 이후 학교 현장에 널리 보급된 구글 문서 도구, 패들렛, 띵커벨 등 공학 기반의 각종 학습 도구를 활용한 평가가 학생반응시스템의 예라 할 수 있다.

4 2022 개정 교육과정에 따른 성취평가의 실제

1) 학기 단위 성취평가의 운영 절차[6]

2022 개정 교육과정은 교육과정-교수·학습-평가-기록 일체화와 과정중심평가를 지향하면서 성취평가를 시행하고 있다. 핵심 내용은 평가가 교육과정의 목표, 내용 체계 등과 일관성을 유지하면서 진행되어야 한다는 것이다. 초등학교에서 이루어지는 학기 단위 성취평가의 운영 절차는 [그림 5-19]와 같다(한국교육과정평가원, 2023: 146). 이 도식을 간단하게 설명하자면, 가장 먼저 교사는 도덕과 교육과정에 제시된 성취기준을 분석해야 한다. 성취기준 분석을 통해, 교사는 학생이 해당 교과 수업에서 학습해야 할 지식·이해, 과정·기능, 가치·태도를 확인한다. 둘째, 교수·학습 및 평가의 준거로서 성취기준별 성취수준과 학기 단위 성취수준을 진술한다. 즉 이 단계에서는 한 학기 동안 해당 교과에서 학생들이 성취기준에 도달한 정도, 즉 성취수준을 구체화하는 작업을 실시한다. 셋째, 평가 도구를 개발한다. 성취평가는 학기 단위로 마무리가 되므로 해당 학기에 학생들이 배우게 되는 모든 성취기준별 성취수준(A~C)을 파악할 수 있는 평가 도구를 개발해야 한다. 넷째, 평가 도구를 교수·학습 과정에 적용하여 평가를 시행한다. 다섯째, 성취 결과를 산출하여 보고한다. 즉 교사는 개별 학생이 무엇을 알고 할 수 있는지에 대한

---

6 '학기 단위 성취평가의 운영 절차'는 3장에서 살펴본 '도덕 수업 설계 절차'와 동일하게 이루어진다. 다만 이 장에서는 평가 도구의 개발에 주로 초점을 두어 운영 절차를 설명했다.

교수·학습 정보를 학생 및 학부모에게 보고한다. 이때 미리 진술한 학기 단위 성취수준을 중심으로 개별 학생의 수행 능력을 진술한다.

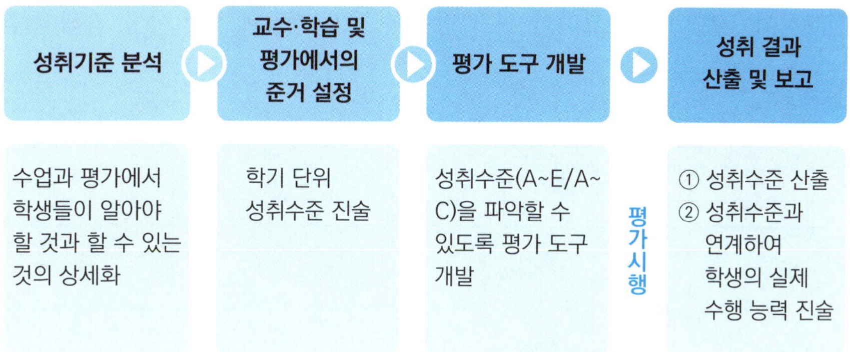

그림 5-19 학기 단위 성취평가의 운영 절차

2) 성취기준별 수행평가 도구 개발의 실제

초등학교 현장에서 성취평가는 학기 단위로 성취수준을 설정하고 평가 도구를 개발하여 적용하는 것이 일반적이다. 하지만 '학기 단위 성취수준'은 '성취기준별 성취수준'에 토대를 두고 있기에, 이 책에서는 하나의 성취기준 도달 정도를 확인하기 위한 평가 도구의 개발 및 적용, 결과의 활용에 관해 소개한다.

① 평가 도구의 개요 작성하기

성취평가를 위한 첫 번째 단계는 평가 도구의 개요를 작성하는 것이다. 평가 도구의 개요를 작성할 때는 교사 자신만의 양식을 만들어 활용할 수 있고, 아래의 [표 5-4]를 활용할 수도 있다. 특히 평가 도구의 개요에는 해당 성취기준, 성취기준별 성취수준이 반드시 들어가야 하는데, 이때 교사는 국가교육과정정보센터 https://ncic.re.kr/index.cs 홈페이지에서 제공하는 성취기준과 성취수준을 참고할 수 있다. 그 후 교사는 3단계 성취수준(A, B, C)에 대한 이해를 바탕으로, '평가 과제'를 선정하고 '평가 요소'를 분석해야 한다. '평가 요소'에는 성취기준과 성취수준에 나타난 지식·이해, 과정·기능, 가치·태도를 구체적으로 기술해야 한다. 이 평가

요소는 ‘채점 기준’(앞서 설명한 ‘루브릭’)에서 ‘채점 요소’가 된다. 이어 어떤 평가 방법을 활용할 것인지(평가 도구 유형), 배점을 얼마나 부여할 것인지(배점)를 기록한다. ‘개발 방향 및 활용 시 고려사항’에서는 해당 성취기준에 대한 평가 도구를 개발하면서 교사가 전반적으로 고려한 평가 방향과 실제 적용에 있어서 유의해야 할 점 등을 서술한다.

표 5-4 평가 도구의 개요 양식

<table>
<tr><td>학교급</td><td>초</td><td>과목</td><td></td></tr>
<tr><td>학년군</td><td></td><td>영역</td><td></td></tr>
<tr><td colspan="2">성취기준</td><td colspan="2">성취기준별 성취수준</td></tr>
<tr><td colspan="2" rowspan="3"></td><td>A</td><td></td></tr>
<tr><td>B</td><td></td></tr>
<tr><td>C</td><td></td></tr>
<tr><td>평가 과제</td><td colspan="3">•</td></tr>
<tr><td>평가 요소</td><td colspan="3">•
•
•
•</td></tr>
<tr><td>평가 도구 유형</td><td></td><td>배점</td><td></td></tr>
</table>

개발 방향 및 활용 시 고려사항	• • • • • • •

[표 5-5]는 초등학교 5-6학년군 『도덕』 '자신과의 관계' 영역 성취기준 [6도01-01]을 평가하기 위해 작성한 평가 도구의 개요를 예시한 것이다(교육부, 2023: 59).

표 5-5 평가 도구 개요의 작성 예시

학교급	초	과목	도덕
학년군	5~6학년군	영역	자신과의 관계
성취기준		성취기준별 성취수준	
[6도01-01] 자주적인 삶에 대한 이해를 바탕으로 자신의 생활 생활 계획계획을 세우고 실천하여 주체적인 삶의 태도를 기른다.	A	자주적인 삶에 대한 전반적인 이해를 바탕으로 생활 전반에서 자신의 생활 계획을 세우고 실천하여 주체적인 삶의 태도를 가진다.	
	B	자주적인 삶에 대한 이해를 바탕으로 자신의 생활 계획을 세우고 실천하여 주체적인 삶의 태도를 기른다.	
	C	자주적인 삶에 대한 부분적인 이해를 바탕으로 자신의 생활 계획을 세우고 실천하려고 노력한다.	
평가 과제	• 자주적인 삶을 위한 생활 계획 세워 실천하기		
평가 요소	• 자주적인 삶에 대한 이해도 • 자주적인 삶을 위한 생활 계획 수립 및 실천 • 주체적인 삶의 태도		
평가 도구 유형	프로젝트법	배점	6점

개발 방향 및 활용 시 고려사항	• 본 성취기준은 자주적인 삶에 대한 이해를 바탕으로 자주적인 삶을 살아가기 위한 생활 계획을 수립하여 실천하는 과정을 통해 주체적인 삶의 태도를 함양할 것을 요구한다. • 자주적인 삶의 의미를 이해하고 생활 주변에서 자주적인 삶을 살아가는 인물을 조사하여 보고서로 작성하는 활동을 통해 자주적인 삶에 대한 이해도를 평가한다. • 자주적인 삶을 살았던 인물에게 본받을 점을 찾아 자주적인 삶을 살기 위한 나만의 생활 계획을 수립하고 실천하는 활동을 통해 주체적인 삶의 태도 형성을 확인한다. • 자주적인 삶을 살았던 인물을 역사 속의 위인을 포함하여 주변 친구나 가족 등 모든 사람을 대상으로 조사하도록 하고, 그를 통해 본받을 점을 생각하도록 안내한다. • 수립한 생활 계획을 실천하는 기간은 학급 상황에 따라 교사가 적절히 판단하여 설정하되 주체적인 삶의 태도가 형성되는 데 필요한 충분한 시간을 보장하려고 노력한다.

② 평가 도구 개발 및 평가 시행

평가 도구 개요를 작성한 다음에는 교수·학습의 과정에 활용할 수 있는 구체적인 평가 도구를 개발해야 한다. 중·고등학교와는 다르게, 초등학교의 경우 선택형 평가 방식보다는 수행평가를 주로 활용한다. 이에 여기에서는 수행평가의 여러 방법 중, 프로젝트법을 활용한 평가 도구의 개발 절차를 간단하게 소개하고자 한다.

먼저 교사는 성취기준의 성격에 적절한 구체적인 수행평가 과제를 정하고 수행평가 계획을 수립한다. 그리고 학생들에게 수행평가 계획을 안내할 문서를 작성한다. 수행평가 과제를 안내할 때는 과제 수행의 구체적인 방법을 포함해야 한다. 앞서 예시한 평가 도구의 개요에 따라, 교사는 [표 5-6]과 같은 수행평가 과제를 제시할 수 있다(교육부, 2023: 60-61).

표 5-6 수행과제 안내문 작성 예시

[수행평가 과제 1] 자주적인 삶을 사는 인물 조사하기

※ 과거 역사 속 위인이나 우리 주변의 사람 중에는 자주적인 삶을 살아가는 인물들이 많이 있습니다. 위인이나 친구, 가족 등 자주적인 삶을 살아가는 인물을 찾아 자주적인 삶의 의미를 생각해 봅시다.

〈활동 안내〉

1-1. 인물이 보여 준 자주적인 삶이 어떤 모습이었는지 아래 표에 정리해 봅시다.

예) 남이 시켜서 하기보다는 스스로 자기 일을 하는 모습 • •

1-2. 자주적인 삶이란 다음과 같은 모습으로 나타납니다.

인물(이름)	자주적인 삶의 모습	비고
예) 헬렌 켈러 (1880~1968)	헬렌 켈러(1880~1968), 태어난 지 19개월 때 심한 병에 걸려 시력과 청력을 잃게 되었으나 설리반 선생님을 만나 세상에 눈을 뜨게 되고 대학을 졸업하게 된다. 〈이하 생략〉	

[수행평가 과제 2] 자주적인 삶을 위한 생활 계획 수립 및 실천

※ 자주적인 삶을 살았던 사람들의 공통점은 무엇일까요? 나도 자주적인 삶을 살 수 있나요? 자주적인 삶을 살았던 사람들의 공통점을 생각해 보고, 나의 실천 계획을 세워 실천해 봅시다.

〈활동 안내〉

ㅇ 자주적인 삶을 살았던 인물 보고서를 친구들과 함께 공유합니다.
ㅇ 친구의 보고서를 읽고 자주적인 삶을 살았던 인물들의 공통점을 생각합니다.
ㅇ 자주적인 삶을 살기 위한 나만의 생활 계획서를 세워 봅시다.
- 스스로 질문 ① 누가 시키지 않아도 스스로 할 수 있는 일은 무엇일까?
- 스스로 질문 ② 다른 사람에게 의지하지 않고 내 힘으로 해결할 수 있는 일은 무엇일까?
- 스스로 질문 ③ 남을 따라 하지 않고 내 생각대로 행동할 수 있는 일은 무엇일까?
- 스스로 질문 ④ 새롭고 보다 나은 해결 방법은 무엇일까?

2-1. 자주적인 삶을 살기 위한 나만의 생활 계획서를 세워 봅시다.

(◎ 매우 잘 실천, ○ 실천, △ 노력 요함)

나의 실천 계획	월/일	월/일	월/일	월/일	…
예) 숙제를 다 마친 후 취미활동을 하겠습니다.					

2-2. (실천 기간이 지난 후) 나의 실천을 되돌아보며 자주적인 삶의 모습을 글로 표현해 봅시다.

〈지난날 나의 모습〉	〈지금 나의 모습〉
〈변화된 점 또는 앞으로의 다짐〉	

수행과제를 안내할 때는 채점에 활용할 루브릭, 즉 '채점 기준'을 구체적으로 제시하여 학생들이 채점 기준을 인지한 가운데 평가에 참여할 수 있도록 도와야 한다. 채점 기준을 작성할 때는 '예시 답안'과 '채점 시 고려해야 할 사항'을 함께 기록할 필요가 있다. 앞서 예시한 '평가 도구의 개요'에서 평가 요소 중 하나로 설정한 '자주적인 삶에 대한 이해도'의 채점 기준을 예시하면 [표 5-7]과 같다(교육부, 2023: 62).

표 5-7 채점 기준의 예시

<table>
<tr><th>문항</th><th>채점
요소</th><th>척도
(점수)</th><th colspan="2">수행 특성</th></tr>
<tr><td rowspan="6">수행
과제
1</td><td rowspan="6">자주적인
삶에
대한
이해도</td><td rowspan="2">3점</td><td colspan="2">자주적인 삶의 의미를 정확하게 이해하고 생활 주변에서 자주적인 삶을 살아가는 인물을 조사하여 그의 삶 속 자주적인 생활 모습을 명확하게 제시한 경우</td></tr>
<tr><td>예시
답안</td><td>헬렌 켈러(1880~1968), 태어난 지 19개월 때 심한 병에 걸려 시력과 청력을 잃게 되었으나 설리반 선생님을 만나 세상에 눈을 뜨게 되고 대학을 졸업하게 된다. 장애에 굴복하지 않고 자신이 할 수 있는 일을 스스로 찾아 실천하였으며, 어려운 사람들의 인권신장을 위해 노력함으로써 세계적인 여성 인권 운동가가 되었다.</td></tr>
<tr><td rowspan="2">2점</td><td colspan="2">자주적인 삶의 의미를 이해하고 생활 주변에서 자주적인 삶을 살아가는 인물을 조사하여 그의 삶 속 자주적인 생활 모습을 제시한 경우</td></tr>
<tr><td>예시
답안</td><td>헬렌켈러(1880~1968), 태어난 지 19개월 때 심한 병에 걸려 시력과 청력을 잃게 되었으나 설리반 선생님을 만나 세상에 눈을 뜨게 되고 대학을 졸업하게 된다. 장애에 굴복하지 않고 자신이 할 수 있는 일을 스스로 찾아 실천함으로써 세계적인 여성 인권 운동가가 되었다.</td></tr>
<tr><td rowspan="2">1점</td><td colspan="2">자주적인 삶의 의미를 일부 이해하고 생활 주변에서 자주적인 삶을 살아가는 인물을 조사한 경우</td></tr>
<tr><td>예시
답안</td><td>헬렌켈러(1880~1968), 태어난 지 19개월 때 심한 병에 걸려 시력과 청력을 잃게 되었으나 설리반 선생님을 만나 세상에 눈을 뜨게 되고 대학을 졸업하게 된다.</td></tr>
</table>

채점 기준을 작성할 때는 예시 답안은 물론, '채점 시 고려 사항'을 함께 고민하여 정리해 두어야 한다. 수행과제 1에 대한 '채점 시 고려 사항'과 수행과제 2-2에 대한 '예시 답안'은 각각 [표 5-8], [표 5-9]와 같다(교육부, 2023: 62).

표 5-8 채점 시 고려 사항 예시

- 인물의 자주적인 생활 모습은 역사 속 인물을 포함하여 주변에서 쉽게 볼 수 있는 인물(친구, 가족 등) 중에서도 찾아볼 수 있도록 안내한다.
- 위대한 인물에 대한 다른 사람들의 평가를 조사하여 자주적인 삶의 이해 정도를 확인할 수 있으며, 스스로 자주적인 삶에 대한 기준을 마련하여 주변 인물로부터 자주적인 삶의 모습을 찾아낼 수도 있다.
- 자주적인 삶의 모습은 모호하지 않은 표현으로 명확하게 제시할 수 있도록 사전 안내한다.

표 5-9 수행과제 2-2에 대한 예시 답안

〈지난날 나의 모습〉	〈지금 나의 모습〉
공부를 하기 전 하고 싶은 취미활동을 먼저 해서 늘 공부할 시간이 부족했다.	해야 할 일을 끝마친 후에 하고 싶은 취미활동을 한다.
〈변화된 점 또는 앞으로의 다짐〉	
해야 할 일과 하고 싶은 일을 구분하여 일의 우선순위를 정할 수 있게 되었다. 하고 싶은 일을 먼저 하고 싶은 생각이 가끔 들지만 해야 할 일을 먼저 하고 나니 마음도 한결 편해지고 불안한 감정 없이 취미활동을 할 수 있어서 좋은 것 같다. 앞으로도 해야 할 일과 하고 싶은 일을 잘 구분해서 우선순위를 정해야겠다.	

③ 평가 결과 기록하기

평가 결과를 학교생활기록부의 '세부능력 및 특기사항'에 반영하기 위해, 교사는 학생의 실제 수행과정과 결과를 관찰하고 기록해야 한다. 수행과제별로 수행특성을 기록하는 양식과 작성 예는 [표 5-10]과 같다.

표 5-10 수업 중 학생 수행 특성 관찰기록 양식

성명	수행과제	개별 학생의 수행 특성
이○○	수행과제 1	자주적인 삶을 살았던 인물로 헬렌 켈러를 떠올리고 인물의 삶에서 자주적인 삶의 모습으로 '다른 사람에게 의지하기보다는 자신의 힘으로 문제를 해결하는 모습', '남을 따라 하기보다는 자기 생각에 따라 행동하는 모습', '새롭고 보다 나은 해결 방법을 고민하고 실천하는 모습' 등을 구체적으로 제시하여 보고서를 작성함.
	수행과제 2	헬렌 켈러의 삶에서 영감을 받아 자주적인 삶을 위한 실천 계획으로 '생활 속에서 해야 할 일을 미루지 않고 제때하기', '어려운 일이 닥쳤을 때 부모님께 의지하지 않고 스스로 헤쳐 나가기', '학급에서 맡은 일을 성실하게 해내기' 등을 제시하고 일주일간 실천 활동에 적극적으로 참여함.
	수행과제 3	자주적인 삶을 살아간 인물을 조사하고, 자주적인 삶을 위한 실천 계획을 수립하고 실천하며 성찰하는 과정에서 주체적인 삶의 태도를 보임.

그 후 교사는 관찰 및 기록한 내용을 토대로 아래의 [표 5-11]과 같이 '세부능력 및 특기사항'을 작성하여 학교생활기록부에 입력한다. 이러한 일련의 과정을 거침으로써, 교사는 교육과정과 교수·학습, 평가와 기록을 일체화시킬 수 있다.

표 5-11 과목별 세부능력 및 특기사항 진술 예시

성명	개별 학생의 수행 특성
이○○	자주적인 삶을 살았던 인물로 헬렌켈러를 떠올리고 인물의 삶에서 자주적인 삶의 모습을 구체적으로 제시하여 보고서를 작성함. 헬렌켈러의 삶에서 영감을 받아 생활 속에서 자주적인 삶을 위한 실천 계획을 세우고 일주일간 실천 활동에 적극적으로 참여함. 자주적인 삶에 대한 이해를 바탕으로 실천 계획을 수립하고 실천하며 성찰하는 과정에서 주체적인 삶의 태도를 보임.

참고문헌

아래의 QR코드를 스캔하면

『초등 도덕과 교재 연구 및 지도법』의 참고문헌을 열람할 수 있습니다.

저자 약력

이범웅은 공주교육대학교 윤리교육과 교수이다. 충북대학교 교육학과를 졸업한 후 서울대학교 대학원 윤리교육과에서 교육학 석사 및 교육학 박사 학위를 취득하였다. 1999년부터 공주교육대학교 윤리교육과 교수로 재직하고 있으며, 도덕교육 이론 및 도덕과 교육 지도법, 통일교육론, 민주시민윤리교육론 등을 강의하고 있다. 최근까지 공감, 행복, 감사, 긍정심 등을 주제로 도덕교육과 연관 지어 논문과 저서 및 역서를 집필하고 연구해 왔다. 그리고 북한이해교육 및 통일교육 등과 관련된 논문과 책을 저술하였다. 저서로는 『초등도덕과 교육론』, 『도덕과 교육론』, 『도덕과 교육의 실제』, 『21세기 북한학』, 『통일 시대의 북한학』, 『인문고전 군주론』, 『정치사회사상』, 『고통과 공감의 연대』 『시민성 이론과 시민교육』, 『옴니버스 시민교육』, 『세계의 시민교육』 등이 있고, 대표 역서로는 『넥스트』, 『인성교육』, 『마르크스의 생태학』, 『감사와 행복한 삶』, 『교육의 미래와 학교혁신』, 『자율성과 전문성을 지닌 교사되기』, 『서비스 러닝』 등이 있다. "프랑스 시민교육의 탐색을 통한 한국 민주시민교육의 함의에 대한 고찰"을 비롯하여 30편 이상의 논문을 등재 학술지에 게재하였다.

박찬석은 공주교육대학교 윤리교육과 교수이다. 서울대학교 윤리교육과를 졸업하고, 동 대학원 윤리교육과에서 교육학 석사, 박사학위를 받았다. 서울특별시에서 15년간 중등교사로 근무하였다. 학문적 관심 분야는 도덕과 교육, 통일교육, 다문화 교육 등이다. 저서로는 『초등도덕과 교육론』(공저), 『초등교사를 위한 도덕과 교육의 실제』(공저), 『북한 교육 연구』(공저), 『남남갈등 대립으로 끝날 것인가』, 『도덕, 통일 그리고 통합』, 『안보통일교육의 이론과 실제』(공저)가 있으며, 그 외에도 도덕과 교육 및 통일교육 관련 수십 편의 학술 논문을 발표하였다.

김병연은 공주교육대학교 윤리교육과 교수이다. 서울대학교를 졸업하였고, 같은 대학 윤리교육과에서 교육학 박사학위를 받았다. 서울의 중학교와 고등학교에서 교사로 근무했다. 도덕과 교육과정, 교수·학습 방법, 평화교육, 시민교육, 통일교육, 세계시민교육, AI 윤리 등에 관심을 두고 연구하고 있다. 저서로는 『초등도덕과 교육론』(공저), 『통일교육의 페다고지』, 『한반도 리빌딩 전략 2025』(공저), 『선생님, 평화통일이 뭐에요?』(공저) 등이 있다. 이외에 중학교 『도덕』, 고등학교 『통합사회』 교과서 집필에 참여하였고, 도덕과 교육, 민주시민교육, 평화교육, 통일교육 관련 주제로 다수의 논문을 발표하였다.

이인태는 공주교육대학교 윤리교육과 교수이다. 경인교육대학교를 졸업하였고, 서울대학교 윤리교육과에서 교육학 박사학위를 받았다. 경기도에서 10여 년간 초등학교 교사로 근무했고, 한국교육과정평가원에서 부연구위원으로 재직했다. 학문적 관심 분야는 도덕 심리학, 발달 심리학, 도덕과 교육과정, 도덕과 교수학습 및 평가 등이다. 저서로는 『초등도덕과 교육론』(공저), 『도덕과 교재 연구 및 지도법』(공저), 『유덕한 시민을 위한 인성교육론』(공저)이 있고, 역서로는 『도덕 발달과 실재』(공역), 『청소년의 합리성과 발달』(공역), 『인식론적 인지와 발달』(공역)이 있으며, 그 외에도 도덕과 교육 관련 수십 편의 학술 논문을 발표하였다.

김하민은 서울월정초등학교 교사이다. 서울교육대학교 및 동 대학원 석사과정을 졸업하고 서울대학교에서 박사학위를 받았다. 서울특별시에서 10여 년간 초등교사로 재직하고 있으며, 서울교육대학교에서 강사로 대학생들을 가르치고 있다. 학문적 관심 분야는 도덕 심리학, 도덕과 교수·학습 방법, AI 윤리교육, 기독교 윤리 등이다. 저서로는 『변혁적 시민교육 교수법』(공저), 『인공지능은 선생님을 대신할까요』(공저)가 있고, 그 외에 도덕과 교육 관련 학술 논문을 발표하였다.

남궁환은 서울개봉초등학교 교사이다. 서울교육대학교를 졸업하였고, 서울교육대학교 초등윤리·인성교육전공에서 교육학 박사학위를 받았다. 서울특별시에서 10년간 초등학교 교사로서 근무하고 있고, 서울교육대학교에서 강사로 일하고 있다. 학문적 관심 분야는 덕 윤리이론, 도덕 심리학, 도덕과 교육과정, 도덕과 교수학습 및 평가 등이다. 교육부, 국립통일교육원, 한국언론진흥재단, 한국교육과정평가원 등에서 주관하는 교육관련 프로젝트에 참여했고, 국내외 도덕과 교육 관련 학술 논문을 발표했다.

권누리는 서울서래초등학교 교사이다. 경인교육대학교를 졸업하였고, 서울대학교 윤리교육과에서 교육학 석사 및 박사학위를 받았다. 경인교육대학교, 광주교육대학교, 전남대학교, 전주교육대학교에서 강사로 근무하고 있으며, 초등 EBS 강사로 활동한 바 있다. 학문적 관심 분야는 도덕 심리학, AI 윤리교육, 도덕과 교수·학습 방법, 신경윤리학 등이다. 주요 논문으로는 "공감의 심리 기제에서 상상력의 기능과 도덕교육적 함의 -흄의 상상력 이론을 중심으로-", "인공지능 동작 원리에 기초한 초등 도덕과 인공지능 윤리교육 방안 연구 -데이터 편향성 문제를 중심으로-", "의사사회 접촉 이론에 기초한 도덕과 통일교육 방안 연구 -반편견 의식 함양을 중심으로-" 등이 있다.

초등 도덕과 교재 연구 및 지도법

초판발행 2025년 8월 1일

지은이 이범웅·박찬석·김병연·이인태·김하민·남궁환·권누리
펴낸이 노 현

편 집 김용순
기획/마케팅 조정빈
표지디자인 BEN STORY
제 작 고철민·김원표

펴낸곳 (주)피와이메이트
서울특별시 금천구 가산디지털2로 53, 210호(가산동, 한라시그마밸리)
등록 2014. 2. 12. 제2018-000080호
전 화 02)733-6771
f a x 02)736-4818
e-mail pys@pybook.co.kr
homepage www.pybook.co.kr
ISBN 979-11-7279-113-1 93370

정 가 20,000원

박영스토리는 박영사와 함께하는 브랜드입니다.